Paul Barz · Der wahre Schimmelreiter

Paul Barz

Der wahre Schimmelreiter

Die Geschichte einer Landschaft und ihres Dichters Theodor Storm

ERNST KABEL VERLAG

Quellennachweis der Abbildungen:

S. 228, 229: Entnommen aus: A. W. Geerkens/Graf Desmercieres, Flensburg, 1960; S. 230, 231: Entnommen aus: R. K. Holander/Theodor Storm, Der Schimmelreiter, Ullstein-Verlag Berlin, 1976.

Innerhalb der besonderen Bildseiten:
S. 1, 2, 4 unten, 5 oben: Theodor-Storm-Gesellschaft, Husum; S. 3 oben: Nissenhaus, Husum; S. 3 unten: Archiv für Kunst und Geschichte, Berlin; S. 4 oben: Nationalhistorisches Museum, Frederiksborg; S. 5 unten: Henning Berkefeld; S. 6, 7, 8: Staatsarchiv Hamburg.

Schutzumschlag: Jan Buchholz/Reni Hinsch
Satz: Alfred Utesch, Hamburg
Druck: Ernst Kabel Druck GmbH, Hamburg
Bindung: Ladstedter, Hamburg
ISBN 3-921909-56-2

Inhalt

Begegnung mit dem Schimmelreiter

„Noch einmal ein Gang über die Deiche... Ein Geräusch inmitten der großen Stille, man wird überholt, sieht ein blasses Gesicht, ein schwarzer Mantel flattert: Schimmelreiter 1974. Nur ist das Weiße, auf dem er dahinjagt, kein Pferd. Es ist ein knatterndes Mofa..."

Mit diesen Sätzen schloß vor bald zehn Jahren eine Reportage in „Westermanns Monatsheften". Sie hatte über Nordfriesland berichtet. Ihr Autor war ich.

Ich hatte den Auftrag nicht zufällig übernommen. Für mich war es auch die Wiederbegegnung mit einer Landschaft gewesen, in der ich fünfzehn Jahre zuvor längere Zeit gelebt hatte. Aus dieser Zeit waren Bilder geblieben: eisige Leere über winterlichem Watt; Herbststürme, mit denen eine wütende Natur dem Menschen ihre ganze Verachtung ins Gesicht zu klatschen schien; die tödlich sanfte Umklammerung der plötzlich am Strand aufsteigenden Nebelschwaden.

Doch gab es auch ganz andere Bilder: das milchige Pastell eines Sommermorgens, die friedvolle Weite der Marschweiden, den Blick über Vorland, Strand und Wasser mit seiner Ahnung von Unendlichkeit.

Fünfzehn Jahre später hatte ich überprüfen wollen, welche Bilder nun gültig waren für das Land zwischen Geest und Meer, die schönen oder die schrecklichen. Heute weiß ich: Die einen sind von den anderen nicht zu trennen. Beide gehören zu diesem Land. Und noch eine andere Erfahrung kam hinzu: Dieses Land läßt den nicht los, der sich einmal darauf eingelassen hat.

„In der Landschaft, wo ich geboren wurde, liegt, freilich nur für den, der die Wünschelrute zu handhaben weiß, die Poesie auf Heiden und Mooren, an der Meeresküste und auf den feierlich schweigenden Weidenflächen hinter den Deichen; die Menschen selber dort brauchen die Poesie nicht und graben nicht danach..."

Das stellt Storm an seinem siebzigsten Geburtstag fest. Auch ihn hat dieses Land nicht losgelassen, auch wenn seine Liebe zu ihm spröde war. Und das Meer, aus dem einst dieses Land hervorging, scheint er sogar gehaßt zu haben. Zumindest hat er es gefürchtet. Dennoch ist er der größte Dichter dieser Landschaft geworden. Und in seinen letzten Jahren führt ihn die Wünschelrute sogar zu seinem größten Stoff, zur Geschichte vom „Schimmelreiter", die ihn fast ein Leben lang begleitet hat und der er sich dann doch erst am Ende seines Lebens, fast schon zu spät, stellen sollte. Sie wurde nicht nur seine bekannteste Dichtung, sondern die meistgelesene deutsche Novelle schlechthin. Und sie ist zugleich auch die Geschichte dieser Landschaft.

Storm ist kein Historiker. Seinem Historiker-Freund Theodor Mommsen gegenüber zieht er im Jahr 1885, als sich bereits die Spuk- und Deichgeschichte ‚mächtig' in ihm rührt, die Grenze zwischen Dichtung und Geschichtsschreibung: „Historiker müssen auf das Ganze blicken; dem Dichter darf das einzelne nicht entgehen ..."

Nicht anders verfährt Storm im „Schimmelreiter". Er findet das Ganze im einzelnen, im Schicksal des friesischen Kleinbauernsohnes und späteren Deichgrafen Hauke Haien, der im Deichbau seiner Heimat die entscheidende Neuerung des abgeflachten Deichprofils durchsetzt und schließlich in einer Sturmnacht zugrunde geht. Eine solche Geschichte hat nie stattgefunden, und einen Hauke Haien hat es nie gegeben. Dennoch spiegelt sich hier in poetischer Konzentration und bei aller Freiheit im Umgang mit historischen Details eine Landschaft mitsamt den Hoffnungen und Ängsten ihrer Menschen in einer so lupenreinen Genauigkeit, wie sie in der gesamten Literatur einzig sein dürfte.

Wir wissen, wie Storm gearbeitet hat. Wir kennen weitgehend seine Quellen. Sie führen durch wenigstens drei Jahrhunderte nordfriesischer Deichbaugeschichte, und wenigstens vier verschiedene Persönlichkeiten aus verschiedenen Zeiten haben für die Gestalt des Hauke Haien Modell gestanden. So ist die Geschichte vom „Schimmelreiter" eigentlich eine Montage, deren Rückführung auf ihre historisch gesicherten Momente zu einer anderen Geschichte hinführt, zum tausendjährigen Kampf des Menschen mit dem Meer, dem ‚Blanken Hans'. Diese andere Geschichte erzählt dieses Buch.

Es geht hier um den ‚wahren Schimmelreiter', nicht im Sinne einer Enthüllungsstory oder beckmessernden Storm-Korrektur. Es geht um die Wechselbeziehung zwischen Literatur und historischer Entwicklung. Und es geht um den Dichter, dessen größtes Werk diese Wechselwirkung exemplarisch aufzeigt, auch in den Widersprüchen zwischen poetischer Erfindung und geschichtlicher Wirklichkeit.

Ich bin vor diesem Buch gewarnt worden. Dem Fremden von der Geest, hieß es, würde sich in Storms Heimat keine Tür öffnen, er würde keinen Gesprächspartner finden. Das Gegenteil, bis auf wenige Ausnahmen, war die Regel. Nur einigen kann ich an dieser Stelle für ihre Unterstützung danken: den Leitern und Mitarbeitern in Archiv und Museum des Schlosses

vor Husum, denen der Theodor-Storm-Gesellschaft sowie des Nordfriesland-Museums im Husumer Nissen-Haus und schließlich den Mitarbeitern des Nordfriisk Instituuts in Bredstedt, ferner, über Nordfriesland hinaus, dem Landesarchiv Schleswig, dem Reichsarchiv Kopenhagen und dem Archiv des Braunschweiger Georg Westermann Verlags, dessen Briefwechsel mit seinem einstigen Autor Storm recht amüsante Einblicke in die eher robusten als lyrisch versponnenen Geschäftspraktiken des Husumer Dichters gibt.
Doch hat das Material zu diesem Buch nicht allein aus Archiven bezogen werden können. Wenigstens so wichtig war das persönliche Gespräch, nicht nur mit Historikern, Naturwissenschaftlern und Lokalpolitikern, sondern auch mit Lehrern, mit Pastoren, mit Bauern und Gastwirten. Nicht alle diese Gespräche wurden in Nordfriesland geführt. Ich denke an Unterhaltungen mit gebürtigen Ostpreußen zurück, die mich mit dem Schimmelreiter-Kult ihrer Heimat vertraut machten, an Diskussionen mit dem Berliner Schriftsteller Peter Baumann, der am Hauke-Haien-Koog einen sehenswerten Film zu Naturschutz-Problemen gedreht hat, an einen Abend mit der Schauspielerin Vera Tschechowa, die mir von der Arbeit an der (zweiten) „Schimmelreiter“-Verfilmung berichtete, und ich höre noch ihr herzliches Lachen, als sie von ihrer Darstellung der (bei Storm nur kurz erwähnten) Vollina als einem Marschen-Vamp, einer Deich-Magnani erzählte: „Ich mußte so richtig die Böse sein ...“
Wiederum nur einigen, stellvertretend für alle anderen, kann ich an dieser Stelle ausdrücklich danken: vor allem Reimer Kay Holander, Lektor am Nordfriisk Instituut und Autor einer eigenen, für die Vorarbeit zu diesem Buch ganz unentbehrlichen „Schimmelreiter“-Dokumentation, sowie Karl Ernst Laage, dem Sekretär der Theodor-Storm-Gesellschaft, ohne dessen unermüdliche Initiative und Einfallsfreude diese Gesellschaft mit ihren heute 1200 Mitgliedern aus über zwanzig Ländern kaum die zweitgrößte und sicher rührigste literarische Vereinigung in Deutschland geworden sein dürfte.
Es war nach einem Gespräch mit Laage über die Storm-Renaissance der letzten Jahre, als ich noch einmal ins sogenannte ‚Hademarschen-Zimmer‘ des Storm-Hauses in der Husumer Wasserreihe 31 ging. Dort steht der Schreibtisch, an dem 1887/88 Storm seinen „Schimmelreiter“ vollendet hatte, nicht hier in Husum, sondern rund achtzig Kilometer weiter südlich in Hademarschen. Jemand tritt an mich heran, einer der über zwanzigtausend alljährlichen Besucher der Storm-Gedenkstätte. Er fragt: „Können Sie

mir vielleicht sagen, wo nun wirklich der ‚Schimmelreiter' gespielt hat? Ich meine: Wo genau fand das alles eigentlich statt?"
Ich denke nach. Ich tippe schließlich auf das Braun der Schreibtischplatte: „Vielleicht hier, am ehesten . . ."

St. Peter-Ording, im Mai 1982 — Paul Barz

I. Kapitel

Nationalepos wider Willen

„Jetzt aber rührt sich
ein alter mächtiger Deichsagenstoff
in mir, und da werde ich
die Augen offenhalten ...“

Theodor Storm an Erich Schmidt am 3. Februar 1885

Der alte Mann von Hademarschen

Der alte Mann ist krank. Nie ist er sehr gesund gewesen. Zu seinem Leben haben immer schon Beschwerden vieler Art gehört, „krampfige Nervenzustände“[1], Herzschmerzen, allgemeines Unwohlsein. Aber dieser infernalische, dieser „vernichtende“[2] Druck in der Magengegend, gegen den keine Hoffmannstropfen, kein Natron helfen, keine Hausmittelchen wie „Rothwein (mit einer auf der Apotheke vorhandenen Wurzel)“[3] – es ist doch noch etwas anderes, eine furchtbare Drohung im eigenen Leib.
Weiß Theodor Storm, daß er Krebs hat?
Schon 1882 hatten sich erste Symptome gezeigt, ein Magenkatarrh, und binnen kurzem war Storm so abgemagert, „daß ich Mützen auf meine Knochen hängen können“[4]. Gegen Jahresende 1886 mehren sich die Anzeichen. Noch ist Storm mutig, verlangt eine schonungslos ehrliche Diagnose. Anfang 1887 wird sie gestellt: Magenkrebs.
Der Patient gibt sich gelassen.
Seinem Sohn Karl schreibt er: „Laß dich das häßliche Wort nicht erschrekken, viele Menschen haben es viele Jahre lang und sterben schließlich an einer anderen Krankheit...“ Er tröstet sich selbst: „Das Beste ist, daß meine Muse mir treu geblieben ist und auch vormittags die Kräfte noch zur Arbeit reichen und hoffentlich noch lange reichen werden...“[5] Doch der Optimismus ist gespielt. Der Lebensmut bleibt Schein. Den alten Mann packt Todesangst. Er versinkt in tiefster Resignation.
Ohnehin hat seine Schaffenskraft nachgelassen. Immer schwerer fällt es ihm, die richtigen Stoffe zu finden, so ängstlich er auch danach Ausschau hält. Kaum eine Reise – und sei es auch nur ein Besuch beim Sohn Ernst „in seiner spukhaften Amtswohnung auf der nordschleswigschen Heide“[6] – vergeht ohne Hoffnung auf ein neues Novellensujet, und schon 1882 hatte er den Freund Paul Heyse um ein aufgespürtes „Novellenmotiv-Nest“[7] beneidet. Doch jetzt scheint es auch für Storm soweit zu sein. Jetzt liegt auf seinem Tisch im resedagrün tapezierten Arbeitszimmer von Hademarschen Material zu einer neuen Arbeit. Da bricht nun diese niederschmetternde Diagnose über ihn herein. In ihrem Schatten scheint Storm alle neugeschöpfte Kraft zu verlieren. Er verbringt Tage im Bett, verharrt in dumpf-düsterer Apathie.
Die Familie, zahlreich und allgegenwärtig, entschließt sich zum frommen Betrug. Neue Untersuchungen finden statt. Im Haus des Dichters tritt ein Ärztekonsilium zusammen. Die Diagnose: kein Krebs, keine Lebensge-

fahr. Unendlich erleichtert schreibt Storm ein weiteres Mal an seinen Sohn: „Mich anlangend, so haben Onkel Aemil und sein kindlich liebenswürdiger Schwiegersohn Glaevecke, die ja Pfingsten bei uns waren, mich genau untersucht und mir gesagt, ich könne sicher sein, es sei kein Magenkrebs, habe mit dem Magen überhaupt nichts zu tun. Krebsartig sei die glatt anzufühlende Geschwulst überhaupt nicht. Sie halten es für eine Ausdehnung der Aorta, die in den Unterleib hinabgeht. Sie hatten zwar kein Hörrohr, dennoch meinten sie, angeben zu können, daß diese Ausdehnung schon mit geronnenem Blut gefüllt sei, wo sie nichts mehr bedeute, denn sonst müßten sie auch ohne Hörrohr das Geräusch hören können, das des sich durchdrängenden Blutes ...“[8]

Glaubt er selbst, was ihm wohlmeinend vergegaukelt wird?

Er will es wohl glauben. Seine Angst bleibt. Und die Geschichte, an der er nun weiterarbeiten wird, enthält wenigstens einmal, an unauffälliger Stelle, eine bemerkenswerte Passage. Da spricht der Vater der Hauptgestalt von einer alten Frau und erwähnt, sie hätte Krebs, „die Krankheit unserer Marschen“.

Eine seltsame, geradezu verräterische Wendung: Schon das Wort ‚Krebs‘ ist ein Ausdruck, der erst zu Storms Zeiten üblich wird. Seine Erzählung spielt aber im 18. Jahrhundert, als man nur von ‚bösen Geschwüren‘ sprach. Wieso unterläuft ihm, der sonst so exakt in historischen Einzelheiten ist, gerade hierbei dieser verbale Anachronismus? Und warum, wichtiger noch, soll Krebs „die Krankheit unserer Marschen“ sein?

Kirchenbücher, Vorläufer der Standesamtsregister bis 1874, weisen ‚böse Geschwüre‘ keineswegs als besonders häufige Todesursache in Nordfriesland aus, viel seltener als beispielsweise die ‚Auszehrung‘, die Schwindsucht. Warum also, ohne erkennbare Notwendigkeit, diese Verallgemeinerung?

Der Gedanke an eine typische Fehlleistung liegt nahe: Einer weiß, wie es um ihn steht. Er wird seinem Schicksal nicht entkommen können, auch das ist ihm bewußt. Doch will er im Sterben nicht allein sein. Seine Sprache sendet ein Signal.

Zum Typischen hin wird verallgemeinert, was sein ganz persönliches Schicksal ist. Ein Todkranker sucht Halt in der imaginären Gemeinschaft von Todkranken.

Um diese Zeit befindet sich Theodor Storm in seinem siebzigsten Lebensjahr: ein gut aussehender alter Herr, nur mittelgroß, eine sehr gepflegte, man darf sagen: ansprechende Erscheinung. Zu seinem siebzigsten Geburtstag wird er sich fotografieren lassen: in ernster Pose, der Blick streng, fast bohrend. Doch andere Bilder aus dieser Zeit zeigen auch einen anderen Storm: heiterer, entspannter, Lachfältchen im Gesicht, voll ungeleugneter Lebenslust. So merkt denn auch sein Freund Wilhelm Jensen zu diesem ‚offiziellen' Storm-Bild an: „Doch fehlt mir in allen das Eigentliche an ihm, das seelische Gepräge; wenigstens kenne ich keines, das den weichen Ausdruck der Züge, die Freundlichkeit des Blickes wiedergibt; sie erregen sämtlich die fälschliche Vorstellung einer eher zum Strengen neigenden Physiognomie ..."[9]

Es ist also kein Spökenkieker und Misanthrop, kein grübelnd ernster Denker, der 1887 mit scheinbar neu gewonnenem Lebensmut zu seinem letzten Werk antritt und Freunden freudig meldet, er könne nun wieder einige Stunden am Schreibtisch ausharren. Seine Umwelt ist angenehm: „Mein Zimmer liegt oben in der Nordostecke; es würde sehr hell sein; aber mattresedagrüne Tapete und schwere Jutevorhänge geben dem Ganzen ein behaglich gedämpftes Licht. Nach Norden nur ein schmales Fenster – ich wollte die schöne Fernsicht auf den vorstoßenden Wald im Mittelgrund und weiterhin auf das im Spätherbst oft prächtig überschwemmte Tal der Gieselau nicht missen; ich sitze ... an einem der Ostfenster, und, wenn ich aufblicke, schaue ich in die mit weichen Nebeln überdeckte Frühlingsferne. Ich bekenne: mir ist in diesem Augenblick recht wohl zu Sinne ..."[10]

Das hatte er schon „am letzten April" 1881 geschrieben, als er gerade das neue Haus, seinen Alterssitz, das „Tuskulum", bezogen hatte. Eigentlich ist es ein eher häßlicher Kasten, jedoch weiträumig und von einem besonders schönen Garten umgeben. Ihm gilt Storms ganze Liebe. Immer wieder berichtet er von Beeten, die er anlegt, von Bäumen, die er pflanzt. Schon während der Bauarbeiten war er jungenhaft vergnügt auf dem Gerüst herumbalanciert und hatte sich nur für Augenblicke schaudernd vorgestellt, er könne abstürzen, würde dort unten liegen, zerschmettert – vage Unsicherheiten, hinter denen sich die eine große Unsicherheit verbergen mag: Was macht er eigentlich hier, in Hademarschen, von Husum achtzig Kilometer weit entfernt?

Denn Husum bleibt die eigentliche Heimat.

In der Stadt hatte es Staunen, fast Entsetzen, „viel Geschrei"[11] gegeben, als Storm mit seiner Familie nach Hademarschen übersiedelte, und auch auswärtige Freunde hatten gefragt, was denn den Erzhusumer Storm fortzieht aus seiner Heimatstadt. Er hatte als Amtsgerichtsrat um seine vorzeitige Pensionierung gebeten, das sah man ein. Er wollte nur noch

Dichter sein, das verstand man gerade noch zur Not. Doch warum nun gleich weg aus Husum, wo in der Wasserreihe sein Haus stand und einen Straßenzug weiter, in der Hohlen Gasse, das Haus der Eltern, das er kurz zuvor geerbt hatte?
Die Eltern waren gestorben, 1879 die Mutter, vier Jahre zuvor der Vater. Für den Sohn war es ein Schock. Selbst schon ein Mann Anfang sechzig, gehörte er nun zur Generation, die als nächste ins Grab folgen würde. Der Lebenskreis schien ausgeschritten, Husum hatte am Anfang gestanden und würde nun am Ende stehen. Durch die „graue Stadt am Meer" geisterten jetzt die „Gespenster der Vergänglichkeit"[12].
Storm wehrt sich. Dies soll noch nicht das Ende sein. Er probt den Ausbruch. Weit führt er ihn nicht, doch immerhin über Husumer Grenzen hinaus. Dort ist er der Herr Amtsgerichtsrat gewesen, der Honoratior, der Gründer eines angesehenen Gesangsvereins. Den Dichter Storm kennt man jedoch in Husum kaum. Zwar stehen seine Bücher in den Leihbibliotheken. Doch fraglich bleibt, ob sie auch jemand liest. Und noch nach seinem Tod wird ein Buchhändler seiner Heimat dem Freund Jensen versichern, dieser Storm hätte niemals in seinem Leben irgendwelche Gedichte geschrieben.
Jetzt aber will Storm nichts als Dichter sein. Die verbleibenden Jahre sollen ganz dem Werk gehören. Storm beschwört es geradezu: „Ich hoffe eine Verjüngung meines Lebens von diesem Vorhaben; vielleicht erstarkt dann auch der Poet noch wieder..."[13] Und, geradezu auftrumpfend: „Man darf nicht in Erinnerungen schwelgen, wenn man noch etwas leisten will. Vorwärts!"[14]
Vorwärts – doch wohin?
Die erste Zeit von Hademarschen scheint noch wie von einem großen Aufatmen durchzogen. Die „bittre Sehnsucht nach etwas ruhigem Sonnenschein noch in dem eignen Leben"[15] scheint erfüllt zu sein. Storm richtet sich ein, in jeder Hinsicht. Freunde finden sich, ein Kreis entsteht, der „club". Man trinkt Tee, schlürft Punsch, man schwelgt in Literatur. Goethe ist der Favorit, mit „Faust", mit „Iphigenie". Aber auch Kleist wird gelesen, der „Michael Koolhaas", und Lessings „Laokoon". Neuerscheinungen treffen ein und werden diskutiert. Und dann liest der Meister selber vor, aus anderen und eigenen Werken.
Storm ist ein ‚Erzähler' im eigentlichen Sinn. Stets schwingt in seiner Prosa der Duktus dessen, der sich da in seinem Stuhl zurücklehnt und zu erzählen anhebt, von Menschen, Landschaften, Stimmungen, plaudernd fast, zu-

weilen weitschweifig, ins sorgsam ausgekostete Detail verliebt. Besonders mag dieser Erzähler Spukgeschichten. Da erreicht dann seine Erzählkunst ihre Meisterschaft: Die Stimme sinkt ins geheimnisvolle Raunen, kunstvoll werden Spannungspausen gesetzt, der Blick aus den tiefblauen Augen weitet sich ins Visionäre – den einen schaudert's angenehm, anderen kommt solches Wohnstubentheater eher komisch vor. Doch in Hademarschen hat Storm sein stets dankbar aufgeregtes Publikum.
Es ist also ein schönes Bild, das sich da bietet: der alte Dichter im Kreis der Freunde, im Schoß der Familie, wohlgeborgen im neugewonnenen Idyll, abgesichert durch Erfolg und Anerkennung.
Storm ist nicht geworden, was man einen ‚Erfolgsautor' nennen könnte. Die ganz große Resonanz findet sein Werk erst nach seinem Tod. Doch immerhin ist er nun schon ein angesehener, auch ein gefragter und entsprechend gut bezahlter Autor, der Verleger gegeneinander auszuspielen und Honorare in die Höhe zu treiben weiß. Die größten Zeitschriften bewerben sich um seine Mitarbeit, er kann wählen, wo er publizieren will. Und so müßte Storm eigentlich zufrieden sein.
Seltsamerweise ist er es nicht.
Immer wieder zieht es ihn hinaus aus der Hademarschener Enge. Er geht auf Reisen, besucht Kollegen und Verleger, er fordert sie immer wieder auf, doch einmal auch ihn zu besuchen. Er wirbt geradezu um Gäste in sein ‚Tuskulum'. Im ungeliebt preußischen Berlin, wo er sich 1884 vier Wochen aufhält, bereitet ihm die noch weniger geliebte Presse einen festlichen Empfang, und Storm darf sich angenommen, geehrt, umschmeichelt fühlen. Er gesteht: „Nicht leugnen kann ich, auf dem Fest selbst war es sehr nett ..."[16] Und als 1880 zu seinem Geburtstag Glückwünsche aus dem gesamten deutschsprachigen Raum eintreffen: „So etwas freut einen doch". Er darf feststellen: „Am Ende meines Lebens sehe ich denn doch, daß ich mich zwar langsam, aber allmählich denn doch wirklich in das Herz unseres Volkes hineingeschrieben habe ..."[17]
Genau das ist es, was Storm sucht und braucht: nicht nur als reputabler Bürger geachtet, sondern als Dichter geliebt zu werden. Das hat ihm sein Husumer Umkreis nicht geboten. Das bietet ihm auch Hademarschen nicht. Unruhe befällt ihn: War es richtig, sich ausgerechnet hierher zurückzuziehen? Er ist doch frei, endlich ungebunden, an kein offizielles Amt gefesselt. Er könnte nach Kiel, Lübeck oder Hamburg ziehen. Doch bleibt es beim Gedankenspiel. Nur eines führt ihn wirklich über Hademarschen hinaus: die Arbeit.

Vor allem Lyrik, neben seiner Erfolgsnovelle „Immensee", hat ihn bekannt gemacht. Er selbst empfindet sich vorrangig als Lyriker. Doch jetzt schreibt er keine Lyrik mehr. Dafür entstehen neue Erzählungen, und man könnte meinen, ihren Themen müsse sich der fröhliche Elan dieser ersten Hademarschener Jahre mitteilen. Doch das Gegenteil trifft zu.
„Der Herr Etatsrat" zum Beispiel, die erste in Hademarschen geschriebene Novelle, die später noch im Zusammenhang mit dem „Schimmelreiter" eine Rolle spielen wird: die wüste, allenfalls komisch-groteske Geschichte eines despotischen Trinkers und seiner „Familie in der Zerstörung"[18]. Oder „Ein Doppelgänger", deren Hauptgestalt das wohl grausigste Ende aller Storm-Helden nimmt: John Hansen, genannt Glückstadt, stürzt in einen Brunnen, bricht sich die Gliedmaßen und verendet elendig. Und schließlich „Ein Bekenntnis", zu einer Zeit geschrieben, da sich bei Storm schon das Material zum „Schimmelreiter" häuft: Ein Arzt tötet aus Mitleid seine krebskranke Frau und erfährt erst danach, daß diese Art von Krebs hätte geheilt werden können. Man denke: Ein Krebskranker schreibt über das eigene Leiden – wie es zuweilen scheinen will, als schreibe sich der Storm dieser Hademarschener Zeit alle persönlichen Ängste und Schreckgesichte vom Leib. Allmählich aber, wie in großen, zögernden Bögen, nähert er sich dem einen Stoff, dem „Schimmelreiter".
Das erste erkennbare Zeichen erhält schon im Februar 1885 der Freund Erich Schmidt: „Jetzt aber rührt sich ein mächtiger alter Deichsagenstoff in mir, und da werde ich die Augen offenhalten; aber es gilt vorher noch viele Studien zu machen..."[19] Bereits eine längere Weile scheint sich in ihm dieser Deichsagenstoff gerührt zu haben. Denn als Storm dies schreibt, hat er mit den ‚vielen Studien' schon angefangen und wird bald darauf die Frau eines Freundes bitten: „Zu einer neuen Arbeit, die sich in meinem Kopf festsetzen will, möchte ich gern eine kleine, nur ganz flüchtige Skizze der Landtheile von Nordstrand, Husum, Simonsberg haben, wie es eben vor der großen Fluth von ann. 1634 war. Die Deiche, wenn solche angegeben sind, möglichst deutlich, sowie die Ortsnamen..."[20]
Dieser Freund heißt Christian Hinrich Eckermann, ist Bauinspektor in Heide und wird später eine Reihe von Aufsätzen über den Deichbau und seine Geschichte verfassen, die lange Zeit als das Standardwerk zum Thema gelten. Für Storm wird diese Freundschaft zum Glücksfall, denn ohne Eckermann hätte es wahrscheinlich keinen „Schimmelreiter" gegeben. Besuche bei Eckermann werden getreulicher Turnus, noch im Dezember 1887 holt er seinen Rat ein, erfährt alles über Deichbau und Landgewin-

nung und wird sich schließlich vom Freund geschmeichelt bestätigen lassen, allmählich könne er nun schon selbst einen Koog eindeichen.

Dennoch aber, trotz dieser Beratung: Dem an sich rasch schreibenden Storm, der in der Regel für eine längere Novelle nur wenige Wochen ansetzt, geht gerade dieser Stoff auffallend langsam von der Hand. Nicht weniger als anderthalb Jahre braucht er allein für die Vorbereitung, eine lange, eigentlich schon überlange Zeit, und sie wird nicht nur durch Storms anfällige Gesundheit erklärt. Er scheint geradezu Angst vor diesem Stoff zu haben. Einmal, dem Freund und Kollegen Paul Heyse gegenüber, gibt er es offen zu: „Vor der Deichnovelle habe ich einige Furcht!“[21] Und dabei hat er doch „große Lust, eine Deichnovelle zu schreiben ...“[22] Woher also die Furcht, bei gerade diesem Stoff?

Die Thematik steht fest. Es wird um einen spukenden Deichgrafen gehen. Auch der Titel ist gefunden. Und dennoch zögert Storm. Dabei ist es schon verwunderlich genug, daß er, ständig auf Stoffsuche, überhaupt erst jetzt und nicht schon viel früher auf diese Materie gekommen ist, auf die Welt unmittelbar an der Küste und ihre Probleme des Deichbaus und der Landgewinnung.

Schon als Kind hatte er die erste große Sturmflut erlebt. Das Reich der Köge und Deiche liegt vor Husums Tür. Der Vater ist Koogschreiber gewesen. Er selbst, als Amtsrichter, dürfte oft genug Deichproblemen begegnet sein. Und hat er, als Dichter, nicht schon oft aus persönlichem Erleben geschöpft, hat Vertrautes, Menschen wie Hintergründe, in seine Novellen eingehen lassen? Seine Heimatliebe wird geradezu sein Etikett, sie trägt ihm, zu Lebzeiten und eigentlich bis heute, den Stempel eines Heimatdichters ein – doch zu diesem zentralen Thema seiner Heimat findet er nun erst in seiner allerletzten Schaffensphase.

Und mehr als das: Storm hat diese Thematik nicht nur ausgespart. Er scheint sie sogar bewußt gemieden zu haben. Denn dem Stoff selbst begegnet er nicht erst in Hademarschen. Schon lange vorher ist er ihm vertraut. Seit wann aber genau: Das ist die große Frage bei der Entstehungsgeschichte des „Schimmelreiters“.

Die Tochter Lisbeth erfährt im Februar 1885: „Jetzt spukt eine gewaltige Deichsage, von der ich als Knabe las, in mir ...“[23] Auch anderen gegenüber deutet er wiederholt an, daß er schon als Kind diese Deichsage kennenlernte. Und schon 1873 hatte er eine Studie einer wichtigen Gestalt seiner Jugend gewidmet, der Bäckerstochter Lena Wies. Von ihr, meint er, hat er erzählen gelernt: „Und wie erzählte sie! – Plattdeutsch, in gedämpftem

Ton, mit einer andachtsvollen Feierlichkeit ...“[24] Es waren vor allem Spukgeschichten gewesen, die sie erzählte. Dazu aber, so Storm, hatte auch die Geschichte vom „Schimmelreiter“ gehört, „der bei Sturmfluten nachts auf den Deichen gesehen wird, und wenn ein Unglück bevorsteht, mit seiner Mähre sich in den Bruch hinabstürzt ...“[25]

Mehr als ein Dutzend Jahre später jedoch, als er nun selbst diese Geschichte zu erzählen anhebt, ist von Lena Wies keine Rede mehr. Die Tochter erfährt, daß sie der Vater als Knabe *gelesen* hat, und die ersten Sätze der Erzählung deuten auch gleich an, *wo* er sie las: „Ich vermag mich nicht mehr zu entsinnen, ob von den Leipziger oder Pappes Hamburger Lesefrüchten ...“

Der Fall wird noch komplizierter.

Es war in den vierziger Jahren gewesen, als Storm gemeinsam mit seinem Studienfreund Theodor Mommsen Sagen und Märchen der Heimat gesammelt hatte. Auch schon damals spukte in ihm die Geschichte vom Schimmelreiter, er hatte danach gesucht, allerdings vergeblich. Und dem drängenden Mommsen teilte er schließlich mit: „... habe ich das Wochenblatt, worin er abgedruckt war, noch nicht gefunden ...“[26]

Also diesmal nichts von seiner Knabenzeit, auch nichts von Lena Wies: Stattdessen erwähnt auch hier schon Storm, er hätte die Geschichte *gelesen* – und zwar in einem Wochenblatt.

Heute wissen wir, wo er sie gelesen hat: tatsächlich in den erwähnten „Hamburger Lesefrüchten“, und zwar im Jahr 1838. Hierauf bezieht sich Storm denn auch gleich im ersten Absatz seiner Novelle, wenn er dort ein rührendes Idyll zeichnet: die Urgroßmutter im Sessel, er als Kind an ihrer Seite, sie streicht ihm mit sachter Hand über das Haar, während er in seine Geschichte vertieft ist ...

Dieses Idyll hat einen Fehler: Es hat so niemals stattgefunden. Denn im Jahr 1838 ist Storm ein bereits recht ausgewachsener Mann von bald einundzwanzig Jahren, und seine Urgroßmutter, die „Frau Senator Feddersen“, seit bald neun Jahren tot – warum aber erwähnt er sie dann? Warum erweckt er von sich selbst den Eindruck eines Kindes, gibt sich der Tochter gegenüber als ein ‚Knabe‘ aus, der die Geschichte las? Allein der rührenden Wirkung wegen? Und wieso erinnert sich der alte Mann noch halbwegs genau an die Quelle, während er sie nur fünf Jahre nach der Lektüre, in seinem Brief an Mommsen, bereits wieder vergessen zu haben scheint?

Auf all diese Fragen gibt es manche mögliche Antwort, und die nächstliegende ist zugleich auch die unwahrscheinlichste: daß Storm bewußt von seiner Quelle ablenken, ein Plagiat vertuschen wollte. Denn dann hätte er es bei dem Hinweis auf Lena Wies bewenden lassen können. Dann wäre der Hinweis auf die „Hamburger Lesefrüchte" doppelt ungeschickt. Erwägen wir eine andere, nicht rationale, doch zum Persönlichkeitsbild des alten Mannes von Hademarschen passende Möglichkeit: Ob bewußt oder unbewußt – bei gerade dieser Novelle, die „gut werden" muß, „da sie so heimathlich ist"[27], vermag sich der schon vom Tode gezeichnete Dichter nicht von der Vorstellung zu lösen, es sei ein Teil seiner Kindheit, die er damit beschwört. Auch wider besseres Wissen muß es der *Knabe* Storm gewesen sein, der die Geschichte las. Und so setzt denn auch seine Erzählung ein:

Was ich zu berichten beabsichtige, ist mir vor reichlich einem halben Jahrhundert im Hause meiner Urgroßmutter, der alten Frau Senator Feddersen, kund geworden, während ich, an ihrem Lehnstuhl sitzend, mich mit dem Lesen eines in blaue Pappe eingebundenen Zeitschriftenheftes beschäftigte; ich vermag mich nicht mehr zu entsinnen, ob von den ‚Leipziger' oder von ‚Pappes Hamburger Lesefrüchten'. Noch fühl ich es gleich einem Schauer, wie dabei die linde Hand der über Achtzigjährigen über das Haupthaar ihres Urenkels hinglitt. Sie selbst und jene Zeit sind längst begraben; vergebens auch habe ich seitdem jenen Blättern nachgeforscht, und ich kann daher um so weniger weder die Wahrheit der Tatsachen verbürgen, als, wenn jemand sie bestreiten wollte, dafür aufstehen; nur so viel kann ich versichern, daß ich sie seit jener Zeit, obgleich sie durch keinen äußeren Anlaß in mir aufs neue belebt wurden, niemals aus dem Gedächtnis verloren habe ...

Also gleich zu Beginn sehnsüchtiges Moll, wehmütiges Erinnern, der Gedanke an Ende und Vergänglichkeit – und Storm ist mit dieser Eingangsreminiszenz gleich auch an den Ort zurückgekehrt, von dem er immer wieder fortging, um doch immer wieder heimzukommen in „die graue Stadt am Meer". Sie hat ihn ein Leben lang nicht losgelassen.

Ein Leben lang „Husumerei"

Mit der Geburt fängt es an.

Es ist Mitternacht, als das Kind geboren wird. Die Kirchenbücher werden den 15. September als Datum nennen. Die Mutter besteht jedoch darauf, daß es noch der 14. September war. Storm selbst, da sie es „doch am besten wissen“[28] müßte, schließt sich an, und seine Biographen folgen ihm. Also das Geburtsdatum: der 14. September 1817.

Ein Rest Ungewißheit bleibt.

Dieses Ungewisse scheint auch gleich symptomatisch, für Werk wie Person: Wer ist nun dieser Theodor Storm? Der Goldschnittlyriker, ein Spezialist für ‚Stimmungen‘, ein ‚Heimatdichter‘, achtbar zwar, doch tief provinziell? Oder einer, dem sich die Welt in der Nußschale bot und der gerade deshalb ‚Weltliteratur‘ schaffen konnte? Wie steht es um seine Weltanschauung, seine soziale Position? Wie ernst sind sein Atheismus, seine Kirchenfeindlichkeit zu nehmen? Wie sind sein Preußenhaß, sein demokratisches Engagement zu verstehen? Hat er wirklich in seinen letzten Jahren mit der aufkommenden Sozialdemokratie sympathisiert? Oder ist er ganz und gar der ‚Bürger‘, auch in seiner Weltanschauung? Wie steht es überhaupt mit seinem politischen Bewußtsein, wie mit seinem Nationalismus?

Beginnen wir mit der Nation:

Er wird in Husum geboren, und dieses Husum gehört zu Schleswig, Schleswig wiederum zu Dänemark. Also ist er dänischer Untertan, wird sich jedoch nie als Däne fühlen und beim Schleswiger Kampf gegen Dänemark sogar ein entschiedener Dänengegner sein, Feind der „kleinen Geßlers“[29], die im dänischen Auftrag über seine Heimat herrschen – doch was ist er dann, dieser Sproß sowohl einer friesischen wie einer niedersächsischen Familie? Kann man von einem Deutschen sprechen, da es doch um diese Zeit ein Deutschland als politische Einheit gar nicht gibt?

Auf dem Lübecker Gymnasium werden sie ihm ‚Schuckelmeyer‘ hinterherrufen, den Spottnamen für Deutsche aus dem dänischen Bereich, und er selbst, seine Angehörigen sprechen vom ‚Ausland‘, wenn sie Deutschland meinen. Er wird dann während der harten Potsdamer Jahre sehr böse Worte für den deutschen Nationalismus finden. Aber es gibt auch eine Zeit, da seine Einstellung als ‚deutsch-national‘ umrissen werden kann. Die Ernüchterung bleibt nicht aus. Die Reichsgründung von 1871 wird in ihm keinen Barden haben. Schon zuvor hatte er festgestellt: „So einigt man Deutschland nicht!“[30]

Wo aber liegt sein Vaterland?

Man darf wohl sagen: letztlich nur in Husum selbst, in dieser Stadt mit ihren wenig mehr als dreitausend Einwohnern. Ihre große Zeit hat sie längst hinter sich, als Storm geboren wird. Nur noch als größter Viehmarkt an der Westküste spielt sie eine gewisse wirtschaftliche Rolle, und das Geblöke der über den Ochsenweg nach Husum getriebenen jütischen Herden, das Geklapper der hochhackigen Holzschuhe ihrer dänischen Treiber, das Rollen der Wagen, in denen die reichen Viehhändler mit ihren eisenbeschlagenen Geldtruhen den Herden folgen, durchhallen denn auch die Kindheit des Hans Theodor Woldsen Storm, der da im September 1817 zur Welt kommt, während gerade ein schweres Gewitter über seiner Heimatstadt niedergeht.

Den ersten Namen hat er nach dem Vater, den dritten, einen sogenannten ‚Zwischennamen', nach der Familie seiner Mutter erhalten. Der zweite ist dazwischengerutscht, da er den Eltern ‚zierlich' in den Ohren klang. Es ist aber dieser zweite Name, unter dem er bekannt wird, und so heilig wird er sein, daß später der eigene Sohn nicht wagen wird, Storms Enkel „deinen Poetennamen zu geben"[31]. Er bleibt dem Dichter vorbehalten.

Doch wie kommt ein Dichter in gerade diese Familie?

Der Vater stammt von einem Bauernhof in der Geest. Er selbst ist Advokat und so angesehen, daß er als ‚de ole Storm' gleichsam zum Inventar der Stadt gehört, ein ernster, in sich versunkener Mann von solch umfassender Humorlosigkeit, daß sie selbst dem gleichfalls nicht sehr humorbegabten Sohn auffällt. Diesem Sohn wird ‚de ole Storm' ein guter Vater sein, aber mehr auch nicht, und daß er da einen Dichter von Rang gezeugt hat, übersteigt entschieden sein Fassungsvermögen. Vielleicht weiß er auch gar nicht so genau, was eigentlich ein Dichter ist. Jedenfalls können wir davon ausgehen, daß Storm nicht von dieser Seite her die künstlerische Ader hat.

Anders die Mutter: Sie immerhin, will man Storm glauben, hat musische Neigungen. Doch ‚Frohnatur und Lust am Musizieren' sind wohl auch bei ihr nicht vorhanden. Eine seltsame Kühle liegt über ihrer Beziehung zum Sohn, und wenigstens einmal – noch der alte Storm wird sich daran erinnern – kommt es zu einem bedenkenswerten Zwischenfall: Da gibt sich die Mutter ungewöhnlich herzlich, und prompt fragt sich der Sohn, was sie damit wohl bezwecke. Er ist gerade vier Jahre alt. Und dieser Vierjährige kommt zum Schluß, die Mutter tarne sich nur, tue nur so freundlich. In Wahrheit wolle sie ihn – ermorden.

Doch ist Lucie Storm, geborene Woldsen und Tochter eines der angesehensten Patriziergeschlechter der Stadt, nicht die einzige Frauengestalt in dieser Kindheit. Es gibt die Urgroßmutter, die Frau Senator Feddersen, eine *grande dame* der Husumer Gesellschaft. Es gibt die Großmutter, so

überströmend herzlich wie die Mutter kühl-unnahbar. Diese drei Frauen bestimmen die Welt des Kindes, während sich der Vater mehr an die Peripherie verwiesen sieht. Er bleibt der ‚Westermöhlner Burjung'. So nennt er sich selbst. Und verzieht sich knurrend aus dieser Weiberwelt.
In den Erzählungen dieser Frauen singt und schwingt sie aber mit: die Erinnerung an eine glanzvolle Vergangenheit. Denn auch die Woldsens haben ihre große Zeit längst hinter sich. Einst sind sie die reichste Familie der Stadt gewesen. Sie stellten Bürgermeister und ließen zur Weihnacht für die Armen einen Ochsen schlachten. Jetzt aber umweht auch sie der Hauch aller Vergänglichkeit, und diese Ahnung von Vergänglichem wird Storm ein Leben lang begleiten.
Noch der alte Mann von Hademarschen hört verzückt das Lied der Nachtigall und wird doch gleich auch an die Elstern denken, die schon auf den kleinen Sänger lauern. Er schmeckt noch den Erfolg seiner letzten Novelle und seufzt doch nur, dies sei zu spät. Und vornehmlich in der Vergangenheit wird er denn auch die Stoffe einiger seiner besten Novellen finden. Auch „Der Schimmelreiter" gehört dazu.
Dennoch hat Storm, was man eine ‚schöne Kindheit' nennt.
Die Erziehung ist freizügig, die Schule keine Last. Storm darf sich seine Freunde selber suchen, in allen sozialen Schichten, und die Definition dessen, was er selbst nun ist: Patriziersproß, Bürgersohn, bäurischer Nachfahr – in diesem Kreis bleibt sie ihm erspart. Und ist der Himmel über Husum wieder einmal grau, tropft es trostlos auf das Buckelpflaster, so ziehen sich die Kinder in die große Tonne im Elternhaus an der Hohlen Gasse zurück, wohlgeborgen vor der Welt der Erwachsenen. Und dort werden dann Geschichten erzählt, am liebsten von Spuk und Gespenstern.

Wir sehen sie vor uns, diese Husumer Jungen und Mädchen mit der Handlaterne auf den Knien. Wir hören ihre plattdeutsch raunenden Stimmen, wie sie von Erntekindern und Sargfischen erzählen, von Luftgeistern und Klabautermännern – und aus dem Gespinst dieser Phantasien steigt ein anderes Husum herauf, nicht das des Viehmarkts und seiner zahllosen Kneipen. Dieses andere Husum ist eine Gespensterstadt, wo Hände aus den Wänden wachsen, Verstorbene an ihrem Todestag jämmerlich stöhnen, Spukgestalten durch die nächtlichen Gassen humpeln. Und auch das Stormsche Elternhaus ist nicht verschont. Dort rumpelt an bestimmten Tagen unsichtbar, doch nicht zu überhören eine Totenlade die morschen Stiegen hinunter und kündet von Tod und nahem Untergang...

So setzt sich diese Kindheit aus vielerlei zusammen, aus graugestrichelter Nostalgie, fröhlich-ruppigem Gassenjungentum, aus Husums nebelverhangener Gegenwart und doppelbödiger Vergangenheit – und dieses Husum ist es, von dem sich Storm nie mehr lösen wird. Er liebt es nicht nur, er leidet auch darunter, und schließlich wird er es in einem seiner schönsten Gedichte beschwören. Es ist sein wahrscheinlich bekanntestes Gedicht überhaupt, und mit ihm wird auch die Stadt berühmt, die es besingt. Am Ende kann man kaum noch ihren Namen nennen, ohne daß die Zeile von der ‚grauen Stadt am Meer' zitiert wird, es ist geradezu Husums Nationalhymne geworden, so wie „Der Schimmelreiter" Nationalepos für ganz Nordfriesland wird. Doch empfiehlt sich genaue Lektüre:

Am grauen Strand, am grauen Meer
Und seitab liegt die Stadt;
Der Nebel drückt die Dächer schwer,
Und durch die Stille braust das Meer
Eintönig um die Stadt.

Es rauscht kein Wald, es schlägt im Mai
Kein Vogel ohne Unterlaß;
Die Wandergans mit hartem Schrei
Nur fliegt in Herbstesnacht vorbei,
Am Strande weht das Gras . . .

Soweit die ersten beiden Strophen – und schon müssen wir uns fragen: Ist es eigentlich ein sehr schönes, gewinnendes, ein romantisch verklärendes Bild, das da Storm von ‚seiner' Stadt entwirft? Schwingt nicht gar in der Zeile „. . . es schlägt im Mai kein Vogel ohne Unterlaß . . ." so etwas wie Ironie mit, die Parodie auf herkömmlich romantische Naturklischees? Und Storm fährt fort:

Doch hängt mein ganzes Herz an dir,
Du graue Stadt am Meer;
Der Jugend Zauber für und für
Ruht lächelnd doch auf dir, auf dir,
Du graue Stadt am Meer.

Auf dieses ‚doch' kommt es an. Das setzt den bestimmenden Akzent. Storm verleugnet nicht die dumpfe Enge seiner Heimat. Er schönt sie nicht, im Gegenteil: Er überzeichnet noch ihre graue Häßlichkeit, stellt sie fast provozierend heraus. Dann erst setzt er zur Konfession an, hält fest, daß *doch,* trotz aller Häßlichkeit, sein Herz daran hängt, weil eben „der Jugend Zauber für und für" darüber ruht. Husum bleibt die Stätte seiner Kindheit. Sie ist das Paradies, aus dem er nicht vertrieben werden kann.

1835 ist diese Kindheit vorbei. Storm überschreitet erstmals Husumer Grenzen. Im ‚Ausland', in Lübeck, besucht er zwei Jahre lang das dortige Katharineum.

Lübeck: das ist nicht nur eine andere Stadt, sondern auch eine ganz andere Welt. Und wichtiger noch als das schließlich erteilte Abgangszeugnis, das Storm als einen eher mittelmäßigen Schüler ausweist, wird für den angehenden Dichter ein ihm völlig neuer Umgang mit dem Medium Literatur.

Schon der Halbwüchsige hatte seine ersten Verse gemacht, „eine inhaltslose Spielerei"[32], wie der Siebzigjährige rückblickend meint. Doch nur einmal, am Ende seiner Schulzeit, war er mit einem eigenen Epos an die Öffentlichkeit getreten und vom Rektor mit dem solchen Herren zuweilen eigenen Scharfblick belehrt worden, „er sei kein Sänger"[33]. Erst in Lübeck „wird der Ton ein anderer"[34]. Hier findet er Zugang zu literarisch ambitionierten Salons des Großbürgertums, und dort wird Dichtung nicht nur gelesen. Sie wird auch kommentiert, diskutiert, kritisiert, wird ernstgenommen als selbstverständlicher Bestandteil des täglichen Lebens.

Storm lernt Eichendorffs Gedichte kennen, er liebt sie sein Leben lang. Er begegnet Goethes „Faust", und der Eindruck wird sich selbst noch auf den „Schimmelreiter" auswirken. Und dann tun sich ihm „die Tore einer neuen Welt"[35] auf: Er liest „Das Buch der Lieder" von Heinrich Heine.

Eine bemerkenswerte, wiederum lebenslange Affinität zeichnet sich ab: zum Weltmann aus Düsseldorf, zu diesem Juden, der in Deutschland als Franzose und in Frankreich als Deutscher, überall aber als Jude gilt, zum großen Heimatlosen, Unbehausten der deutschen Literatur. Storm wird kein Heine-Schicksal erleiden. Er endet nicht in der Matratzengruft – und doch besteht hier eine Form der inneren Verwandtschaft, die sich nicht nur in Storms Werk auswirkt. Heine ist für Storm *das* Ideal eines Dichters schlechthin. Und als ihn später der Freund Fontane in einer Rezension seine Lyrik zwischen Mörike und Heine stellt, wird Storm zwar über den Mörike-Vergleich geschmeichelt sein, zugleich aber beharren: „So rückt mich doch die große Reizbarkeit meiner Empfindung wieder näher an Heine..."[36]

Die ‚reizbaren Empfindungen', die hier Storm für sich in Anspruch nimmt: sie sind ihm gewiß eigen, machen den Bürger zum Künstler. Jedoch wird

Storm den Absprung in eine Künstlerexistenz niemals wagen. Er wird äußerlich immer der Bürger bleiben und will dabei das eine wie das andere sein, der Bürger *und* ein Künstler, würdig sowohl der Welt, der er entstammt, wie der anderen, nach der er sich sehnt. Diesen Zwiespalt wird Storm nie verwinden, und noch nach seinem Tod findet sich ein Manuskript, wahrscheinlich das letzte, das er schrieb und in dem er trotzig darauf pocht, Schriftsteller könne schließlich ein ‚richtiger' Beruf sein, so anständig wie jeder andere. Und er ist auch kein Thomas Mann, der zwei Generationen später diesen Konflikt zur Kunst- und Existenzform erhebt. Storms Zweifel bleiben frei von Selbststilisierung. Er empfindet sie ganz ursprünglich, geradezu im physischen Sinn, als er beispielsweise angesichts der lebenslangen Sorge um den alkoholsüchtigen Sohn Hans ernstlich fragt: „Sollte die künstlerische Anlage oder Tätigkeit die Nachkommenschaft beeinträchtigen, sollte da etwas verbraucht werden, was jenen zugute kommen müßte..."[37]

Wieder also der ungewisse Schatten über dieser Existenz: Wer ist Storm eigentlich? Was hält und führt ihn? Was gibt seinem Dasein die letzte innere Berechtigung?

Er studiert, ohne Eifer, Jura, zunächst in Kiel, dann in Berlin – und Berlin wird seine erste erschreckende Begegnung mit einer nun wirklich großen, einer *Groß*stadt. Hier Berlin, hellwach, schandmäulig, aggressiv, dort der Ankömmling aus dem verschlafenen Husum, für den sich diesmal keine Welten auftun. Wir sehen ihn durch leere Straßen irren, sehnsüchtig zu hellen Fenstern hinaufstarren – sie bleiben ihm verschlossen. Er flüchtet nach Kiel zurück, findet im Brüderpaar Theodor und Tycho Mommsen Freunde, die ihm Partner sein können, Gefährten beim eigenen geistigen Höhenflug.

Solche Freunde, in dieser unmittelbaren Nähe, sind in seinem Leben selten. Sie durchziehen als Gäste seine Welt oder werden – wie Turgenjew oder der alte Wilhelm Raabe – von ihm selbst besucht, sie sind ihm Partner bei seiner selbst für das brieffreudige 19. Jahrhundert ungewöhnlich umfangreichen Korrespondenz. Den engeren Umkreis aber, den täglichen Umgang, bestimmen, ob in Husum, Heiligenstadt oder schließlich in Hademarschen, andere Freundschaften, mit liebenswerten Honoratioren, mit Bürgern eben. Sie achten den Dichter in ihrer Mitte, sind vielleicht stolz auf ihn. Aber wirkliche Gesprächspartner können sie ihm nicht sein. Bei aller Herzlichkeit solcher Beziehungen bleibt doch Storm in ihrem Kreis allein – und die Suche nach den anderen beginnt, nach jener anderen Welt, zu der

er, der Künstler, doch viel eher gehört als nach Husum oder Hademarschen.
Der Strom seiner Briefe setzte ein, reißt nicht ab, an Fontane, Heyse, Emil Kuh, an Mörike, Erich Schmidt, schließlich an Gottfried Keller, dem er gleich in seinem ersten Schreiben beteuert: „Fürchten Sie nicht, liebster Keller, sich einem Schreibseligen verbunden zu haben....“[38] Genau das ist aber Storm: schreibselig. Er muß es sein. Es ist seine Art, der eigenen Einsamkeit zu entkommen.
Dieser Einsamkeit wird sich Storm erstmals 1842 bewußt, als er sich nach überlanger Studienzeit als Anwalt im vertrauten Husum niederläßt, das ihm so vertraut inzwischen nicht mehr ist. Er schreibt an Mommsen: „Mir fehlen Freunde, ich habe hier keinen, der mir einigermaßen näherstünde; die jüngeren Leute sind zu verschieden von mir, namentlich Setzer, daß ich die kleinste meiner Handlungen grade vor Leuten, auf die ich durch die socialen Verhältnisse angewiesen bin, einer schonungslos mißkennenden Kritik ausgesetzt sehen muß...“ Es folgt ein Hilfeschrei: „Ich habe eine rechte Sehnsucht, Sie wiederzusehn... um gut vierzehn Tage komme ich nach Hamburg. Sie müssen da sein!“[39]
Solchen Ruf wird er noch häufig ausstoßen, und oft wird er erhört. Oft muß er aber auch feststellen, daß diese andere Welt, wird sie Wirklichkeit wie bei seinem Treffen mit Iwan Turgenjew vor dem mondänen Hintergrund des Weltbads Baden-Baden, eben doch nicht seine Welt ist und er der Mann aus Husum bleibt, „im Anfang etwas ungewandt“[40], wie ihn ein späterer Freund, der noch blutjunge Erich Schmidt, ebenso sachlich wie kaltschnäuzig beschreibt.
Dreierlei bestimmt diese seine zweite, bis 1853 dauernde Husumer Zeit: Dichtung, Ehe – und Politik.
Die Dichtung zunächst: 1852 erscheinen erstmals zum Buch zusammengefaßt seine Gedichte und werden, sagen wir's höflich, ein Achtungserfolg. Den Poeten kränkt das schwache Echo tief. Aber auch sein erster richtiger Erfolg macht ihn nicht recht glücklich. Er hat ihn mit seiner Erzählung „Immensee“, und tatsächlich wird gerade diese Novelle, wie der „Werther“ für Goethe, der einzige wirklich populäre Großerfolg sein, den Storm zu Lebzeiten kassieren kann. Schon um die Jahrhundertwende liegen mehr als sechzig Auflagen vor, und Storm, dem „der übertriebene Wert... nicht angenehm“[41] ist, läuft Gefahr, für alle Zeiten zum „Immensee“-Autor abgestempelt zu sein. Erst der noch erfolgreichere und vor allem dauerhaftere „Schimmelreiter“ ändert das.

Aber nicht nur der Dichter, auch der Ehemann und Liebhaber durchleidet seinen Zwiespalt.
Storm ist kein Schönling, aber doch ein recht interessanter Mann. Und er ist der Typ des *homme à femme*. Er liebt Frauen, er braucht sie. Und noch der alte Mann sieht freundlich auf diese und jene und seufzt beim Auftritt einer katzenhaften Femme fatale während einer Hamburger Sardou-Aufführung: „Das Weib wird mir zu gefährlich."[42] Seine ihm 1846 angetraute Cousine Constanze setzt ihn solchen Gefahren seltener, wohl zu selten aus, und so findet er schließlich die bei seiner Frau vermißte „Leidenschaft"[43] bei einer anderen, Dorothea Jensen. Ob nun aus übergroßem Edelmut, aus weiblichem Pragmatismus oder schlicht aus erotischem Phlegma heraus: Constanze macht den ernstgemeinten Vorschlag einer *menage à trois*. Sie will die Nebenbuhlerin als Freundin im eigenen Haus aufnehmen – und das vor Husums biederem Hintergrund!
Der sich anbahnende Skandal wird gerade noch abgewendet. Dorothea Jensen zieht entsagend davon, zurück bleibt das in seiner Beziehung gefestigte Ehepaar Storm, und der Vorgang könnte immer noch Wasser auf feministische Mühlen sein: Der Mann kommt davon, die Ehefrau steht brav in seinem Dienst, gebärt ihm sieben Kinder, ist das brave Hausmütterchen – und irgendwo in der Ferne verblüht die Freundin zum alten Mädchen, das keinen anderen Mann mehr lieben wird. Doch hat ihr Roman noch einen zweiten Teil.
Die Politik, ausgerechnet, stürzt den unpolitischen Poeten Storm in weitere Konflikte.
Es sind dies die Jahre, in denen die Schleswiger gegen die dänische Herrschaft aufbegehren, und Storm nimmt Partei, für seine Landsleute, gegen Dänemark. Zunächst siegen die Dänen, und Storm erhält die Quittung: Er kann nicht mehr Advokat in Husum sein. Vielleicht ließe sich das noch arrangieren, würde er nun seinen Kotau vor dem dänischen Geßlerhut machen. Aber Storm bleibt fest. In bemerkenswerter, gar nicht versponnen-poetischer Konsequenz zieht er die Emigration ins ‚Ausland' vor. Sie führt ihn ins preußische Potsdam, in eine kärgliche, demütigende Position zunächst. Am eigenen Leib erleidet Storm den „Menschenverbrauch"[44] des „preußischen Staatsmechanismus"[45], und die Erfahrungen dieser Zeit werden geradezu traumatisch in ihm haften. Er verabscheut nun alles Preußische, und noch zu Beginn des Kriegs mit Frankreich wird er schreiben: „Niemand kann das spezifisch preußische Wesen mehr hassen als ich, denn ich halte es für den Feind aller Humanität..."[46]

Ein zweites Mal nun der Berliner Umkreis, dem Dichter gegenüber nicht ganz so verschlossen wie das erste Mal, doch spröde, kritisch, spottbereit noch immer: Der hauptstädtische Literaturbetrieb klopft ihm auf die Schulter, feiert ihn aber nicht, der Mann aus Husum sitzt da unter diesen kessen, wort- wie weltgewandten Großstadtliteraten, ein Provinzler in glanzleinener Weste, die „sehr leicht furchtbare Falten schlägt" (Fontane)[47]. Nur mit halbem Ohr wird zugehört, wenn er mit leiser, nicht recht tragender Stimme zu sprechen anhebt.
Freunde finden sich immerhin: der Maler Menzel, Paul Heyse und vor allem Theodor Fontane. Wieder Affinität und Gegensatz, auf der Basis wechselseitigen Respekts: Die Freunde spazieren gemeinsam durch die Stadt, hin zum eleganten Restaurant Kranzler, und mit den gleichen ‚goldenen Rücksichtslosigkeiten', die auch Storm für sich in Anspruch nimmt, wird Fontane später die Erscheinung der ‚komischen Kruke' Storm schildern, im grünen Röckchen, eine monumentale ‚Talentwindel' um den Hals geschlungen, mit Schlapphut, eben so, wie man sich in Husum einen ‚richtigen Künstler' vorstellen mag.
Kein ergötzliches Detail wird ausgelassen: nicht Fontanes verschämte Bitte, in diesem Aufzug nun nicht gerade in das mondäne Kranzler zu gehen, Storms unbeirrte Selbstsicherheit, des wackeren Dichters „lyrisches Verhältnis" zur „brunnhildenhaften Kontordame", die seine „reichlich gestellten Fragen bis ins Detail erschöpfend" aushält, nicht Fontanes Manöver, den Freund in eine etwas unauffälligere Ecke abzudrängen. Ermattet schließt der Weltmann aus der Mark: „Ich war froh, als wir nach einer halben Stunde wieder heil heraus waren".[48]
Storm revanchiert sich. Fontane liebt Preußen, er haßt es. Der Freund schwärmt vom liberalen Gehabe der Berliner Gesellschaft, Storm durchschaut den pseudoliberalen Bluff. In Potsdam wählt er einen geradezu demonstrativ „Husumer" Lebensstil mit abendlichem Tee bei braunem Kuchen, mit weidlich erzählten Gespenstergeschichten. Er schreibt „Bulemanns Haus" und trägt dieses Gedicht über das Horror-Husum seiner Kindheit im Berliner Freundeskreis vor. Das heißt: „Er sang es mehr, als er es las..."[49] – auch hierüber kann Freund Fontane seine Späße nicht lassen. Und das alles, weniger sein Werk, trägt ihm schließlich den Stempel der „Husumerei" ein, ein böses Wort, natürlich von Fontane geprägt. Dennoch trifft es weit mehr den Menschen als den Dichter Storm.
Als er um 1850 noch daheim war, hatte er ‚seinem' Husum das spröd-kritische Lied von der ‚grauen Stadt am Meer' gesungen. Jetzt liebt er seine

Heimat mehr denn je, und heimwehkrank findet er die vielleicht schönsten Zeilen, die er je schrieb. Er schickt sie an den Vater: „An's Haf nun fliegt die Möwe und Dämmrung bricht herein, über die feuchten Watten spiegelt der Abendschein ..."[50] Das ist nun schon die Welt des Hauke Haien, die hier aufscheint, mitten im „großen Militärcasino Potsdam"[51].

Storm will fort. Er findet eine Anstellung in Heiligenstadt, einem Städtchen an der Leine, und mit einem trotzigen ‚dennoch' im Unterton erklärt er: „Da ich nicht in Husum sein kann, so wünsche ich nur in Heiligenstadt zu sein ..."[52].

Die Jahre in Heiligenstadt werden eine Zeit der Selbstbesinnung und der gezogenen Grenzen: gegen Preußentum und preußischen Adel, gegen Kirche und Glauben – und Storm legt fest, wie er einmal dahinzugehen wünscht: „Auch bleib der Priester meinem Grabe fern ..."[53]

Das schreibt er 1863. Im Jahr darauf erfährt seine Husumerei ihre stolzeste Bestätigung: Er darf heimkehren. Mehr noch: Er wird geradezu im Triumph als neugewählter Landvogt zurückgeholt, nachdem der deutsch-dänische Krieg die Dänenherrschaft beendet hat. Die Heimat hat ihren Sohn wieder. Das ‚Ausland' liegt hinter ihm. Das ist nun die große, glückhafte Wende für Theodor Storm.

Sie ist es nicht.

Zwar ist er zu Hause. Aber aus der Perspektive seines wohlerworbenen Preußenhasses erscheint ihm Schleswig-Holstein kaum anders als eine preußische Provinz. Die verachteten ‚Junker' regieren. Das Amt des Landvogts wird abgeschafft. Storm findet sich, zu geringeren Bezügen, als Amtsrichter wieder, im preußischen Dienst. Tucholskys bittere Zeile: „Wir träumten unter kaiserlichem Zwange von einer Republik – und nun ist's die ..." – sie könnte in geringfügiger Variante auch von Storm gesprochen sein.

Zu politischer Enttäuschung und beruflicher Sorge kommt die private Krise. 1865 stirbt am Kindbettfieber seine Frau, zu einer Zeit, da Ignaz Semmelweiß schon seine epochemachende Erkenntnis traf und Constanze Storm hätte gerettet werden können: Die Erfahrung geht dann später in Storms Novelle „Ein Geständnis" ein. Constanze hinterläßt sieben Kinder, darunter die eben erst geborene Tochter Gertrud. Witwer Storm entsinnt sich eines „schon alten Mädchens"[54], einer „verblühten Blondinen"[55]. So galant beschreibt er jetzt seine Jugendliebe Dorothea. Und sie heiratet er nun – eine Ehe, die auch ein Kommentar zur oft gestellten Frage ist, was wohl geschehen wäre, wenn Romeo und Julia *nicht* Gift genommen hätten.

Vielleicht liebt er Dorothea wirklich. Er wird es jedenfalls beteuern. Aber das hindert ihn auch nicht, seine zweite Frau mit einem wahren Kult um die Verstorbene zu belasten. Und im übrigen erwartet Dorothea nur, was auch schon ihre Vorgängerin ein Eheleben lang zu dulden hatte: Sorge um die Kinderschar, finanzielle Nöte, ein Platz tief im Schatten des alldominierenden Dichtergatten.

Dieser Dichter aber fühlt sich am Ende seiner Schaffenskraft.

Er macht sein Testament. Er betreibt die Gesamtausgabe seiner Werke. Neues liegt brach, wie erstickt unter den ungeliebten Pflichten seines bürgerlichen Berufs. Storm ist nun schon fast, noch einmal Tucholsky, ein „aufgehörter Dichter". Er sitzt im Haus an der Wasserreihe in jenem Zimmer, das er ‚Poetenstübchen' genannt hat, „aber, der darin sitzt, ist kein Poet mehr, nur noch Amtsrichter und Schulmeister für seine Kinder."[56] Das schreibt er an Fontane, der auch erfährt: „Jetzt scheint's aus zu sein mit meinem Dichten."[57]

Fontane reagiert mitfühlend und verständnisvoll. Storms Stimmung ist auch seine eigene, und für beide formuliert er in seinem letzten Brief an Storm die Frage: „Wozu Deine Arbeit? Wozu du selbst?"[58]

Wozu ...

Ein Kreis schließt sich und bleibt doch offen: Wer ist er gewesen, der Dichter Storm, der doch ein Bürger blieb, als Dichter ‚aufgehört', als Bürger nicht über das Mittelmaß gekommen? Dieser Husumer, der doch in Husum nicht glücklich ist und seine Stadt am meisten liebt, wenn er von ihr fern sein muß, „zu Hause" allein in seinem Werk?

Es gibt aber für diesen Mann noch einmal den Anfang von Hademarschen. Er wird dort einige seiner besten Novellen schreiben und schließlich seine beste überhaupt. Sturmdurchbraust, vom Meer umgischt setzt sie ein:

Es war im dritten Jahrzehnt unseres Jahrhunderts, an einem Oktobernachmittag ... als ich bei starkem Unwetter auf einem nordfriesischen Deich entlangritt. Zur Linken hatte ich jetzt schon seit über einer Stunde die öde, bereits von allem Vieh geleerte Marsch, zur Rechten, und zwar in unbehaglicher Nähe, das Wattenmeer der Nordsee; zwar sollte man vom Deiche aus auf Halligen und Inseln sehen können; aber ich sah nichts als die gelbbraunen Wellen, die unaufhörlich wie mit Wutgebrüll an den Deich hinaufschlugen und mitunter mich und das Pferd mit schmutzigem Schaum bespritzten; dahinter wüste Dämmerung, die Himmel und Erde nicht unterscheiden ließ; denn auch der halbe Mond, der jetzt in der Höhe stand, war meist von treibendem Wolkendunkel überzogen. Es war eiskalt ...

Der Reiter aber, der dort trabt (und namentlich nie genannt wird), bewegt sich nur vermeintlich auf festem Boden. Nach ihm greifen schon die Geister ‚aus der Tonne' Stormscher Kindheit.

Von Hauke Haien – und anderen Wiedergängern

Dem Reiter auf dem Deich wird unheimlich zumute.
Er ist allein, mit sich, seinem Pferd, dem Gekreisch der Möwen. Er hört nur das Toben von Wasser und Wind, „ich leugne nicht, ich wünschte mich mitunter in sicheres Quartier". Doch wird es noch unheimlicher.
Jetzt aber kam auf dem Deiche etwas gegen mich heran; ich hörte nichts; aber immer deutlicher, wenn der halbe Mond ein karges Licht herabließ, glaubte ich eine dunkle Gestalt zu erkennen, und bald, da sie näher kam, sah ich es, sie saß auf einem Pferde, einem hochbeinigen hageren Schimmel; ein dunkler Mantel flatterte um ihre Schultern, und im Vorbeifliegen sahen mich zwei brennende Augen aus einem bleichen Antlitz an.
Der Reiter weiß noch nicht, was das zu bedeuten hat. Der Leser kann immerhin vermuten, daß hier ein Spuk an ihm vorüberzieht.
... schon fuhr es von rückwärts wieder an mir vorbei; mir war, als streifte mich der fliegende Mantel, und die Erscheinung war, wie das erste Mal, lautlos an mir vorübergestoben. Dann sah ich sie fern und ferner vor mir; dann war's, als säh ich plötzlich ihren Schatten an der Binnenseite des Deichs hinuntergehen ...
Jetzt treibt es den Reisenden doch fort aus der Gespensterwelt am Deich. Er kehrt in einen Gasthof ein, wo eine Gruppe Männer beim Punsch zusammensitzt. Sie halten Wacht, denn „es ist bös Wetter draußen; die Deiche werden ihre Not haben!" Der Reisende erzählt von seiner Begegnung. Die Männer erschrecken: „Der Schimmelreiter!"
Das Wort ist gefallen.
Mit dem Reisenden erfahren wir nach und nach, was es mit diesem Spuk auf sich hat. Er zeigt sich immer, wenn ein Deich gefährdet ist. Dann sieht man Reiter samt Gespensterroß in eine Wehle stürzen, „so nennen sie dort die Brüche, welche von den Sturmfluten in das Land gerissen werden, und die dann meist als kleine, aber tiefgründige Teiche stehen bleiben". Auch diese Nacht wird es so sein. Ein Deich wird brechen, wie immer, wenn der Schimmelreiter ‚wiedergeht' ...

Das ist nun schon das zweite Stichwort.
Dieser Schimmelreiter ist ein ‚Wiedergänger', einer von jenen, die im Grab keine Ruhe finden, ob sie nun ein ‚unehrliches' Ende gefunden oder eine alte Schuld zu begleichen haben. So will es der Volksglaube, und seine Angst vor Wiedergängern ist ebenso alt wie der Mythos selbst: Da werden Hufeisen über die Tür genagelt oder Messer auf die Schwelle gelegt, um Wiedergängern den Eintritt zu verwehren. Leichen werden wieder ausgegraben und vorsorglich gepfählt oder die Häupter von Hingerichteten, mit dem Blick zur Stätte ihres Verbrechens, auf hohe Stäbe gesteckt. Dies alles führt in graueste Urzeit zurück: Schon an Moorleichen der vorgeschichtlichen Phase wurden Spuren gefunden, die auf Abwehrmaßnahmen gegen das Wiedergängertum schließen lassen.
Auch die Friesen haben ihre Wiedergänger.
Auf der Insel Amrum sind es zum Beispiel die ‚Gongers', die nachts am Bett ihrer Verwandten stehen, triefend naß, so daß noch am nächsten Tag auf dem Boden Wasserlachen zu sehen sind. Der also Heimgesuchte weiß dann aber, daß jener, den er als ‚Gonger' sah, ertrunken ist. Peinlich wird es jedoch, wenn sich solch ein Gonger ausgerechnet bei der Hochzeit seiner hinterbliebenen Frau zeigt, die das Trauerjahr nicht abgewartet hat. Dann flüchten die Gäste kreischend vor dem triefenden Spuk, und aus ist es zunächst einmal mit der Festtagsfreude.
Auch der vor allem auf den nordfriesischen Inseln übliche (und greuliche) Brauch, Schiffbrüchige zu erschlagen und zu berauben, spiegelt sich in mancher Wiedergängersage, so in der Sylter Geschichte vom Dietkjendälmann, der als riesiger Schatten zwischen den Dünen erscheint, Stellvertreter für alle, deren Gebeine noch nicht christlich begraben wurden, sondern in den Dünen verscharrt liegen. Auf dem Festland wiederum raunt es von den ‚Wogemannen', Seeräubern des 14. Jahrhunderts, die einst im heutigen Westerhever auf Eiderstedt ihre von einem Priel umschlossene Burg hatten und von dort zu ihren Raubzügen starteten. 1370 war es zunächst aus mit den Wogemannen. Der Chronist Peter Sax berichtet: „Dem Mannsvolke, sechzig an der Zahl, schlug man die Köpfe ab und warf ihre Leichen ins Meer." Doch zuweilen gibt das Meer auch diese seine Toten wieder. Dann kehren sie in das Pastorat zurück, das am Standort ihrer einstigen Burg errichtet wurde, und einmal gar hat sich solch ein wiedergehender Wogemanne vom erbebenden Pfarrer seine gerade vorbereitete Predigt vorlesen lassen. Wie sie ihm gefallen hat, wird nicht berichtet.
Es ist also keine sonderlich feine Gesellschaft, in der nun auch der Spuk

vom „Schimmelreiter“ seinen Platz hat. Doch will Storm nicht lediglich eine weitere Gespenstergeschichte schreiben. Er will anderes und mehr. Seinem Verleger Paetel schreibt er: „... es ist ein heikel Stück, nicht nur in puncto Deich- und anderen Studien dazu, sondern auch, weil es seine Mucken hat, einen Deichspuk in eine würdige Novelle zu verwandeln, die mit den Beinen auf der Erde steht...“[59]

‚Würdig‘ also, sprich: ‚seriös‘ soll die Novelle sein, mit ein wenig Deichspuk als Zugabe. Und tatsächlich hat ja Storm auch eine eher nüchterne Materie gewählt: die Entwicklung des Deichbaus sowie den ganz unromantischen, hart-sachlichen Kampf eines einzelnen gegen Mensch und Meer. Das steht in jeder Hinsicht ‚mit den Beinen auf der Erde‘. Andererseits: Erst die irrationalen Momente, eben der ‚Spuk‘, geben dem Stoff Anziehungskraft und poetische Dimension. Auch darüber dürfte sich Storm im klaren sein.

Er wählt einen Kunstgriff.

Er läßt die Geschichte erzählen, und zwar sehr bewußt von einem Schulmeister, der als ein Kind der Aufklärung ausgewiesen wird, von einem ‚ein wenig hochmütigen‘ Intellektuellen: „Er hat in seiner Jugend einmal Theologie studiert und ist nur einer verfehlten Brautschaft wegen hier in seiner Heimat als Schulmeister behangen geblieben“, wird dem Reisenden zugeflüstert, als der kleine hagere Mann „in einem abgeschabten schwarzen Röcklein“ in der Runde Platz nimmt. Er distanziert sich denn auch gleich von den Gruselelementen seiner Erzählung: „Es ist viel Aberglauben dazwischen...“

Nun wäre es aber grundfalsch, in diesem Schulmeister ein alter ego Storms zu sehen. Der Dichter von „Bulemanns Haus“, der getreue Schüler der Lena Wies und einstige Insasse der Husumschen ‚Tonne‘ ist auch noch als alter Mann viel zu vernarrt in Spuk und Geister, als daß er einen solch prächtigen Gespensterspaß wie die Geschichte vom umherirrenden Schimmelreiter platter Vernunft zum Opfer bringen würde. Sein Kunstgriff läßt ihn beides sein, kühlen Chronisten wie raunenden Erzähler – und zur Meisterschaft gerade dieser Storm-Dichtung wird schließlich gehören, wie der Autor mit scheinbar beiläufigen Details, in Randepisoden und Naturschilderungen die metaphysische Komponente in eine vermeintlich streng realistische Erzählung einfließen läßt. Auch noch in den sachlichsten Passagen bewegt sich dieser „Schimmelreiter“ auf doppeltem Boden und entzieht sich letztlich rein rationaler Deutung. Und so setzt sie denn ein, die Geschichte vom Deichgrafen Hauke Haien.

Wir lernen ihn als Jungen, am Tisch des Vaters, kennen, als Sohn des ‚klügsten Mannes im Dorf'. Wir sehen ihn ein Buch von Euklid lesen und offenbar verstehen. Freunde scheint er nicht zu haben, eine Mutter wird, seltsam genug, nie erwähnt. Er ist ein Träumer, ein frühes Genie. Und im Hintergrund seiner Welt rauscht das Meer, der ‚Blanke Hans'.
Es rauscht nicht nur, es kocht und brüllt. Gleich zu Beginn der Rahmenhandlung läßt es der Dichter „wie mit Wutgebrüll" gegen den Deich schlagen, ein Raubtier, ein Ungeheuer. Der junge Hauke Haien steht an seinem winterlichen Strand. Er hat von den Toten gehört, die angetrieben worden waren, „gnidderschwarz und blank, wie frischgebacken Brot": das Meer als Verderber und alles auslöschender Vernichter, als der große Feind des Menschen schlechthin. Hauke „sah mit starren Augen darauf hin".
In dem Nebel schritten dunkle Gestalten auf und ab, sie schienen ihm so groß wie Menschen. Würdevoll, aber mit seltsamen, erschreckenden Gebärden; mit langen Nasen und Hälsen sah er sie fern an den rauchenden Spalten auf und ab spazieren; plötzlich begannen sie wie Narren unheimlich auf und ab zu springen, die großen über die kleinen und die kleinen gegen die großen; dann breiteten sie sich aus und verloren alle Form.
„Was wollen die? Sind es die Geister der Ertrunkenen?" dachte Hauke. „Hoiho!" schrie er laut in die Nacht hinaus; aber die draußen kehrten sich nicht an seinen Schrei, sondern trieben ihr wunderliches Wesen fort.
Da kamen ihm die furchtbaren norwegischen Seegespenster in den Sinn, von denen ein alter Kapitän ihm einst erzählt hatte, die statt des Angesichts einen stumpfen Pull von Seegras auf dem Nacken tragen; aber er lief nicht fort, sondern bohrte die Hacken seiner Stiefel fest in den Klei des Deiches und sah starr dem possenhaften Unwesen zu, das in der einfallenden Dämmerung vor seinen Augen fortspielte. „Seid ihr auch hier bei uns?" sprach er mit harter Stimme; „ihr sollt mich nicht verderben!"
Der Junge hat die Herausforderung des Ungeheuers Ozean angenommen. Er hat Verstand. Er weiß zu denken. Für alles, weiß er, gibt es eine natürliche Erklärung. Allem, auch dem Blanken Hans und seinen Geistern, kommt die harte, nüchterne Vernunft bei.
Viele Jahre später hat er sein blödes Mädchen, womit später der Herrgott ihn belastete, um dieselbe Tages- und Jahreszeit mit sich auf den Deich hinausgenommen, und dasselbe Wesen soll sich derzeit draußen auf den Watten gezeigt haben; aber er hat ihr gesagt, sie solle sich nicht fürchten, das seien nur die Fischreiher und die Krähen, die im Nebel so groß und fürchterlich erschienen; die holten sich die Fische aus den offenen Spalten.

Der Junge kehrt in sein Vaterhaus zurück. Dort bleibt er in seine Träume versunken. Der Vater merkt es mit Sorge. Er schickt den Sohn zur Deicharbeit. Doch verscheucht sie seine Träume nicht. Am Strand wird er eine weiche Linie in die Luft zeichnen, er knetet aus Lehm kleine Deichmodelle, bespült sie mit Wasser. Dem Vater erklärt er: „Unsere Deiche taugen nichts!" Flach, nicht steil zum Wasser hin müßten sie sein, damit sich die Flut daran totlaufen kann. Der Vater lacht: „Du kannst es ja vielleicht zum Deichgrafen bringen; dann mach sie anders!" Der Junge: „Ja, Vater!"

Nie kann er es zum Deichgrafen bringen, eigentlich. Denn der Vater ist arm. Dem Sohn fehlt es an eigenem Grund und Boden, dem absoluten Maßstab für Ansehen und Reichtum in den Marschen, er hat nicht die nötige ‚Kleie unter den Füßen'. Hauke Haien wird Kleinknecht beim amtierenden Deichgrafen, einem gutmütigen Trottel. Bald ist Hauke seine rechte Hand.

Doch zuvor kommt es zu einem Zwischenfall, recht merkwürdig und auf den ersten Blick hin seltsam unmotiviert: Vom riesigen Angorakater der alten Trin' Jans ist die Rede und von Strandvögeln, die der Junge mit einem Steinwurf erlegt, um sie dann dem Kater als Atzung zuzuwerfen. Nur einmal, bei einem besonders schönen Eisvogel, verweigert er dem Tier die Beute. Der Kater greift ihn an, schlägt ihm seine scharfen Krallen ins Fleisch.

Ein Grimm, wie gleichfalls eines Raubtiers, flog dem jungen Menschen ins Blut; er griff wie rasend um sich und hatte den Räuber schon am Genick gepackt. Mit der Faust hielt er das mächtige Tier empor und würgte es, daß die Augen ihm aus den rauhen Haaren hervorquollen, nicht achtend, daß die starken Hintertatzen ihm den Arm zerfleischten. „Hoiho!" schrie er und packte ihn noch fester; „wollen sehen, wer's von uns beiden am längsten aushält!"

Ein seltsames Licht, das hier auf Hauke Haien fällt: diese aufbrechende Grausamkeit und animalische Wildheit im Kampf mit der anderen Kreatur, dieses unerbittliche „Wollen sehen, wer's länger aushält", der gleiche „Hoiho"-Schrei schließlich, mit dem Hauke Haien auch den Gespenstern des Meeres seine Verachtung entgegenlacht. Dieser Junge wird noch seine Umwelt das Fürchten lehren.

Er erwürgt den Kater. Trin' Jans verflucht ihn. Der Vater tröstet sie mit einem Goldstück. Die Geschichte scheint erledigt. Doch ihr Motiv wird noch einige Male angeschlagen. Als Hauke Haien beim Eisbosel-Spiel siegt

– es ist sein erster Triumph über die anderen und der eigentliche Beginn seiner Karriere – ist wiederum Trin' Jans zur Stelle, verzeiht den Mord am Kater. Später wird die alte Frau im Hause Hauke Haiens aufgenommen, sie bringt einen Schemel mit, der ist mit dem Fell des Katers überzogen. Des Deichgrafen geistesschwache Tochter streichelt es: „Armer Kater!" Zum unaufhaltsamen Aufstieg des Hauke Haien gehört von Anfang an der Ruch von Tod, Zerstörung, Untergang.
Beim alten Deichgrafen begegnet ihm, sein Widersacher ein Leben lang, der Großknecht Ole Peters, später Deichgevollmächtigter. Kaum ein Strich wird auf seine Beschreibung verwandt, dennoch sehen wir ihn vor uns: rotgesichtig, stiernackig, das personifizierte Mittelmaß. Und es begegnet Hauke die Tochter des Deichgrafen, Elke.
Hauke verliebt sich in sie, verlobt sich mit ihr, sie werden heiraten – und wieder bleibt Raum für Spekulation: Ist es wirklich nur das Mädchen, das er liebt? Sieht er nicht auch die Chance, doch noch Deichgraf zu werden? Gehört er zu jenen, deren Ehrgeiz ihre Gefühle manipulieren kann?
Der alte Deichgraf stirbt. Die Frage der Nachfolge stellt sich. Elke greift ein, offenbart ihr bis dahin geheimgehaltenes Verlöbnis. Sie wird Hauke ihren Besitz überschreiben, er soll Deichgraf sein, „von seines Weibes wegen". Ole Peters bringt das Wort auf, es macht die Runde, dringt zu Hauke Haien. „Hunde!" schreit er, „und seine Augen sahen so grimmig zur Seite, als wolle er sie peitschen lassen". Der Stachel bleibt. Die Wende kommt. Hauke entsinnt sich der Neuerungsträume seiner Knabenzeit: „Du sollst mich nicht umsonst zum Deichgrafen gemacht haben, Elke; ich will ihnen zeigen, daß ich einer bin!"
Einen neuen Deich, mit abgeflachtem Profil, will er bauen und damit einen neuen, ‚seinen' Koog schaffen. Er sitzt über Plänen und Zeichnungen, und zur schöpferischen Freude kommt nüchternes Kalkül. Der Deichgraf sichert sich genügend Anteile am neuen Koog, die meisten kauft er vom alten Feind Ole Peters, der dort im noch unbedeichten Vorland seinen besten Schafsbock verloren hat, auf nicht recht geklärte Weise. Wieder blinkt das Motiv von Tod, Zerstörung auf, das einhand geht mit dem Neuen und neu Geschaffenen.
Und dann beginnt der Spuk.
Storm setzt eine Kunstpause. Der Erzähler distanziert sich vom Erzählten: „Was ich ... Ihnen jetzt vorzutragen habe, das war derzeit, und ist auch jetzt das Geschwätz des ganzen Marschdorfs", um sich dann umso wohliger eben diesem Geschwätz zu überlassen – und man meint auch,

Storm selber vor sich zu sehen, wie er behaglich vom Lehnstuhl aus seine Gespensterschnurren spinnt.

Auf einer Hallig liegt ein Pferdegerippe. Nachts aber, im Mondlicht, meint man, ein Pferd zu sehen, einen Schimmel. Das Gerippe ist plötzlich wieder verschwunden. Hauke Haien bringt jedoch aus der Stadt ein Pferd mit, einen Araber, den er von einem seltsamen ‚Slovaken' erstanden hat, und dessen höllisches Gelächter hallt seinem Kauf hinterher. Hauke Haien bleibt unbeirrt. Das Tier wird sein Lieblingspferd. Schon spricht man vom ‚Schimmelreiter'. Und man meint auch zu wissen, woher dieses seltsame Tier kommt: aus einer vom Höllenduft umwehten Welt. Sein Herr steht mit dem Teufel im Bunde.

Das Deichprojekt wird durchgesetzt, gegen große Widerstände. Ablehnung begegnet dem Deichgrafen überall. Er fragt sich: „Hatte denn Elke recht, daß alle gegen mich sind?" Er gibt seinem Tier die Sporen: „Die Leute hätten ihn jetzt nur sehen sollen, wie aus seinem hageren Gesicht die Augen starrten, wie sein Mantel flog und wie der Schimmel sprühte ..."

Ein Einsamer ist es, den Storm zeichnet, immer noch der Junge mit seinem „Hoiho!"-Triumphgeschrei: „Wollen sehen, wer' von uns beiden am längsten aushält!" Er gewinnt Respekt, nicht Liebe. Er ist allein. Seine Ehe ist gut, doch nicht eigentlich glücklich, die Frau seine Stütze, doch nicht eigentliche Partnerin bei Haukes hochfliegenden Visionen. Er vernachlässigt sie, sie stellt sich schlafend, wenn er in die Kammer kommt. Neun Jahre läßt Storm vergehen, bevor ein Kind geboren wird. Es ist geistesschwach.

Elke liegt „im hellen Kindbettfieber", sie „redete Irrsal": „Halt mich, Hauke!" Und: „In See, ins Haf hinaus? O lieber Gott, ich seh ihn nimmer wieder!" Wieder das Thema vom drohenden Tod im Meer: Die Kranken, Sterbenden, Schwachsinnigen beschwören ihn, hier die fiebernde Elke, später die sterbende Trin' Jans, schließlich das heranwachsende Kind. Es wird mit dem Vater zum Deich reiten, wird sich vorm Wasser fürchten und vom Vater getröstet werden, es klatscht in die Hände: „Vater kann alles!" Er kann nicht alles. Am Krankenlager seiner Frau hatte er ein Gebet gesprochen:

„Herr, mein Gott", schrie er; nimm sie mir nicht! Du weißt, ich kann sie nicht entbehren!" Dann war's, als ob er sich besinne, und leiser setzte er hinzu: „Ich weiß ja wohl, du kannst nicht allezeit, wie du willst, auch du nicht; du bist allweise; du mußt nach deiner Weisheit tun ..."

Ein immerhin seltsames Credo, diese Einsicht in die Grenzen göttlicher

Allmacht – und im Dorf wird von der Gottlosigkeit des Deichgrafen getratscht. Die Widerstände mehren sich. Dennoch entsteht der Koog. Er wird nach einer Prinzessin genannt. Aber Hauke belauscht das Gespräch zweier Arbeiter: „Ich soll hier Klei schlagen!" – „Wo denn?" – „Nun hier, im Hauke-Haien-Koog..."

Vor seinen Ohren aber summte es: „Hauke-Haien-Koog! Hauke-Haien-Koog!" In seinen Gedanken wuchs fast der neue Deich zu einem achten Weltwunder; in ganz Friesland war nicht seinesgleichen! Und er ließ den Schimmel tanzen; ihm war, er stünde inmitten aller Friesen; er überragte sie um Kopfeshöhe, und seine Blicke flogen scharf und mitleidig über sie hin.

Es ist der größte Augenblick im Leben des Hauke Haien – und zugleich die Wende nach unten: „Fortan lebte er einsam seinen Pflichten als Hofwirt wie als Deichgraf und denen, die ihm am nächsten angehörten..."

Wieder läßt Storm Jahre vergehen.

In einem Winter erkrankt Hauke Haien, „mit ihm ging es nah am Rande der Grube her", und auch der Genesene scheint ein anderer geworden: „Elke sah mit Besorgnis, wie er allzeit leicht zufrieden war". In dieser Verfassung unterläuft ihm der entscheidende Fehler. Er steht am alten Deich. Er sieht eine schadhafte Stelle. Er stellt fest, daß jetzt gegen diesen alten Deich ein Priel läuft. Ein Schreckensbild packt ihn:

Wenn eine Sturmflut wiederkäme... wie sie schon mehrmals einst gekommen war! – Ein heißer Schauer überrieselte den Reiter – der alte Deich, er würde den Stoß nicht aushalten, der gegen ihn heraufschösse! Was dann, was sollte dann geschehen? – Nur eines, ein einzig Mittel würde es geben, um vielleicht den alten Koog und Gut und Leben darin zu retten. Hauke fühlte sein Herz stillstehen, sein sonst so fester Kopf schwindelte; er sprach nicht aus, aber in ihm sprach es stark genug: Dein Koog, der Hauke-Haien-Koog müßte preisgegeben und der neue Deich durchstochen werden!

Der Deichgraf will den Schaden ausbessern, will das alte Deichprofil dem neuen angleichen. Ole Peters widerspricht. Hauke Haien gibt nach. Im Sonnenlicht des nächsten Tages will ihm der Schaden nicht mehr gar so schlimm scheinen, denn er weiß nicht, „wie uns die Natur mit ihrem Reiz betrügen kann". Zum ersten Mal hat er sich nicht durchgesetzt. Und dann kommt es zum Schicksalstag, „vor Allerheiligen, im Oktober"...

Eine Sturmflut droht. Hauke reitet zum Deich. Unter den Hufen seines Schimmels stirbt ein Vogel, vielleicht die Lieblingsmöwe seines Kindes: wieder das Signal von Tod, Vergänglichkeit. Der Reiter jagt weiter.

Eine furchtbare Böe kam brüllend vom Meer herüber, und ihr entgegen stürmten Roß und Reiter den schmalen Akt zum Deich hinan. Als sie oben waren, stoppte Hauke mit Gewalt sein Pferd. Aber wo war das Meer? Wo Jeverssand? Wo blieb das Ufer drüben?

Auch Hauke Haien hat solch eine Sturmflut noch nie gesehen: „Eine Sündflut war's, um Tier und Menschen zu verschlingen". Aber auch Triumph kommt in ihm auf: Sein Deich wird selbst diesem Ansturm gewachsen sein! Da entdeckt der Deichgraf Menschen an ‚seinem' Deich, sie wollen ihn durchstechen, die Flut in ‚seinen' Koog ableiten, Ole Peters hat das befohlen. Aber auch Hauke weiß, daß dies die Rettung für den alten Koog ist. Dennoch hindert er die anderen, sprengt mit seinem Schimmel gegen sie an: „Fort, zu euerer oder des Teufels Großmutter!" Und dann bricht der alte Deich. Einer aber ruft: „Euere Schuld! Nehmt's mit vor Gottes Thron!"

Der Mann ist wieder allein. Er muß sich eingestehen: „Ich habe meines Amtes schlecht gewaltet!" Nur das Licht von der Warft her, wo sein Haus liegt, beruhigt ihn. Wenigstens die Seinen sind in Sicherheit. Da kommt ein Wagen auf ihn zugejagt, Elke sitzt darin mit der Tochter und dem kleinen Hund, den der Deichgraf gerettet hatte, als die Deicharbeiter nach altem Brauch etwas ‚Lebiges' in den Deich hatten eingraben wollen. Sie ertrinken vor seinen Augen. Und er opfert nun selbst etwas Lebiges, sich, sein Pferd. Beide stürzen in die Flut, „ein dumpfer Schall, ein kurzer Kampf":

Der Mond sah leuchtend aus der Höhe; aber unten auf dem Deiche war kein Leben mehr, als nur die wilden Wasser, die bald den alten Koog fast völlig überflutet hatten. Noch immer aber ragte die Werfte von Hauke Haiens Hofstatt aus dem Schwall hervor, noch schimmerte von dort der Lichtschein, und von der Geest her, wo die Häuser allmählich dunkel wurden, warf noch die einsame Leuchte aus dem Kirchturm ihre zitternden Lichtfunken über die schäumenden Wellen.

Mit diesen Worten schließt der Schulmeister seine Erzählung. Er schickt noch etwas Aberglauben hinterher. Das Pferdegerippe hätte nun wieder auf der Hallig gelegen, „das ganze Dorf will es gesehen haben". Er kommt zum Schluß: „Denn so ist es, Herr: dem Sokrates gaben sie ein Gift zu trinken, und unseren Herrn Christus schlugen sie an das Kreuz! Das geht in den letzten Zeiten nicht mehr so leicht; aber – einen Gewaltmenschen oder einen bösen stiernackigen Pfarrer zum Heiligen, oder einen tüchtigen Kerl, nur weil er uns um Kopfeslänge überwachsen war, zum Spuk und Nachtgespenst zu machen – das geht noch alle Tage!"

Am nächsten Morgen reitet der Reisende im hellen Sonnenlicht zur Stadt. Er hat den Weg über den Hauke-Haien-Koog gewählt. Der steht noch nach hundert Jahren.
Das spröde Ende eines spröden Stoffs – und eigentlich dürfte er nur die Menschen an der Küste interessieren. Denn die gesamte Problematik von Deichbau und Landgewinnung, dieses Wechselspiel von Sieg und Niederlage im Kampf mit dem einen Gegner, dem Meer: wie könnte das ein Binnenländer nachvollziehen? Zumal Storm wenig tut, um seinen Stoff geschmeidiger, freundlicher, nicht so von Tod und Zerstörung durchtränkt zu gestalten. Aber es geschieht, daß gerade diese Storm-Novelle seine bekannteste Arbeit wird und der Titelheld ein Eigenleben gewinnt, das ihn weit über den Anlaß hinausführt: Den ‚Schimmelreiter' kennt auch, wer Storms Erzählung nie gelesen hat. Und dieser Deichspuk aus einer für die meisten doch sehr entlegenen Region rückt würdig in die Reihe jener großen Wiedergänger, die in Jahrhunderten über den schlicht gruseligen Nachtspuk hinaus mythische, geradezu archetypische Dimension gewonnen haben.
Sie sind die großen ‚Wanderer' im abendländischen Bewußtsein, Ausdruck für Ängste wie Sehnsüchte des Menschen: Angst vor ewiger Ruhelosigkeit, vergeblicher Suche nach nie erreichtem Ziel, aber auch Sehnsucht nach Erlösung, Frieden, nach einem Tod, der noch für anderes steht als nur für anonyme Vergänglichkeit.
Ahasver gehört in diese Reihe, der ‚Ewige Jude', der einst Jesus auf dem Weg nach Golgatha von seiner Türschwelle vertrieb und nun zur ewigen Wanderschaft verdammt ist. Oder der ‚Ewige Jude der Meere', wie ihn Heinrich Heine genannt hat: der ‚Fliegende Holländer', ein verfluchter Seemann, dessen Schiff in alle Ewigkeit über die Ozeane irrt, bis ihn vielleicht einmal die Liebe eines Mädchens erlösen wird. Oder der ‚Wilde Jäger', über den noch im Zusammenhang mit dem Wotanskult zu sprechen sein wird.
Sie alle aber – und das unterscheidet sie vom ‚Schimmelreiter' – entstammen der Volksmythologie. Sie haben ihren Ursprung in der Enge mittelalterlicher Klosterzellen wie die Geschichte vom Ahasver oder in den dumpfen Kajüten der Windjammer, wo sich Seeleute mit Erzählungen wie der vom ‚Fliegenden Holländer' die Zeit während ihrer endlos langen Fahrten vertrieben. Oder sie entstiegen – wie der Wilde-Jäger-Mythos – den Trümmern zerstörter heidnischer Heiligtümer, wo den vertriebenen alten Göttern nachgetrauert wurde.

Erst über Jahrzehnte, manchmal über Jahrhunderte hinweg gewannen all' diese Wiedergänger ihre eigentliche Gestalt und begannen schließlich, Dichter und Dichtung anzuregen, bis sie ein Stück Literatur geworden waren: Die Gestalt Ahasvers hat Goethe, Lord Byron, Shelley beschäftigt, Storm-Freund Paul Heyse schreibt seine Ahasver-Phantasie „Das Weltende", und in jüngster Zeit erschien ein „Ahasver"-Roman des DDR-Autors Stephan Heym. Der Fliegende Holländer wiederum, von Heinrich Heine in seinen „Reisebildern" erstmals literarisch gewürdigt, schenkte Richard Wagner die Vorlage für seine populärste Oper sowie dem schriftstellernden Seebären Frederick Marryat („Sigismund Rüstig") den Stoff für einen handfesten Schmöker. Der Wilde Jäger schließlich bricht schon bei Shakespeare einige Verse lang in die heitere Welt seiner „Lustigen Weiber von Windsor" ein und durchtost bei Carl Maria von Weber die Wolfsschlucht in dessen „Freischütz".

Storms großer Wiedergänger nimmt den genau entgegengesetzten Weg. Im Ursprung ist er eine Kunstfigur und dringt erst von der Literatur her in das populäre Bewußtsein ein, als Archetyp durchaus Gestalten wie Faust, Don Quichotte oder Don Juan vergleichbar. Das ist das eine, was mit ihm seinem Dichter gelingt. Über das andere hätte niemand so gestaunt wie Storm: daß seine Dichtung das Nationalepos der Nordfriesen wird, auch wenn böse Zungen immer wieder meinen, „Der Schimmelreiter" sei überhaupt erst durch die populäre Verfilmung aus dem Jahr 1933 in den Marschen bekannt geworden. Heute jedenfalls ist „Der Schimmelreiter" *das* Nordfriesland-Epos.

Storm selbst hat das nicht gewollt. Er hat zwar eine gute, eine große Sache schaffen wollen, da er sich in seinem Alter und Zustand „möglichst hüten" möchte, „ein anderes Thema anzufassen, als eines, welches das Beste in mir herauslockt"[60]. Aber der in seinem Jahrhundert kurze Zeit grassierende Friesenkult hatte in ihm einen höchst distanzierten Beobachter, und die Vorstellung, gerade diese Erzählung könne einmal für ihre Leser mehr sein als eben eine „Deich- und Sturmfluthnovelle"[61], hätte ganz entschieden seinen Hademarschener Fassungskreis überschritten.

So ist „Der Schimmelreiter" recht eigentlich ein Nationalepos wider Willen, vom Verfasser her gesehen. Doch so wird – zu Recht, zu Unrecht – diese Erzählung gelesen, bis auf den heutigen Tag: als das Hohelied jener, die im Land aus Schlick und Wasser den Kampf aufgenommen und ihn bestanden haben, durch Jahrhunderte hinweg: gegen den Partner und Gegner, gegen das Meer, den ‚Blanken Hans'.

II. Kapitel

Land aus Schlick und Wasser

„Kein Mann gedeihet ohne Vaterland..."

Theodor Storm in „Abschied", 1853

Partner, Gegner: Blanker Hans

Niemand weiß, woher sie kamen.
Irgendwann müssen sie in ihrer eigentlichen Heimat aufgebrochen und auf die große Wanderschaft gegangen sein. Irgendwie sind sie dann in dieses Land gekommen, in diese begrünte Ebene zwischen Geest und Meer. Priele durchzacken sie, in Erdaufbrüchen glitzert Salzwasser. Am Horizont zieht das Meer die Grenze, ein Nachbar von unberechenbarer Gefährlichkeit. Doch das Gras ist saftig, der Boden schwer und fruchtbar. Hier kann Vieh geweidet, Ackerbau betrieben werden. Die Ankömmlinge dürfen zufrieden sein.
Doch wann ist das gewesen? Und wo waren sie eigentlich zu Hause?
Die Forschung einigt sich auf den Zeitraum vom 6. bis 8. Jahrhundert n. Chr. und auf die Gebiete des Niederrheins als ursprünglichen Lebensraum. Doch warum haben ihn diese Menschen verlassen? War er zu eng geworden? Hat die Ferne, das Neuland gelockt? Sind sie gar – und diese Möglichkeit ist gar nicht unwahrscheinlich – von anderen gerufen, zur Kolonisation des Landes nördlich der Eider eigens angeworben worden? Und schließlich: wer war vor ihnen dort? Wo sind diese anderen geblieben?

Denn eine Urbevölkerung hat es gegeben, das steht fest.
Schon in den beiden Jahrhunderten vor der Zeitenwende müssen hier Menschen gesiedelt haben. Sie wußten noch nichts von Deichbau und Landgewinnung. Sie waren dem Meer und seinen Stürmen hilflos ausgeliefert. Und so schütteten sie als einzigen Schutz gegen die See Erdhügel auf, die Warften, Werften oder Wurten, und dort haben sie dann gewohnt, Mensch und Tier unter einem Dach: „Der Wohnteil war ein einziger Raum, dessen Mittelpunkt die Feuerstelle bildete…“[62]
Die Feuerstellen erlöschen. Von den frühen Siedlern bleibt nur eine vage Spur. Vielleicht flüchten sie vor den alljährlichen Winterfluten auf die Geest. Vielleicht also stehen ihre Nachfolger tatsächlich vor leerem Land. Vielleicht hat es aber auch Kämpfe gegeben, und die Urbevölkerung ist gewaltsam vertrieben, ausgerottet worden. Überlieferung mischt sich mit Sage zur halbhistorischen Legende mit vielleicht wahrem Kern, und noch im letzten Jahrhundert berichtet der Sylter Geschichtsschreiber C. P. Hansen ganz ernsthaft von einem „zwergartigen, in Höhlen und Hügeln hausenden, vielleicht finnischen Volksstamm“, den dann die Friesen „eine Zeitlang in ihrer Nachbarschaft geduldet, aber endlich ausgerottet oder

vertrieben"[63] haben. Doch was immer es mit diesen finnischen Zwergen auf sich hat: Sie wimmeln und wispern lediglich im mythologischen Untergrund nordfriesischer Geschichte, die von früh an auch die Geschichte des nordfriesischen Deichbaus ist.

Auch über seinem Anfang liegt Dunkel. Erste Zeugnisse sind spärlich. Chroniken werden erst später, vor allem im 17. Jahrhundert, geschrieben. Ihre Autoren vereinfachen, übertreiben, verfälschen auch. Allein schon ihre gelegentlichen Zahlenangaben wecken Schwindelgefühle. Zweihunderttausend Tote und mehr bei der Großen Manndränke von 1362 – Hochrechnungen führen zu Bevölkerungsziffern, nach denen es in der mittelalterlichen Marsch zugegangen sein muß wie in New York zur *rush hour*.

Dieses Dunkel wirkt bezeichnend.

Eine Geschichte wie die der Nordfriesen verläuft ohne spektakuläre Höhepunkte, überragende Heroen, auch ohne große Posen: Alexander durchschlägt den Knoten von Gordon, siegt bei Issos, bricht schließlich in Tränen aus, da es nun nichts mehr zu erobern gibt – so läßt sich vielleicht die Geschichte anderer Völker erzählen, nicht die der nordfriesischen Küste. Sie wird ganz von der Natur bestimmt, vor derem Hintergrund sie abläuft – und von der Notwendigkeit, sich gegen diese Natur durchzusetzen. Ein solcher Kampf kennt nicht die großen Schlachten, den Glanz triumphaler Siege, und seine Helden bleiben weithin anonym: kein Anlaß für Legenden.

Erinnert nicht auch das an die Geschichte des Hauke Haien? Wie er da, als Typ, gleichsam geschichts- und bindungslos vor uns hingestellt wird?

Er hat nicht Lehrmeister, Vorbilder, kann sich nicht auf Tradition berufen. Er steht in der Natur, beobachtet, lernt, zieht seine Schlüsse. Keine große Szene, kein dramatischer Schwur – nur dieses lakonische „Ja, Vater!", als der ihn auffordert, es besser zu machen als andere. So dürften auch jene ersten Einwanderer vor der Natur ihrer neugewonnenen Heimat gestanden haben, beobachtend, lernend. Ihr Kampf mit dem Meer beginnt.

Im Rücken dieser Menschen liegt die Geest, sicher vor der Flut, doch karg und unfruchtbar. Vor ihnen dehnen sich aber die fruchtbaren Böden der Marsch, die das Meer angespült hat. „Welch treffliches Weide- und Kornland mußte es geben und von welchem Werte", heißt es im „Schimmelreiter", als Hauke Haien auf das noch unbedeichte Vorland hinaussieht, aber auch: „Eine große, deichlose Fläche, wer wußte es, welchen Stürmen und Fluten schon in den nächsten Jahren preisgegeben ..."

Dieses Land ist eine einzige große Herausforderung: Verlockung und Gefahr zugleich.
Der Mensch nimmt von ihm Besitz. Sein Vieh weidet auf dem fetten Grün der Wiesen. Ackerbau wird betrieben: Flachs, Gerste, Pferdebohnen werden angebaut. Siedlungen entstehen. Ihre Bewohner sehen zufrieden auf die besonnten Flächen: Dies ist jetzt ihr Land geworden.
Doch dann verdunkelt sich der Himmel. Die Wolken türmen sich zu grauen Bergen. Sturm kommt auf. Die Priele treten über ihre Ufer. Das ist nicht mehr die übliche Flut, die Tag um Tag fruchtbaren Boden antreibt. Jetzt wird dieser Boden meterhoch überschwemmt und mit ihm die Äcker, das Vieh, die in ihren Häusern angstvoll geduckt hockenden Menschen. Viele fliehen. Andere bleiben. Sie nehmen die Herausforderung an. Hauke Haien „lief nicht fort, sondern bohrte die Hacken seiner Stiefel fest in den Klei“: „Ihr sollt mich nicht vertreiben!“ – der Schrei jener, die dieses Land zu bestehen entschlossen sind.
Um 1000 n. Chr. scheinen die ersten nordfriesischen Deiche entstanden zu sein, hundert Jahre vor dem ersten Kirchenbau. Weitere zweihundert Jahre später, am Ende des 12. Jahrhunderts, widmet der dänische Geistliche und Historiograph Saxo Grammaticus einige Absätze seiner „Gesta Danorum“ dem Gebiet von „Klein-Friesland“. Er spricht von tiefliegenden Feldern und weit einschneidenden Buchten. Er schildert die „sehr großen Erträge“ an Feldfrüchten „dank des das Land überströmenden Ozeans“ und fragt zugleich skeptisch, ob die Gewalt der rückströmenden Fluten mehr Nutzen oder Gefahr bringt. Denn „wenn bei der Heftigkeit des Sturms die niedrigen Länder einreißen, durch die bei ihnen gewöhnlich die Fluten des Meeres aufgehalten werden, dann überspült meist eine so große Wassermasse das Land, daß sie nicht nur die Ernte der Felder, sondern wahrhaftig auch die Menschen mit ihren Häusern unter sich begräbt“.
Über die Spanne von achthundert Jahren hinweg spürt man den Schauder des frommen Herrn vor diesem Land mit seinen unberechenbaren Naturgewalten. Den Friesen schaudert es nicht. Dies ist ihr Land geworden und seine Natur ihr Lebenselement. Und zur Zeit des Saxo Grammaticus dürften Deiche entlang der Küste und an den Flußufern bereits ein vertrauter Anblick sein.
Es sind nicht die Nordfriesen, die den Deichbau erfunden haben. Deichähnliche Anlagen finden sich schon am Rhein der Römerzeit. Und sollten diese Menschen wirklich vom Niederrhein gekommen sein, so haben sie von dort die ersten Kenntnisse mitgebracht. Denn in den

heutigen Niederlanden werden schon um 600 n. Chr. die ersten Deiche gezogen, zunächst nur an Flüssen als Schutz vor Hochwasser. Doch der Deichbau schreitet voran. Die Küste wird erreicht. Die ersten Seedeiche entstehen. Und irgendwann einmal, von einem einzelnen oder von vielen, über einen längeren Zeitraum hinweg oder von Augenblick zu Augenblick, muß die Erkenntnis getroffen worden sein: Mit Deichen kann Land nicht nur gesichert, sondern auch neu dazugewonnen, dem Meer abgerungen werden...

Viele sogenannte Sternstunden der Menschheit sind mit poetischem Schwung beschrieben worden: Caesars Schritt über den Rubikon, Keplers Blick zum Sternenhimmel, die Erkenntnis Albert Einsteins, alles sei nur relativ. Über jenen einen Schritt von der Landsicherung zur Landgewinnung erfährt man nichts. Und doch ist der Mensch selten so wörtlich wie hier dem göttlichen Gebot gefolgt: „Macht euch die Erde untertan..."

An der Westküste entstehen die Polder: durch Deichbau gewonnenes, durch Schleusen und Kanäle trockengelegtes, durch Deiche gesichertes Land. In Nordfriesland werden es die Köge sein, als erster der Johanniskoog auf Eiderstedt. Der Kampf mit dem Meer tritt damit in eine neue Phase: Der Mensch schützt sich jetzt nicht nur gegen die Willkür der Natur. Er begehrt nun dagegen auf. Er zwingt die Natur in sein eigenes Gesetz.

Koog grenzt bald an Koog. Land schiebt sich in das Meer hinein. Die Grenzen verwischen. Was ist noch natürlicher Boden, wo hat ihn sich der Mensch geschaffen? Ein Wort kommt auf: „Deus mare, Friso litora fecit" (Gott schuf das Meer, der Friese das Land) – der bombastische, geradezu blasphemische Anspruch mag stören. Im Kern trifft er zu, jedenfalls für die ersten Jahrhunderte nordfriesischen Deichbaus.

Es wird aber noch lange dauern, bis dieser Kampf System und übergeordnete Perspektive gewinnt. Erst in der frühen Neuzeit greift die Obrigkeit ein, treten die Fachleute auf, entsteht der vielbesungene ‚goldene Ring' der Deiche, der sich wie eine große Klammer um das immer gefährdete Nordfriesland legt. Das wird auch die Zeit der großen Deichbauer und Unternehmer sein, aus deren Kreis Theodor Storm wenigstens zwei Vorbilder seines Hauke Haien gewinnt. Zunächst noch ist der Kampf mit dem Meer Notwendigkeit, zwangsläufige Improvisation.

Noch werden nicht Fachleute in das Land geholt, Deicharbeiter eigens angeworben oder gar Soldaten zum Deichbau abkommandiert. Zunächst sind da nur die Gehöfte in der Marsch, deren Besitzer im größeren

Familienverband leben, und diese Familien schließen sich zur Kooggemeinschaft zusammen. Sie ziehen zum Meer hin, bauen ihre Deiche, sichern und reparieren sie, sogenannte „Sommerdeiche“ zunächst, gerade hoch genug, im Sommer die Ernte vor Fluten zu schützen. Erst später – auch dieses Datum bleibt unbekannt – werden es die höheren und stärkeren „Winterdeiche“ sein als Schutz gegen Fluten zu jeder Jahreszeit.
Ist aber ein Deich gebrochen und fehlt es an Mitteln, den überschwemmten Koog zu entwässern und von neuem einzudeichen, so werden die Köge aus den ‚Deichbänden‘, die sich mit der Zeit heranbilden, kurzerhand hinausgeworfen, „und es dauerte kein Jahrzehnt, so waren sie in rohes Watt umgewandelt“[64], wie es in bezeichnender Lakonik in einer Geschichte Schleswig-Holsteins aus dem letzten Jahrhundert heißt.
Um Sein oder Nichtsein geht es also in diesem Kampf. Und jeder einzelne in den Kooggemeinschaften wird dafür gebraucht. Niemand bleibt ausgespart, in Notzeiten auch nicht Frauen, Kinder, nicht die alten Leute. Man kann von Kommunen sprechen, in denen den Befehlston angibt, wer am meisten leistet. Das ersetzt jede künstlich auf Titeln und Privilegien aufgebaute Hierarchie. Erst mit den Jahren und wachsender Landgewinnung verschiebt sich diese Ordnung. Dann wird der am mächtigsten sein, der das meiste Land besitzt. Hauke Haien, der Kleinbauernsohn ohne ‚Kleie an den Füßen‘, bekommt das schmerzlich zu spüren.
So schleppen nun diese ersten Deichbauer Erdreich heran, in Körben und auf Tragbahren. Später erst kommen die von Ochsen oder Pferden gezogenen dreirädrigen Sturzkarren, die ‚Störten‘, in Gebrauch und noch viel später die Schubkarre. Sonst wissen wir wenig von technischen Hilfsmitteln beim frühen Deichbau. Das wichtigste Werkzeug dürfte die Muskelkraft des einzelnen gewesen sein, und so sehen diese Deiche denn auch aus: anderthalb bis zwei Meter hoch, auf Schlick errichtet, eine steile Bretterwand zum Meer hin, die von Balken abgestützt und gegen die vom Land her Erdreich aufgeschüttet wird. Mit der Zeit werden diese Deiche höher. Doch die Form bleibt. Und noch ein Bericht aus dem Jahr 1601 – Storms „Schimmelreiter“-Berater Eckermann zitiert ihn – schildert einen solchen Deich, der „auf kalem Schlicke steht und mit Moorsoden und eitelen langen Balken bis oben an den Kamm steil hinauf gehalten wird“.[65]
„Unsere Deiche taugen nichts“, stellt der junge Hauke Haien mit der Frechheit seiner Jahre fest. Er hat recht. Nicht nur der von Eckermann erwähnte Deich galt als gefährlich. Eine Gefahr dürften die meisten dieser sogenannten „Stackdeiche“ gewesen sein, die an Nordfrieslands Küste

noch lange über die Zeit des Hauke Haien hinaus bis in die Tage Storms das Bild des Deichbaus bestimmten.

Da stehen nun diese Stackdeiche als Schutz gegen das Meer. Die Flut, ungebremst, prallt gegen die steile Bretterwand, schlägt über dem Kamm zusammen, bricht ihre Wehlen in das Erdreich. Irgendwann wird der Deich zerstört. In stummer Verzweiflung gehen die Menschen von neuem an die Arbeit. Sie wissen nicht, was erst später herausgefunden wird: daß seit achttausend Jahren der Boden des Küstengebiets in jedem Jahrhundert um einige Zentimeter sinkt, der Meeresspiegel entsprechend steigt und der Einbruch der Sturmfluten damit unberechenbar wird. Sie können auch nicht ahnen, wie stark und oft verhängnisvoll ihr Deichbau in den sich selbst regulierenden Kreislauf der Natur eingreift und weitere unberechenbare Situationen schafft. Der neugewonnene Boden wird entwässert. Er sackt tiefer. Priele, vom Deichbau gebremst, nehmen einen neuen Lauf. Auch im „Schimmelreiter" erscheint dieses Motiv. Auch dort hat sich durch Hauke Haiens Landgewinnung der Verlauf eines Priels gefährlich geändert, und Ole Peters flucht, dieser Deichgraf hätte ihn eben dort lassen sollen, wo er ihn fand. So wird Nordfrieslands Deichbau nicht nur durch die Sturmfluten gefährdet. Er ist auch seine eigene Gefahr.

Das alles wissen wir heute. Die Menschen im mittelalterlichen Nordfriesland wissen es nicht. Sie sehen nur und durchleiden es fast jeden Winter, wie ihr Land weiterhin gefährdet bleibt. Der Deich wird darüber fast zum Heiligtum, zum Mythos: Wehe, wer einen Deich vernachlässigt oder gar zerstört – sein Besitz wird eingezogen, er selber aufgehängt oder verbrannt, vielleicht auch im Deich lebendig eingegraben. Das Ende Hauke Haiens, der sich selbst zum Tod am Deich verurteilt, spielt hierauf an. Und kaum weniger heilig ist die Verpflichtung zur gegenseitigen Hilfe von Kooggemeinschaft zu Kooggemeinschaft, wenn die Kräfte der einen nicht reichen. Sie ist weniger ethisch-soziale Forderung als unabdingbar lebenswichtiges Gesetz und wird entsprechend ehern, mit aller drakonischen Strenge durchgesetzt: Noch im 16. Jahrhundert werden auf Pellworm wegen verweigerter Nachbarschaftshilfe die Menschen einer Kooggemeinschaft ‚an den Hälsen gefällt', also allesamt aufgehängt. Mit den Herbst- und Winterstürmen kommt dann aber die große Angst, ob die Deiche halten werden, und mündet endlich in schicksalsergebene Geduld: „Glück un Nod, de gaht as Ebb un Flood" – dieses Friesenwort könnte Credo dieses Landes sein.

Denn mag Gott das Meer, der Friese das Land geschaffen haben – Meer und

Land schaffen den Friesen, wie er da lebt in seiner sturmumbrausten Welt. Vor dem Hintergrund übriger Zeitläufe nimmt sie sich wie eine Welt für sich aus, als eigener kleiner Kosmos, weithin unberührt von den Hierarchien und Machtstrukturen des mittelalterlichen Abendlandes.
Dies sind die Jahrhunderte des Feudalismus, der Herrschaft des Adels, der Allmacht der Kirche. Das Rittertum kommt auf und mit ihm das Lehnssystem. Auf dem Lande herrscht Leibeigenschaft, und die aufblühenden Städte setzen ihr „Stadtluft macht frei!“ dagegen. In ihren Mauern, im Zeichen der aufkommenden Geldwirtschaft, bildet sich ein selbstbewußtes Bürgertum heran, Kontrapunkt zu Adel, Monarchie und Klerus. Die kommenden sozialen Spannungen zeichnen sich schon ab.
All dies aber berührt die Friesenwelt allenfalls am Rande.
Große Städte gibt es nicht. Leibeigenschaft bleibt unbekannt. Vereinzelt finden sich nordfriesische Adelsgeschlechter. Doch haben sie nie eine bedeutsame Rolle gespielt. Noch um 800 hatte Karl der Große den Friesen ein Gesetz gegeben, das zwischen sechs Ständen unterschied. In der Wirklichkeit des Friesenkampfs mit Sturm und Meer bleibt davon kaum eine Spur. Nordfriesland hat sein eigenes Gesetz. Nur mündlich wird es über Jahrhunderte hin weitergegeben und erst 1426 schriftlich festgehalten, in der „Krone der rechten Wahrheit“ für Eiderstedt und in der „Siebenhardenbeliebung“ für die übrigen „Utlande“, wie seit 1187 die nordfriesische Marsch und die davor gelagerten Inseln heißen.
Für diese „Außenlande“ hat man, wohl von Dänemark her, das Prinzip der ‚Harden‘ übernommen, aus dem Militärwesen abgeleitete größere Verwaltungseinheiten, bei denen eine Harde jeweils hundert oder ein Großhundert (hundertzwanzig) Familien umfaßt. Drei dieser Harden liegen auf der Geest: die Südergoesharde, die Nordergoesharde und die Karrharde. Die eigentlichen Utlande hingegen, zu denen zuweilen auch Helgoland gerechnet wird, gliedern sich in die zunächst noch in drei Inseln geteilte Landschaft Eiderstedt, in die fünf Harden des „Strandes“, in zwei Marschharden (die Bökingharde und die Wiedingharde) sowie in die Inseln Sylt, Föhr und Amrum. Jede dieser Harden aber hat ihr eigenes Recht und ihre eigene Verwaltung, zwölf selbstgewählte Ratmänner, die über Gerichtswesen und Kommunalverwaltung entscheiden. Kleine Staaten für sich – das sind die Harden der Nordfriesen.
Man denke: das ohnehin nicht große Areal der Marschen und Inseln zergliedert sich noch einmal in wenigstens dreizehn voneinander unabhängige politische Gebilde. Das mag dem Individualismus der Nordfriesen,

ihrem Stolz und Freiheitsdrang dienlich sein. Aber es fördert auch andere, weniger positive Züge wie Engstirnigkeit und Intoleranz.
Der Friese nimmt sich absolut. Er selbst ist sein einzig gültiger Maßstab. Selten verirrt sich einer auf die Geest. Ungern werden Verbindungen zur Welt da draußen gesehen. Fast Katastrophen sind ‚Mischehen' zwischen Jungen und Mädchen von der Marsch und der Geest. Und es ist mehr als nur eine fröhliche Anekdote, wenn ein Hofbesitzer aus der Marsch seinem davonziehenden Sohn nachruft: „Was willst du da nur? Hier ist die Marsch, und alles andere ist die Geest!" Hier spiegelt sich friesisches Weltbild ebenso getreulich wie in jener anderen Geschichte, die auch Storm zu Beginn seiner Erzählung „Eine Halligfahrt" wiedergibt: Ein Halligbewohner kommt erstmals auf das Festland, sieht benommen über das flache Land und ruft schließlich aus: „Wie groß die Welt doch ist! Und dann soll es auch noch Holland geben..."
Doch so ganz bleibt es auch den Menschen der Utlande nicht erspart, die fremde böse Welt der ‚Geest' wenigstens zur Kenntnis zu nehmen.
Spätestens vom 12. Jahrhundert an ist Schleswig-Holstein nicht nur die große Landbrücke zwischen Nord- und Mitteleuropa. Zunehmend wird es zum Kampfplatz der im Zeichen eines immer mehr zerfallenden deutsch-römischen Reichs neu aufgekommenen Mächte. Hier stehen die Dänenkönige den Grafen von Holstein gegenüber, und im Juli 1227 kommt es zur Schlacht von Bornhöved.
Die Nordfriesen und zunächst auch ihre südlichen Nachbarn aus dem Gebiet unterhalb der Eider, die Dithmarscher, kämpfen auf der Seite des Dänenherrschers Waldemar II. Die Schlacht geht verloren. Waldemars Großmachtträume zerrinnen, und angeblich sind es die Dithmarscher gewesen, die über den Verlauf der Schlacht entschieden, als sie unvermutet doch noch zum Holsteiner überwechselten. So weiß es die (ungesicherte) Überlieferung. Sie will auch wissen, daß von daher der nie mehr beigelegte Zwist zwischen Nordfriesen und Dithmarschern rührt, eine niemals ganz ausgefochtene und rational kaum zu erklärende Rivalität zweier Volksgruppen, die sich vielleicht zu ähnlich sind, als daß sie Freunde werden könnten: Ist es nicht seltsam, daß noch der Husumer Storm, sonst so schreibselig, wohl eifrig mit dem Hebbel-Biographen Emil Kuh, nie aber mit dem als Dichter durchaus geschätzten Dithmarscher Hebbel selbst korrespondiert?
Der Konflikt mit Dithmarschen führt zu vielen Kämpfen, ebenso blutig wie unsinnig. Auch die Beziehung zu Dänemark gerät spannungsreich und

kriegerisch. Einmal gar, im 13. Jahrhundert, wird ein Dänenkönig, der habgierige Abel, von einem Nordfriesen ermordet. Doch nie rüsten die Nordfriesen zu einem Angriffskrieg. Nie schließen sich ihre Harden zu einer politisch schlagkräftigen Einheit zusammen. Und droht von der verachteten Geest her die Obrigkeit mit ihren Forderungen nach Waffenhilfe oder Geldabgaben, so wird letztlich auch sie wie eine unvermeidliche Naturgewalt ertragen. In Nordfriesland weiß man schließlich: Nach jeder Flut kommt die Ebbe, nach jedem Sturm die Stille. Und zutiefst nimmt man nur einen Gegner ernst: das Meer. Es wird personifiziert, gewinnt Gestalt. Es wird der ‚Blanke Hans'. Es ist Partner in friedlichen Zeiten, als Fruchtbringer und Lebensspender. Doch zunächst ist es der große Feind, sind seine Sturmfluten seine furchtbare Waffe.

Die erste historisch gesicherte Sturmflut wird für das Jahr 1012 gemeldet. Danach dürfte wohl jede Generation, wenigstens jedes Jahrhundert ihre eigene „Manndränke" gehabt haben, eine Flut, der Menschen zum Opfer fallen. Doch die eine übertrifft alle anderen, ist die „Große Manndränke" schlechthin: die Sturmflut am 16. Januar 1362.

Ohnehin gilt dieses 14. Jahrhundert als die große Not- und Elendszeit der Nordfriesen. In den Sommern ist unablässig Regen auf die Marschen geströmt und hat die Ernten zerstört. Hunger bricht aus. Elend herrscht in den Dörfern. Und dann überschwemmt noch vor der großen Flut eine andere, andersgeartete Katastrophe Nordfriesland: die Pest. Wohl von Schiffen her ist sie eingeschleppt worden, und Storm beschreibt sie später in seiner Novelle „Ein Fest auf Haderslevhus" mit der lakonischen Wendung: „Der schwarze Tod war gekommen, der die Welt leer fraß und gegen den nichts half als sterben." Ganze Dörfer werden entvölkert. Das Land liegt brach. Und schließlich kommt die große Flut.

Jene, die die Pest überstanden haben, sind müde, mürbe geworden. Das Schrecklichste haben sie erlebt. Noch Schrecklicheres können sie sich nicht vorstellen. So wird die Vorkehr für die Zeit der Winterstürme unterblieben oder wenigstens vernachlässigt worden sein. Dann aber bricht das noch Schrecklichere über diese Menschen herein.

Über hunderttausend Hektar Land reißt das Meer in einer Nacht wieder an sich. Vierunddreißig Kirchen und Kapellen werden zerstört. Acht Kirchspiele gehen unter. Eines von ihnen gewinnt in der Erinnerung mythischen Rang: Rungholt. Am Rande der Edomsharde liegt diese Hafenstadt und scheint in ihrem Glanz und Reichtum der Beweis zu sein, wie herrlich weit es die Menschen an der Küste schon gebracht haben. Nun bleibt von

Rungholt nichts als die Erinnerung an ein ‚Veneta des Nordens', dessen Glocken in stillen Meeresnächten zu hören sind. Und irgendwann soll es einmal in alter Herrlichkeit wiedererstehen: Traumstadt der Friesen, Warnung vor Hochmut und Hoffnung auf die Wiederkehr vergangener Pracht in einem.

Die Große Manndränke hat mehr zerstört als nur Häuser und Dörfer. Sie hat noch anderes vernichtet als Menschen und Vieh. Auch friesischer Überlebenswille scheint daran zerschellt zu sein. Für Jahrzehnte liegen Deichbau und Landgewinnung weithin brach. Doch um 1400 erhebt eine Frau die Stimme, Hartje oder Hertje aus der Wiedingharde. Sie ist mit dem ‚zweiten Gesicht' begabt, mit jener Eigenschaft, an die auch Storm glaubt und die er im „Schimmelreiter" der fiebernden Elke und der sterbenden Trin' Jans zuschreibt. Um 1400 ist es aber diese Hartje, die nun in Nordfrieslands Zukunft sieht.

Sie erkennt dort vielerlei, gleichsam ein weiblicher Marschen-Nostradamus: die Reformation, einen Volkskrieg, der die Macht des Adels bricht, die Einführung des Papiergeldes. Und sie beschwört den ‚goldenen Ring' der Deiche, der einmal ihre Heimat umschließen wird. Auch diese Prophezeiung erfüllt sich.

Sie erfüllt sich allerdings unter Vorzeichen und Bedingungen, von denen die Überlebenden der Großen Manndränke nichts ahnen können. Und doch zeichnet sich schon damals die kommende Entwicklung ab. Denn zwar erholt sich mit der Zeit das angeschlagene friesische Selbstbewußtsein. Zwar werden nun neue Deiche gebaut und neue Köge gewonnen. Aber zunehmend zeigt sich auch, daß die Menschen in der Marsch mit Deichbau und Landgewinnung überfordert sind. Sie können, gerade noch, das Alte halten. Zum notwendigen Neuen fehlen ihnen Kraft und Mittel. Ein neuer Deichbauer muß her. Er wird sich finden: der Staat.

Auch unter diesem Vorzeichen braucht das stolze Friesenwort vom Land, das er sich selber schafft, sein Fragezeichen: Gewiß verdient Frieslands ewigwährender Überlebenskampf Respekt. Doch war es wirklich *der* Friese, der ihn geführt hat? Hat sich wirklich ein ganzes Volk *sein* Land geschaffen? Wird hier nicht einem Kollektiv eine Leistung zugebilligt, die in Wahrheit das Verdienst vieler einzelner gewesen ist?

Die altfriesische Geschichte nennt wenig Namen. Einige Seefahrer treten hervor, darunter ein wackerer Pirat wie Pidder Lyng, auf den die Friesenlosung „Lieber tot als Sklave" zurückgeführt wird und nach dem in unserer Zeit eine Kaserne benannt werden sollte, bis sich die wohlmeinenden

Initiatoren die Frage gefallen lassen mußten, ob wirklich ein Seeräuber, also ein Krimineller und Terrorist, im Namen der Staatsmacht und Landesverteidigung geehrt zu werden verdient. Ungenannt aber bleiben jene, die bis ins 17. Jahrhundert hinein nicht müde wurden im Kampf mit dem Meer, die großen Anreger und Anfeurer. Und andererseits: wo steht verzeichnet, wieviele sich nach jeder Sturmflut entmutigen ließen, davongezogen sind und ihre Heimat erschöpft aufgegeben haben? Schließlich aber: von denen, die ausharrten – wie viele waren davon nur Mitläufer, gerade zum Nötigsten bereit und auch nicht um Ausreden verlegen, wenn es an die Arbeit gehen sollte? Wären sonst die drakonischen Strafen nötig gewesen, wenn Bau und Wartung seiner Deiche jedem Nordfriesen so selbstverständlich waren?
Die Geschichte vom „Schimmelreiter" erzählt nicht nur von Hauke Haien. Zu ihren Personen gehört auch Ole Peters. Der eine Typ gehört zum anderen, in Nordfriesland wie überall. Auch ihre Auseinandersetzung spiegelt nordfriesische Geschichte, wie sie war von Anfang an.
„Du kommst wohl von draußen, Deichgraf?" sagte der erstere, nahm die halb ausgeteilten Karten auf und warf sie wieder hin. „Ja, Ole", erwiderte Hauke, „ich war dort; es sieht übel aus."
„Übel? – Nun, ein paar hundert Soden und eine Bestickung wird's wohl kosten; ich war dort auch am Nachmittag."
„So wohlfeil wird's nicht abgehen, Ole", erwiderte der Deichgraf, „der Priel ist wieder da, und wenn er jetzt auch nicht vom Norden auf den alten Deich stößt, so tut er's doch von Nordwesten!"
„Du hättst ihn lassen sollen, wo du ihn fandest!" sagte Ole trocken.
„Das heißt", entgegnete Hauke, „der neue Koog geht dich nichts an; und darum sollte er nicht existieren. Das ist deine eigene Schuld! Aber wenn wir Lahnungen legen müssen, um den alten Deich zu schützen, der grüne Klee hinter dem neuen bringt das übermäßig ein!"
„Was sagt Ihr, Deichgraf?" riefen die Bevollmächtigten, „Lahnungen? Wie viele denn? Ihr liebt es, alles beim teuersten Ende anzufassen!"
Die Karten lagen unberührt auf dem Tisch. „Ich will's dir sagen, Deichgraf", sagte Ole Peters und stemmte beide Arme auf, „dein neuer Koog ist ein fressend Werk, was du uns gestiftet hast! Noch laboriert alles an den schweren Kosten deiner breiten Deiche; nun frißt er uns auch den alten Deich, und wir sollen ihn verneuen! – Zum Glück ist's nicht so schlimm; er hat diesmal gehalten und wird es auch noch ferner tun! Steig nur morgen wieder auf deinen Schimmel und sieh es dir noch einmal an!"

Hauke war aus dem Frieden seines Hauses hierher gekommen; hinter den immerhin gemäßigten Worten, die er eben hörte, lag – er konnte es nicht verkennen – ein zäher Widerstand; ihm war, als fehle ihm dagegen noch die alte Kraft. „Ich will tun, wie du es rätst, Ole", sprach er, „nur fürchte ich, ich werd es finden, wie ich es heut gesehen habe."

Wir erinnern uns: Ole Peters und die anderen setzen sich durch. Der Schaden am Deich wird nicht ausgebessert. Das ist der eigentliche Grund für Haukes Untergang – und wir dürfen uns fragen, ob es nicht solche Gespräche, in ähnlichem Wortlaut und mit gleichem Ergebnis, vor vielen der großen Sturmfluten gegeben hat, auch in unserem, dem 20. Jahrhundert, noch. Die Geschichte der Flutkatastrophen ist auch die Geschichte menschlichen Schlendrians.

Die Sturmflut im „Schimmelreiter" wird von Storm auf den Oktober datiert, „vor Allerheiligen". Auch das ist typisch. Gerade diese Zeit wird besonders gefürchtet. Gerade dann sind einige der großen Fluten über Nordfriesland hinweggerollt, unter dem Stöhnen der Menschen: „Allerhilligen Dach, Fresland woll beklagen mag". Von den Kanzeln dröhnt es aber unerbittlich und erbittert: „Kommt es nicht von der Unheiligkeit der Menschen her, daß der allerheilige Tag so oftmals ein Tag des Zorns gewesen ist? Welche Zeit wird aber wohl unchristlicher und üppiger zugebracht als eben die heilige Weihnachtszeit? Warum wundern wir uns denn, daß Gott um solche Zeit die Schalen seines Zorns so häufig über dieses Land ausgegossen hat? Angesehn wir zehn große Wasserfluthen in den Jahrbüchern zählen, welche zu sonst fröhlicher Zeit die größte Bestürzung bei unsern Nord-Fresen verursacht haben ..."[66]

In diesen zornigen Wortkaskaden eines unbekannten Predigers tobt noch ein anderer Kampf als der mit Sturm und Flut. Hier wird um die Seele der Nordfriesen gerungen. Sie kann so rauh und widerspenstig sein wie das Meer draußen vor den Deichen, auch bei der Begegnung mit dem Christentum. Und so rasch lassen sich daraus die alten Götter nicht vertreiben.

Im Mai 1883 sitzt aber in seinem Hademarschener Haus der Freidenker Storm. Er hat an den Horizonten Feuer aufflammen sehen, und nun schreibt er an den Schweizer Brieffreund Gottfried Keller: „Am letzten April sah ich mit Dunkelwerden aus meinem Zimmer meilenweit hinaus die Maifeuer brennen; unbewußt opfert das Volk seinen alten Göttern ..."[67]

Götter sterben langsam

Das Volk opfert alten Göttern...

Der Gedanke muß Storm fasziniert haben. Denn nur einen Tag später schreibt er ihn gleich noch einmal nieder, diesmal in einem Brief an die Tochter Lisbeth. Und dort setzt er noch hinzu: „Mir aber, als ich so in die Nacht hinaussah, war, als hielte ich das Ende der elektrischen Kette in der Hand, die dort in die Vergangenheit hinabreicht...“[68]

Das notiert er 1883. Der alte Deich- und Sagenstoff rührt sich noch nicht in ihm. Dort aber wird die Kette der Vergangenheit auch in jenes Zwischenreich hinabführen, wo immer noch der Kampf zwischen den alten und den neuen Göttern, zwischen Wotansglauben und Christentum ausgefochten wird. Und Storm, der Atheist, der dennoch an übersinnliche Phänomene glaubt, ist auch hierbei nicht eindeutig Partei.

Jahrzehnte nach dem „Schimmelreiter“ findet sein Dichter einen einfühlsamen Porträtisten. Er schreibt unter anderem über den Autor des nordfriesischen Nationalepos: „Dann ist in Storm ein Zug – und ein sehr starker – nordgermanischen Heidentums, der sein unbürgerlich freies und positives Verhältnis zum Sinnlichen über das künstlerisch Konstitutionelle hinaus erklärt und ebenso stark mit jenem Verhältnis zusammenhängt, wie mit seiner Stammesheimatliebe...“[69]

Soweit Thomas Mann.

Der geborene Lübecker mit seiner eigenen verzwickten ‚Stammesheimatliebe‘ hat einerseits hinreichend Distanz zur Welt des Theodor Storm, um sie in ihren Wesenszügen zu erkennen. Zugleich ist er ihr nahe genug, um eben diese Wesenszüge von ihrem Ursprung her zu verstehen. Und so fährt er fort: „Man muß bedenken, daß er einer spät und oberflächlich christianisierten Sphäre entstammt, die das Religiöse eigentlich nur als Sippenpietät und Totenkult (‚Denn die Toten gehören mit dazu‘) kennt, diesem friesischen Thule, das der mittelmeerischen Heimat des Jesus-Glaubens am nebelhaft-fernsten liegt und, möge es sich auch mit dem Munde und selbst seinem Bewußtsein nach zu ihm bekennen, seine Wurzeln zäh und brauchtreu im Ur-Heidnischen hat...“

Mit kühler Hand richtet hier der urbane Patriziersproß das Licht auf Storm und seine Heimat: Wie steht es denn nun wirklich mit ihm und seinem Atheismus? Spricht daraus wirklich eine gewonnene Überzeugung? Oder ist seine Religiosität nicht von der gleichen Art wie die seiner meisten Landsleute: eine irritierende Mischung aus Abwehr und Respekt?

Bewundernd wird der alternde Mann am Sterbelager seiner lebenslangen Freundin Lena Wies stehen. Fast bis zum letzten Atemzug wird die von einem Krebsleiden in aller Grausamkeit gequälte Frau dem Pastor gegenüber wiederholen: „Hm, Herr Propst! Se kriegen mi nich!"[70] Dieser mehr trotzig-emotionale als kühl-rationale Atheismus, dieses Aufbegehren gegen göttliche Allgewalt und geistigen Zugriff ihrer irdischen Vertreter charakterisiert letztlich auch Storms eigene Art der Religiosität. Sie ist sehr friesisch zu nennen.

Storms Kindheit war frei von Religion: „Die Luft des Hauses war gesund; von Religion oder Christentum habe ich nie reden hören..."[71] 1865, nach dem Tod seiner ersten Frau, schreibt er an den Freund und Pastor Eduard Mörike: „Sie wissen ja, daß ich Ihren glücklichen Glauben nicht zu teilen vermag..."[72] Andererseits wird er seine antiklerikalen Neigungen nur ganz selten in seinem Werk abreagieren, auch im „Schimmelreiter" nicht, so nahe es doch liegen würde, in die Schar der Feinde Hauke Haiens auch einen Geistlichen einzureihen oder seinen Gegnern die Züge dumpfer Bigotterie zu geben.

Doch nur einmal tritt dort ein Pastor auf, in durchaus positiver Rolle. Beim Begräbnis des alten Deichgrafen ist er es, der als erster auf Hauke Haiens Fähigkeiten verweist: „Weshalb... nicht den ins Amt nehmen, der es tatsächlich in den letzten Jahren doch geführt hat?" Ein ironisches Streiflicht trifft zuvor nur die Frau Pastor, als sie bei einem Familienfest Hauke und Elke beobachtet: „Keimende Ehen – und um eine solche schien es ihr denn doch hier zu handeln – schon um des daneben keimenden Traupfennigs für ihren Mann, den Pastor, pflegte sie nicht zu stören..."

Bigotterie und Aberglauben werden in Randbezirke abgedrängt. Es sind naive Stallknechte, die in Hauke Haiens Schimmel das Teufelsroß zu erkennen meinen, und eine törichte Sektiererin bringt das Gerücht von der Gottlosigkeit des Deichgrafen auf. Hingegen hält in einer zentralen Szene der Novelle ihre sympathischste Gestalt, Elkes alter Pate Jewe Manners, eine Rede, die sich immerhin merkwürdig im Werk eines Atheisten ausnimmt.

„Deichgraf Hauke Haien", sprach er, „du machst uns viel Unruhe und Kosten, und ich wollte, du hättest damit gewartet, bis mich der Herrgott hätt zur Ruhe gehen lassen; aber – recht hast du, das kann nur die Unvernunft bestreiten. Wir haben Gott mit jedem Tag zu danken, daß er uns trotz unserer Trägheit das kostbare Stück Vorland gegen Sturm und Wasserdrang erhalten hat; jetzt aber ist es wohl die elfte Stunde, in der wir

selbst die Hand anlegen müssen, es auch nach all unserm Wissen und Können selber uns zu wahren und auf Gottes Langmut weiter nicht zu trotzen. Ich, meine Freunde, bin ein Greis; ich habe Deiche bauen und brechen sehen; aber den Deich, den Hauke Haien nach ihm von Gott verliehener Einsicht projektiert und bei der Herrschaft für euch durchgesetzt hat, den wird niemand von euch Lebenden brechen sehen, und wolltet ihr ihm selbst nicht danken, euere Enkel werden ihm den Ehrenkranz doch einstens nicht versagen können!"

Gott erhält das Land. Gott verleiht die Einsicht, wie es zu schützen ist. Mit einem Gottesbild haben wir es also zu tun, das den Menschen aus seiner Verantwortung nicht entläßt. Im Gegenteil: ihm wird geradezu die Pflicht aufgeladen, zunächst einmal selbst für sein Land zu sorgen. Das begreift der Friese. Daran glaubt er. Religiöser Fanatismus bleibt ihm fremd, auch in jenem Kampf, den die Konfessionen um seine Seele führen.

Zu Storms Zeit dauert dieser Kampf nun schon achthundert Jahre, und bis heute wurde er nicht ganz entschieden. Eher hat er sich bei einem gelassenen Gleichmut eingependelt, wie er zu dieser Landschaft paßt – und zu ihren Menschen, die zuweilen immer noch „Ik gäh to hööv" sagen, wenn sie zur Kirche gehen. Nicht zur ‚kark', wie es eigentlich heißen müßte, sondern eben zum ‚hööv', dem friesischen Wort für jene altheidnischen Heiligtümer, gegen deren Götter der Kampf fast zur gleichen Zeit aufgenommen wurde wie der Kampf um das noch unbedeichte Land.

Im Jahr 1103, in Tating, wird Eiderstedts erste Kirche gebaut. Das Datum gilt als eigentlicher Auftakt für Nordfrieslands christliche Zeit. Bemerkenswert bleibt jedoch, daß rund hundert Jahre vorher der erste Koog entsteht und ‚Johanniskoog' genannt wird, nach dem Lieblingsjünger Christi – ein Anhalt immerhin, daß schon damals christliche Missionsarbeit nicht ganz erfolg- und folgenlos geblieben ist. Und vielleicht stimmt es sogar, daß Bischof Ansgar selbst, der um 800 geborene „Apostel des Nordens", in nordfriesischen Marschlanden gesichtet worden ist. Tadelnd hatte damals der fromme Herr feststellen müssen, daß hier offenbar der Feiertag nicht hinreichend geheiligt würde. Den Worten folgte dann die Tat: Prompt hatte der Himmel einen seiner in solchen Fällen stets paraten Blitze herabgeschickt, und die sträflich am Sonntag zusammengetragenen Garbenbündel waren in Rauch und Flammen aufgegangen. Und wenn das auch nicht wahr sein sollte, so ist es doch ganz gut erfunden.

Noch besser, geradezu genial ist auch die Geschichte allererster Missionsarbeit erfunden. Sie führt bis ins 7. Jahrhundert zurück, auf das damals noch zum Festland gehörende Helgoland. Der Sage nach soll es dort ein nordfriesisches Königreich gegeben haben, und im Sommer 689 landete dort ein Schiff.

Das Schiff bringt teure Fracht: das Christentum oder doch wenigstens einen seiner Missionare, Wulfram genannt. Er betritt heiligen Boden. Denn dieses Land ist Forseta geweiht, dem Enkel Odins. Kein Tier darf hier getötet, aus einer Quelle nur schweigend geschöpft werden. Wulfram hält sich daran nicht. Natürlich trinkt er, wortgewaltig, aus der Quelle, natürlich tötet er ein Tier. Dennoch kommt er mit dem Leben davon und hat denn auch bald schon seinen Nachfolger in einem anderen Missionar, Willibord geheißen. Der geht nun aufs Ganze: Friesenherrscher Rabbod, sagenhaft wie sein gesamtes Königreich, soll sich taufen lassen. Rabbod ist im Prinzip auch gar nicht abgeneigt. Nur stellt er eine Frage: ob er denn im so verlockend ausgemalten Christenhimmel seine Ahnen wiedersehen wird, da sie doch allesamt nicht Christen waren. Willibord muß das verneinen. Da paßt denn auch Rabbod. Lieber schmort er mit den Ahnen in der Hölle, als daß er im Paradies ohne Gesellschaft ist. Und im übrigen: Wenn es nicht wahr ist...

Schon verblüffend genau spiegeln diese Legenden die Auseinandersetzung zwischen Christentum und altem Götterglauben: heidnische Naturverbundenheit, eifernder Bekehrungsdrang und schließlich das altgermanische Weltverständnis, das die Bindung an Sippe und Ahnen allem anderen überordnet. Eben das beobachtet Thomas Mann auch an Storm: „Da ist zum Beispiel die Familie, das Heim – Kern und Herz der Heimat. Storm liebt es, er hielt die größten Stücke darauf, das Familienleben, das sind nach seinem Ausdruck die ‚heiligsten Tiefen seiner Seele' ..."[73]

Das Gesetz der Sippe ist das Gesetz des Stammes. Spielregeln des Familienlebens bestimmen die Vorstellungen von vorehelicher Keuschheit und ehelicher Treue, sie bedingen die Auffassungen von Ehre und Loyalität. Auch das Recht auf Blutrache, noch im 15. Jahrhundert den Nordfriesen ausdrücklich zugebilligt, gehört dazu: Wehe dem, der an einen aus der Sippe rührt – die Rache aller ist ihm sicher. Mit Religion hat das nichts zu tun. Sein Gesetz macht sich der Mensch selbst. Dieses Gesetz folgt dabei ganz den praktischen Notwendigkeiten: Den Kampf mit der Natur besteht der Friese nicht allein. Er braucht die anderen. Diese anderen sind zunächst einmal die eigenen Angehörigen. Also muß alles darauf gerichtet sein, diese Familie zu schützen und ihre Verbindung zu bewahren. Das ist eine zutiefst pragmatische, ganz unsentimentale Forderung, die sich eben auch in Rabbods Reaktion ausdrückt: Selbst im Jenseits kann der Friese auf die Sippe nicht verzichten.

Die Götter hingegen, personifizierte Naturgewalten, erheben ebenso wenig ethische Forderungen wie Wind, Sonne, Meer. Mit ihnen wird gleichsam ein Pakt geschlossen, nach paritätischem Prinzip: Opfer und Verehrung gegen die Gunst der Elemente, auf die man am meisten angewiesen ist. Beim Seefahrervolk der Friesen ist das zwangsläufig der Wind. Also muß Göttervater Wotan als Weda, Winj oder Wedu der Gott der Winde sein.

Günstiger Wind bedeutet Glück. Sturm oder Flaute können Katastrophen sein. So wird denn im Frühjahr, wenn es hinausgeht auf große Fahrt, dem Windgott ein Bittopfer gebracht und im Herbst, wenn alles heimkehrt und die Fahrt glücklich überstanden ist, das Dankesopfer. Mit den Seefahrern sind aber auch Wotans heilige Vögel, die Krähen oder Raben, hinausgezogen. Auch sie kehren nun zurück. Sie werden im Winter keinen Hunger leiden. Denn brav wird ihnen geopfert, und „Bi den Raaven" heißt denn auch ein feierlicher Friesenschwur. Die Natur, allgegenwärtig, spiegelt also getreulich Nordfrieslands Götterglauben. Er bleibt ebenso unberechenbar und frei von sittlichem Gesetz wie Meer und Sturm.

In eine so geprägte Welt bricht nun das Christentum mit seinen rigorosen ethischen Geboten, mit der Pflicht zur Nächsten- oder gar der Feindesliebe – wie hätte das ein Friese je verstehen können? Sein Nächster ist allein die eigene Sippe, sein Feind jeder, der dieser Sippe zu nahe tritt. Er muß vernichtet, nicht geliebt werden. Die Sippe wiederum liebt man ohnehin, da man auf sie angewiesen ist.

So wird für die christlichen Missionare die Bekehrung der Friesen ein mühevoll langwieriges Geschäft ohne eindeutiges Ergebnis. Und in der Nacht vom 21. auf den 22. Februar lodern weiterhin die „Bieken"-Feuer, werden ihre Flammen umtanzt, durchhallt die Winternacht der Bittgesang: „Wedke tiare, wedke tiare" – Wotan, nimm unser Opfer an! In einer Urkunde zu Rom seufzt es aber: „Frisii sunt homines satis voluntarii" – die Friesen sind äußerst freidenkende Menschen ...

Sie sind und bleiben es, in all den Jahrhunderten fortschreitender Christianisierung. Und wenn das Christentum dennoch zwischen Geest und Meer Einzug halten kann, so liegt das vor allem am geschmeidigen Pragmatismus der nordfriesischen Kirche. Sie paßt sich diesen Menschen und ihrer Umwelt an. Sie richtet sich nach ihren Lebensbedingungen. Diese Menschen aber fügen sich. Sie zahlen zwar sehr ungern und auch nicht

regelmäßig ihren Zehnten. Aber sie sind immerhin Christen geworden, wenn auch auf ihre Art.
Die mittelalterliche Kultur ist von ihrem Anfang her eine Klosterkultur. Getreu nach St. Benedikts Forderung „Bete und arbeite!" wird dort zäh und fleißig an der großen geistigen Brücke zwischen Antike und Neuzeit gewirkt. Doch wieder einmal: um Nordfriesland macht auch diese europäische Entwicklung einen großen, scheuen Bogen. Nie wird es in den Marschen Klöster geben. Friesischer Denkweise ist die Vorstellung zu fern, seine gesamte Existenz in eheloser Einsamkeit einem Gott unterzuordnen. Und auch noch eine andere Vorstellung übersteigt des Friesen Weltbild: daß zum Amt des Priesters Ehelosigkeit gehört.
Die nordfriesische Kirche kennt also auch das Zölibat nicht. Denn was bliebe – so der Friese – einem ehelos lebenden Priester übrig, als in andere Ehen einzubrechen? Und Ehebruch wiederum, siehe Sippengesetz, gilt als eines der schwersten Verbrechen überhaupt, bedroht von schwersten Strafen. Mann, Bruder oder Vater können die Schuldige kurzerhand ersäufen, aber auch mit dem sündigen Mann springt man robust um. Schon bei ersten Anzeichen eines lasterhaften Lebenswandels karrt man ihn nächtens auf einen Düngerhaufen oder führt ihn an einen Abhang, wo er dann in der Eiseskälte einer Winternacht darüber nachsinnen darf, was ihm lieber ist: schleunige Läuterung oder Tod im Meer. Und solch ein Schicksal will man seinen Priestern ersparen. Sie haben also ihre Familie wie alle anderen, sie vererben oft ihr Amt auf den ältesten Sohn, und die Friesenwelt bleibt weiterhin in Ordnung.
Dennoch spielen in dieser Welt Kirche und Kirchgang durchaus ihre Rolle, als sozialer Faktor. Der sonntägliche Weg zum Gotteshaus bietet vor allem die allwöchentliche Möglichkeit, wenigstens für Stunden der Einsamkeit der Marschgehöfte zu entkommen. Man trifft sich, spricht miteinander, man steht nach dem Gottesdienst, nach Geschlechtern getrennt, noch eine Weile beisammen, in seiner besten Tracht. Hierbei vertreten zu sein, verlangt der gute Ton einer jeden Marschgemeinde. Und sind einmal Hausherr oder Herrin verhindert, schicken sie mit größter Selbstverständlichkeit Magd oder Großknecht als Vertretung. Hauptsache bleibt: Die ‚Sippe', im weiteren Sinn, ist präsent.
Das Jahrhundert der Reformation kommt.
Auch Nordfriesland hat seinen Reformator, den Husumer Hermann Tast. Während aber die neue Lehre zum Beispiel in Dithmarschen zu blutigen Zusammenstößen zwischen den Anhängern des alten und des neuen

Glaubens führt, stößt Tast in Nordfriesland kaum auf Widerstand. Das ist umso erstaunlicher, da die Ursachen der reformatorischen Bewegung wie zunehmende Säkularisierung der Kirche, Verfall des Papsttums, Ablaßhandel und Entartungen des Klosterwesens in den Marschen kaum wahrgenommen worden sein dürften. Es ist wohl eher so, daß schon im Prinzip der Geist des Protestantismus nordfriesischem Wesen entspricht. Glanz und Gloria des Katholizismus spiegeln sich nicht im Graugrün der Marschlandschaft, Nebel über dem Watt ist wichtiger als Weihrauchdunst, und eine von Stürmen gepeitschte See fordert eher zu trotzender Auflehnung heraus als zu liebender Hingabe an Marienkult und Jenseits-Hoffnung. Was aber der Doktor Martin Luther verkündet, klingt so angenehm konkret und handfest. Die Friesen nicken dazu. Und dann machen sie sich wieder an ihre Arbeit.

Ihr Glaube, obgleich doch heidnisch durchtränkt, bleibt dennoch bemerkenswert immun gegen alle sektiererischen Neigungen.

Immerhin wird Friesland um 1600 eine europäische Freistatt für alle Glaubensrichtungen sein, deren Anhänger sich hierher flüchten. Man denke an eine Gründung wie Friedrichstadt als einen Hort der Toleranz, wo religiöse Gruppen unbehelligt nebeneinander leben durften. Man denke auch an den Einfluß, den speziell die niederländischen Mennoniten auf den nordfriesischen Deichbau hatten. Zunächst bleibt das nicht ohne Folgen: Auf Nordstrand kann sich nach der Sturmflut von 1634 für kurze Zeit eine Art urchristliche Kommune unter Führung der frommen Französin Antoinette Bourignon bilden, und wieder hundert Jahre später findet eine Quäker-Bewegung, die „Bordelumer Rotte“, einigen Nachhall.

Dennoch: im nordfriesischen Bewußtsein hinterlassen solche Strömungen kaum eine Spur. Storm kann sie im „Schimmelreiter“ sogar zur Diffamierung der Feinde seines Helden nutzen, wenn er dort „die Konventikel bei dem holländischen Flickschneider Jantje“ beschreibt, wo dann das Gerücht von der Gottlosigkeit des Deichgrafen zum ersten Mal aufkommt.

Das damals stark im Schwange gehende separatistische Konventikelwesen hatte auch unter den Friesen seine Blüte getrieben; heruntergekommene Handwerker oder wegen Trunkes abgesetzte Schulmeister spielten darin die Hauptrolle, und Dirnen, junge und alte Weiber, Faulenzer und einsame Menschen liefen eifrig in die heimlichen Versammlungen, in denen jeder den Priester spielen konnte. Aus des Deichgrafen Hause brachten Ann Grete und der in sie verliebte Dienstjunge ihre freien Abende dort zu. Freilich hatte Elke ihre Bedenken darüber gegen Hauke nicht zurückgehal-

ten; aber er hatte gemeint, in Glaubenssachen solle man keinem dreinreden: das schade niemandem, und besser dort doch als im Schnapskrug!

Das ist nun ganz und gar Friesenart. Da spricht der pragmatische, im Kern tolerante, da in religiösen Fragen zutiefst gleichgültige Nordfriese aus dem Helden Theodor Storms. Und sein Blick geht zum Meer hin. Dorther bezieht er letztlich seinen Glauben. Dort bestimmt die Natur seine religiöse Haltung: einmal aufbegehrender Stolz, dann wieder demütige Schicksalsergebenheit, hier der auf den selbstgewonnenen Boden aufstampfende Deichbauer, dort der Mann auf seiner Hallig, der in Sturmnächten den schon gefertigten Sarg hervorholt und ihn in stummer Todeserwartung neben die Bettstatt stellt. Und kommen dann die Fluten, haben die von ihrer Gemeinde oft verlachten und gebeutelten Prediger ihre große Zeit.

Dann grollt der Zorn angesichts der Katastrophen, die selbstverständlich „Gott über sie verhänget (hat), weil sie sehr gottlos gelebt, und den allmächtigen Gott nicht erkennen wollten"[74]. So schreibt im 17. Jahrhundert der Chronist Jonas Hoyer über die Schreckenszeit der Nordfriesen, als Hunger, Pest und Große Manndränke über ihr Land hereingebrochen waren und schließlich Rungholt unterging.

Auch um Rungholts Untergang spinnt sich halbreligiöse Überlieferung. Will man ihr folgen, so trugen nicht Sturmflut, Landsenkung und mangelnder Deichschutz die Verantwortung, sondern allein die Rungholter selbst. War doch die reiche Stadt zum wahren Sündenbabel geworden, hatte man doch gar den Priester gezwungen, einem Schwein die letzte Ölung zu geben. Das konnte natürlich nicht gut gehen. Der Priester entfloh und überlebte als einziger nebst einigen unbescholtenen Jungfrauen die Katastrophe, die da über den sündigen Häuptern der gotteslästerlichen Rungholter zusammenschlug. Und wenn es nicht wahr ist, so ist es doch...

Es ist sogar ganz ausgezeichnet erfunden. Denn diese Geschichte kann im Kern durchaus wahr sein.

Wir sehen die Rungholter, wie sie stolz auf ihre Stadt sind. Wir können nachempfinden, wie sehr ihnen der zu Buße und Einkehr aufrufende Geistliche auf die Nerven geht. Also treibt man seinen Spaß mit ihm. Also will man doch einmal sehen, wie stark nun wirklich der Gott ist, zu dem man in Ehrfurcht beten soll. Nicht nur einmal und nicht nur hier in Rungholt könnte das geschehen sein. Aber dann kommt die Flut. Der Friese erschauert. Er muß die Macht des Gottes anerkennen, der da die Schalen seines Zorns über ihn ausleert.

Die Frage bleibt: Was ist das für ein Gott?

Eine Geschichte, bis heute in Lesebüchern als fromme Legende gehandelt, gibt dafür Anhaltspunkte, und so fromm wirkt sie eigentlich nicht, wenigstens nicht im christlichen Sinn: Da wird sich also beim Jüngsten Gericht der Allgewaltige die Hände zeigen lassen, und wessen Finger hart von Arbeit sind, darf sich im Himmel ausruhen. Wer aber feine weiße Hände hat, muß erst sein Herz zeigen...

Man bedenke: Arbeit zählt mehr als Moral. Die rauhe Hand ist ein sichereres Indiz für einen rechtschaffenen Lebenswandel als ein reines Herz. Wer sie vorweist, hat allemal den Vortritt vor jenen, die ihre Hände sauber hielten. Ist dies nicht immer noch das von Ethik freie Götterbild des alten Germanentums? Schimmert nicht das alte Paktdenken durch?

„Mit Em der oben kam ik licht torecht", verkündet stolz ein Friese auf dem Sterbebett. ‚Er da oben', ein Partner, mit dem man zurechtkommen muß, irgendwie, in dessen Kirchen man gehen kann oder nicht: „Wozu denn? Singen kann ich nicht, und gesündigt habe ich nicht" – so ein anderes Friesenwort, das man sich auch gut aus dem Mund von Ole Peters vorstellen kann. Dagegen Hauke Haiens Verzweiflungsschrei: „Herr Gott, ja ich bekenne es... ich habe meines Amtes schlecht gewartet!" – Gott gleichsam der oberste Deichgraf, der von seinen Untergebenen Rechenschaft verlangt, über ihre Arbeit, nicht über ihre Moral.

Hauke Haien „hatte sich sein eigen Christentum zusammengerechnet", heißt es bezeichnend bei Storm – bezeichnend auch ganz allgemein für das Gottesbild des Nordfriesen, der da seinen einsamen Kampf mit der Natur ausficht, mit einer „Weisheit", die im letzten so unfaßlich, so ganz unbegreiflich bleibt wie die von Wotan gelenkten Stürme. Dem Menschen bleibt im Äußersten nur er selbst, das eigene Leben. Es gehört ihm und nicht den anderen, auch keinem Gott. Hauke Haien wählt den Selbstmord, „ein dumpfer Schall, ein kurzer Kampf", mehr nicht – und nie hat in Nordfriesland der Freitod als die schwerste, als die einzig unverzeihliche Sünde gegolten wie im gesamten übrigen christlichen Raum.

Zwar wird der Selbstmörder auch hier in ungeweihte Erde gebettet. Doch geht dieser Tribut an religiöse Konvention nicht einhand mit moralischer Verdammung. Zwar wurde an manchen Orten der Sarg des Toten nicht durch das Tor getragen, sondern über die Mauer gehoben, wohl auch (wieder einmal) in der Furcht vor Wiedergängertum. Aber immer hat man Verständnis für jene gehabt, denen das von einer blind-grausamen Natur unentwegt bedrohte Erdenleben unerträglich geworden war: Gegen das Recht der Götter steht das Recht des Menschen auf sich selbst.

In einem solchen Gottesbild bleibt auch Raum für praktiziertes Heidentum, zuweilen im christlichen Gewand: soll wirklich die Dreifaltigkeit beschworen werden, wenn bei Begräbnissen der Sarg dreimal um die Kirche getragen wird, der Sonne entgegen? Warum werden bei friesischen Mahlzeiten die Speisen immer rechtsherum gereicht, wiederum in Richtung Sonne, dem urheidnischen Symbol? Und schließlich: wie steht es mit dem schrecklichen, dem ganz und gar heidnischen Brauch des Menschenopfers? Des ‚Lebigen', das in jeden Deich gehört, der halten soll?

Der Brauch weist in vorfriesische Zeit zurück, in die Jahrhunderte der frühesten Marschbesiedlung: Unter Hausdielen liegen Kinderskelette, „Zeichen für solche Opferhandlungen, bei denen man das Beste gab, was man überhaupt besaß"[75]. Dann waren die Friesen gekommen. Der Deichbau hatte begonnen, die Christianisierung eingesetzt. Geblieben war die Angst vor göttlicher Urgewalt. Sie mußte versöhnt werden. Die Götter wollten ihr Opfer, sollte Menschenwerk vor ihrem Zugriff sicher sein.

Am Strand flackerten nun nicht mehr die Feuer, in deren Schein auch Menschen dem Göttervater Wotan geopfert wurden. Der Mythos verschwand im Halbdunkel. Doch nistete er nun im halb Verborgenen weiter wie Zauberspuk und Hexenwesen. Und nie ist er ganz aus dem Bewußtsein der Menschen verschwunden, die weiterhin ihr Werk vor den Göttern sichern wollten.

Quer durch die nordfriesische Geschichte raunt es von den Zigeunern, denen man ihre Kinder abhandelte, von den unehelich geborenen Säuglingen, die dann im neuen Deich eingegraben wurden. Das Menschenopfer wurde zum Tieropfer, und auch das war schließlich verpönt. Aber der Glaube an das ‚Lebige' blieb. Noch in unserer Zeit wurden bei Restaurationsarbeiten in einem Haus nahe einem Deich Eier gefunden, die in die Wand eingemauert waren. Und ein Geistlicher auf die Frage, ob er es für möglich halte, daß auch in manch modernem Deichbau etwas ‚Lebiges' steckt: „Möglich ... durchaus möglich ..."

Ein Grundmuster der gesamten Deichbaugeschichte zeichnet sich ab: die Auseinandersetzung zwischen jenen, die natürlicher Urgewalt technisch-naturwissenschaftliche Erkenntnisse entgegensetzen, und den anderen, die ihr mit scheuem Tribut an den alten Götterglauben beizukommen hoffen. Hier Menschenopfer, dort abgeflachtes Deichprofil – auch die Geschichte vom „Schimmelreiter" steht in dieser Spannung.

Und durch alles Getöse des Wetters hörte man das Geräusch der Arbeiter: das Klatschen der hineingestürzten Kleimassen, das Rasseln der Karren und

das Rauschen des von oben hinabgelassenen Strohes ging unaufhaltsam vorwärts; dazwischen war mitunter das Winseln eines kleinen gelben Hundes lautgeworden, der frierend und wie verloren zwischen Menschen und Fuhrwerken herumgestoßen wurde; plötzlich aber scholl ein jammervoller Schrei des kleinen Tieres von unten aus der Schlucht herauf. Hauke blickte hinab; er hatte es von oben hinunterschleudern sehen; eine jähe Zornröte stieg ihm ins Gesicht. „Halt! Haltet ein!" schrie er zu den Karren hinunter; denn der nasse Klei wurde unaufhaltsam aufgeschüttet...
„Wer war es?" rief er. „Wer hat die Kreatur hinabgeworfen?"
Einen Augenblick schwieg alles, denn aus dem hageren Gesicht des Deichgrafen sprühte der Zorn, und sie hatten abergläubische Furcht vor ihm. Da trat von einem Fuhrwerk ein stiernackiger Kerl vor ihn hin. „Ich tat es nicht, Deichgraf", sagte er und biß von einer Rolle Kautabak ein Endchen ab, das er sich ruhig in den Mund schob; „aber der es tat, hat recht getan; soll Euer Deich sich halten, so muß was Lebiges hinein!"
– „Was Lebiges? Aus welchem Katechismus hast du das gelernt?"
„Aus keinem, Herr!" entgegnete der Kerl, und aus seiner Kehle stieg ein freches Lachen; „das haben unsere Großväter schon gewußt, die sich mit Euch im Christentum wohl messen durften! Ein Kind ist besser noch; wenn das nicht da ist, tut's auch wohl ein Hund!"

Das Motiv des Tier- und Menschenopfers wird hier nicht zum ersten Mal angeschlagen. Es klingt bereits an, als Hauke seiner Frau von seinen Bedeichungsplänen erzählt. Sie spricht vom Priel, dem noch nie ein Deich standgehalten hat:

„Als ich noch Kind war", sprach sie, „hörte ich einmal die Knechte darüber reden; sie meinten, wenn ein Damm dort halten solle, müsse was Lebiges da hineingeworfen und mit verdämmt werden; bei einem Deichbau auf der andern Seite, vor wohl hundert Jahren, sei ein Zigeunerkind verdämmet worden, das sie um schweres Geld der Mutter abgehandelt hätten; jetzt aber würde wohl keine ihr Kind verkaufen!"
Hauke schüttelte den Kopf: „Da ist es gut, daß wir keins haben, sie würden es sonst noch schier von uns verlangen!"
„Sie sollten's nicht bekommen!" sagte Elke und schlug wie in Angst die Arme über ihren Leib.

Ist es lediglich dramaturgischer Zufall, daß dann eben doch beider Kind ein Opfer der großen Flut wird? Daß zu den anderen Opfern auch der von Hauke Haien gerettete kleine Hund gehört? Daß also die entfesselte Naturgewalt doch noch ihr ‚Lebiges' bekommt?

Denn so eindeutig, wie es zunächst scheint, ist des Dichters eigene Position in seinem Werk nicht. Nur bedingt sind des Verstandesmenschen Hauke Haien Worte vom „Frevel“ und „Heidenlehren“ auch die seinen, und zu tief wurzelt Storm „zäh und brauchtreu im Ur-Heidnischen“ (Thomas Mann), als daß seinem Bewußtsein der Gedanke an das ‚Lebige‘ in einem jeden Menschenwerk als fälliger Tribut an das Schicksal entschwunden wäre. So sollte er in seinem stolzesten Augenblick, bei dem Rückruf nach Husum im Jahr 1864, in die Runde seiner Familie blicken und mit einem halben Lächeln leise fragen: „Wen von euch soll ich dafür zum Opfer bringen?“[76]

Man braucht nicht Freuds Theorie vom Unterbewußten zu bemühen, um den ernstgemeinten Hintergrund dieser vielleicht als makabren Scherz gedachten Frage zu erkennen. Eher schließt man sich Thomas Manns ironischem Stoßseufzer an: „Die nachchristliche Aufklärung schützt wenig vor Aberglauben, wenn man die christliche übersprungen hat...“[77] Im übrigen: Bald nach der Rückkehr in die Heimat stirbt Storms Frau...

Doch kein Opfer, nichts ‚Lebiges‘ im Deich des Hauke Haien, bis zur sich gewaltig steigernden Schlußszene, in der ein Mensch allein mit den Naturgewalten ist. Sein Tod, sein Schrei: „Herr Gott, nimm mich; verschon die anderen...“ – und wieder die offen bleibende Frage, welcher Herr und Gott hier eigentlich angerufen wird. Wem bringen sich Tier und Mensch zum Opfer? Wessen „Weisheit“ soll dieses Opfer lenken und versöhnen?

Christliche Interpretation ist möglich: Der Menschensohn erlöst mit seinem Tod am Kreuz die Menschheit. Doch stirbt Jesus ohne Schuld. Hauke Haien hingegen ist schuldig. Sein Opfer ist auch Strafe. Wieder der alte Paktgedanke: mein Leben gegen deine Gunst. Und übermächtig wird im letzten Aufschrei des Schimmelreiters die Erinnerung an den einstigen Herrn der Stürme: „Wedke tiare...“ – Wotan, nimm mein Opfer an...

Das ‚eigen Christentum‘, „zusammengerechnet“ wie der Atheismus Storms, endet in einem heidnischen Tod.

Die ‚elektrische Kette‘, die Storm beim Anblick der Hademarschener Maifeuer in den Händen zu halten meint, hat ihn also tief in die Vergangenheit Nordfrieslands zurückgeführt – und dabei nicht nur in historisch gesicherte Regionen, sondern auch ins Reich des Halbbewußten. Dort sind die alten Götter noch nicht tot. In den Winkeln nordfriesischen Aberglaubens rumoren sie weiter als Gespenster, Kobolde und Wasserfrauen. Sie verlangen ihr Opfer, und sie bekommen es. Hauke Haien sucht kühle Vernunft dagegenzusetzen. Er scheitert. Er geht nun selbst in dieses Reich ein als der „Schimmelreiter"-Spuk, als eine ganz und gar friesische, eine für diese Landschaft, für ihre Menschen und deren Aberglauben exemplarische Gestalt. So will es scheinen. Und doch stimmt es nicht. Denn schon vierzig Jahre vor seinem Meisterwerk muß Storm bedauernd feststellen: „Der Schimmelreiter, so sehr er auch als Deichsage seinem ganzen Charakter nach hierherpaßt, gehört leider nicht zu unserem Vaterland ..."[78]

Im grauen Röcklein nickt der Puk

Das Wort vom ‚Vaterland' läßt aufmerken.

Denn was ist in diesem Jahr 1843 für den gerade 26jährigen Theodor Storm das Vaterland? Kaum Deutschland, um diese Zeit noch als politische Einheit pure Utopie, kaum das Herzogtum Schleswig, das unter dänischer Herrschaft steht – für den Storm dieser Zeit kann das ‚Vaterland' nur die unmittelbare Umgebung sein, Husum und die Welt der nordfriesischen Marschen. Mit ihr setzt sich Storm gerade erstmals bewußt auseinander. Er ist auf die Suche gegangen. Er sucht nach Sagen und Märchen dieses seines Vaterlands.

Schon in den Jahren zuvor, während seiner Kieler Studienzeit, hat er damit angefangen. Man weiß nicht, wer dazu innerhalb jener ‚Clique', zu der auch Storm gehört, den ersten Anstoß gab, vielleicht Storm selbst, vielleicht der gleichaltrige, in Garding geborene Pastorensohn und spätere Historiker Theodor Mommsen oder dessen Bruder Tycho. Es mag sich irgendwie ergeben haben, und im übrigen: es liegt im Zug der Zeit. Überall in Deutschland kommt es zu solcher Sammlertätigkeit. Und was sich so idyllisch-nostalgisch ausnimmt, hat in Wahrheit hochpolitische Bedeutung.

Denn dies ist das 19. Jahrhundert, die große Zeit des aufkommenden Nationalismus. Europas Völker beginnen sich auf sich selbst zu besinnen, auch in Deutschland, diesem noch ungeeinten Flickerlteppich unterschiedlichster Machtbereiche und Staatsformen. Das bis dahin als ‚finster' verschriene Mittelalter wird neu entdeckt. Und man entdeckt das bisher nur mündlich überlieferte Gut der Sagen und Märchen. Denn wo könnte sich das Wesen einer Nation in all ihren Tiefen und Schründen, in ihren Träumen und Phantasien so unverfälscht, gleichsam naturtrüb spiegeln wie in denen von Generation zu Generation weitergegebenen Märchengeschichten?

Solcher mehr unterschwelliger Strömungen dürfte sich der gerade nach Husum zurückgekehrte Advokat und angehende Dichter Storm noch kaum bewußt sein. Zunächst geht es ihm wohl vor allem um einen Ausgleich zu öden Kanzleistunden und Husumer Rechtsstreiterei. Es geht auch um den Kontakt zu Mommsen. Außerdem wissen wir, wie einsam der junge Mann bei seiner ersten Rückkehr war und wie sehr er sich zugleich seiner Heimat entfremdet fühlte. Jetzt scheint er den alten Einklang geradezu herbeizwingen zu wollen, als er sich auf die Spur jener Welt setzt, die das Paradies seiner Kindheit ausgemacht hatte.

Dabei aber dringt er, nun nicht mehr der vergnügte Junge, in Tiefen vor, die ihn seine Heimat in ihrem tiefinneren Wesen erst begreifen lassen, und so läßt sich wohl sagen, daß schon in diesen Jahren die Grundlage geschaffen wird, auf der dann Storm vierzig Jahre später das Nationalepos der Friesen zu schreiben fähig ist.

Er denkt jetzt zurück, wie er als kleiner Junge im Margarethensaal des Husumer Schlosses stand, vor dem Bildnis der ‚Schwarzen Margarethe', jener ‚Semiramis des Nordens' und großen dänischen Herrscherin des 14. Jahrhunderts. Auf dem Gemälde sah sie aus, „genau wie sie es in der Sage angegeben, schwarz in königlichem Schmuck"[79]. Jetzt aber ist das Bild verschwunden, und aus dem „früher aber elegant mit blau und weißem Marmor" ausgelegten Saal ist eine schmucklose Reithalle geworden. Es bleibt als Trost die Sage: Storm läßt sich erzählen, was der Volksmund aus dieser ‚Königin dreier Reiche' gemacht hat, die 1412 in Flensburg an der Pest gestorben war. Dort wird sie nun zur ‚schwarzen Greet', und nachts kann man sie sehen, wie sie ruhelos dahinzieht, „auf einem weißen Rosse, das Dampf und Feuer aushaucht"[80], blaublütige Wiedergängerin im majestätischen Ornat.

Oder König Abel, dessen Habgier die Nordfriesen zur einzigen gemeinsamen Tat in ihrer gesamten Geschichte trieb: Nach der Schlacht von Oldenswort, die er kläglich verlor, starb Abel auf der Flucht unter dem Axthieb des Nordstrander Rademachers Wessel Hummer (nach anderer und glaubwürdigerer Version: durch den Pfeilschuß eines unbekannt gebliebenen Bogenschützen), und weder Mörder noch Ermordetem frommt die böse Tat. Wessel Hummer wird von aufgebrachten Seeleuten kurzerhand über Bord geworfen, als seine Schuld Gott mit einem Sturm bestraft. Abel aber, auch kein Unschuldslamm, ist nun dazu verdammt, auf ewig durch die Nacht zu galoppieren, „im Gesicht und am ganzen Körper kohlschwarz", begleitet von drei Jagdhunden, „die man oft in feuriger Gestalt glühen gesehen hat"[81]. Er mag immerhin einen Gefährten im königlichen Kollegen Waldemar gefunden haben, der, fast schon Schimmelreiter-verdächtig, nächtens über den Himmel jagt, „auf einem schneeweißen Pferd, umgeben von seinen Jägern und Hunden"[82]. Überhaupt ergeht es in Nordfrieslands Sagenwelt Herrschern schlecht, wenn sie sich des schlimmsten aller politischen Vergehen schuldig gemacht und die Nordfriesen nicht in Ruhe gelassen haben.

Storm ist mit Feuereifer bei der Arbeit.

Er fragt Dienstmädchen aus und hockt bei alten Mütterchen in ihrer Kammer. Er korrespondiert mit dem Sylter Küster C. P. Hansen, den er persönlich nie kennenlernen wird. Umso besser lernt er dessen Sylter Sagen kennen. Anderes holt er wiederum aus eigener Erinnerung herauf, und schließlich wird seine Sagensammlung auf nicht weniger als zweihundert Texte angewachsen sein. Am wenigsten ergiebig ist dabei die eigentliche Welt der Marschen. Denn wie später Karl Müllenhoff feststellt: „Das flache Marschland bietet der Sage seltener einen Halt"[83]. Doch ohnehin fließen im Reich mündlicher Überlieferung die Grenzen ineinander.

Da kommt eigentlich von den Inseln her, was man sich auch auf dem Festland erzählt. An der Küste wiederum wird variiert, was seine Wurzeln ursprünglich im trockenen Sand der Geest hat. Fäden ziehen sich hinüber nach Ost- und Westfriesland, und manche Sage erscheint fast gleichlautend im niederländischen Raum, wo man gleichfalls seine „Schwarze Greet" hat, ohne dabei an Dänemarks Königin zu denken. Und selbst das ist möglich: daß nicht einmal nach Dithmarschen hin die Grenzen der Sagenwelt ordentlich gezogen sind.

Die Motive gleichen sich ohnehin: Kampf mit der Natur, Personifizierung ihrer Phänomene, die zu Gespenstern gewordenen Götter der Vorzeit, Fabelwesen schließlich, die aus dem Dunst archaischer Urängste in die reale Welt des Deichbaus und der Landgewinnung einbrechen, der Fisch mit dem Sarg auf dem Rücken, die Wasserfrau ...

„O, wie sie schrie und mit ihren Fischhänden sich in ihre harten struppigen Haare griff! Ja, Kind, ich sah es und hörte sie selber schreien! Die Gräben zwischen den Fennen waren alle voll Wasser, und der Mond schien darauf, daß sie wie Silber glänzten, und sie schwamm aus einem Graben in den andern und hob die Arme und schlug, was ihre Hände waren, aneinander, daß man es weither klatschen hörte, als wenn sie beten wollte; aber Kind,

beten können diese Kreaturen nicht. Ich saß vor der Haustür auf ein paar Balken, die zum Bauen angefahren waren, und sah weithin über die Fennen; und das Wasserweib schwamm noch immer in den Gräben, und wenn sie die Arme aufhob, so glitzerten auch die wie Silber und Demanten ..."

Im „Schimmelreiter" ist es die alte Trin' Jans, die diese Geschichte der Tochter des Deichgrafen erzählt, als hätte sie sie selbst erlebt, und erst später wird sie eingestehen, daß sie das Märchen lediglich vom ‚Großohm' übernommen hat: „Ihr wollt wohl meinen Großohm noch zum Lügner machen ..." Hauke Haien ist dazwischen getreten. Er fährt die Alte an. Sie soll den „Gäns' und Hühnern" ihre Mären erzählen, nicht dem Kind. Sie keift zurück, er habe eben keinen Glauben – und sehr bezeichnend werden Glauben und Aberglauben gleichgesetzt, so wie sich auch bei der geplanten Opferung des Hundes der Deicharbeiter ungeniert auf die Großväter beruft, „die sich mit Euch im Christentum wohl messen durften!" Mehr als einmal mag Storm bei den Recherchen zu seiner Sagensammlung solche Gleichsetzung erfahren haben.

Er selbst ist um diese Zeit kein Hauke Haien. Er denkt gar nicht daran, alten Weibern über den Mund zu fahren, wenn sie ihre Gruselmärchen erzählen. Im Gegenteil, er sitzt gespannt daneben und berichtet später dem Freund Mommsen: „... dabei sammelte ich Sagen und Volksglauben und Märchen, die mir von allen Seiten zuflossen; wegen meines Unwohlseins ging ich nicht aus; nur zu einer alten halbverrückten Person, die in einem unserer Hinterhäuser ... in einem zimmerartigen Verschlag haust, bin ich abends mehrmals gegangen, um mir unter den sonderbarsten Exclamationen und Gebehrden Stücke von ihr erzählen zu lassen. Dabei schnurrte in den Pausen das Spinnrad, der Kater lag unter dem Ofen und schnarchte wie ein Kind; denn er war krank und medizinirte; auf dem Tisch brannte eine Trahnlampe – vollkommener Hexenapparat ..."[84]

An Mommsen gehen umfangreiche Umschläge ab, „Briefe, Märchen, Sagen, nicht gar wenige"[85]. Die Geschichte von der in seinem Elternhaus spukenden dreibeinigen Kiste ist darunter und die Schauermär von der aus einer Wand wachsenden Hand, „vollkommen mit Gliedern und Gelenken", die abgeschnitten und in einer Schachtel aufbewahrt wird: „Ich versichere Sie, am Abend, da die Dienstmädchen diese Geschichte mit so sicherem Glauben erzählten, fühlte ich so recht, wie mir der Spuk faustdick unter die Nase kam, und die poetische Betrachtung mußte dem Grauen weichen ..."[86]

Stolz meldet er weitere Funde wie die Geschichte vom „Dränger", jenem unheimlich-unsichtbaren Wesen auf Eiderstedt. Früher einmal war es ein besonders gottloser, mit dem Teufel verbündeter Hofbesitzer gewesen, der nach seinem Tod zum Wiedergänger wird, durch Teufelsaustreibung in das Land jenseits der Deiche verbannt ist und nun jede Nacht seinem einstigen Besitz entgegenstrebt. Wehe, wer ihm im Vorland begegnet – dem stellt sich eine unsichtbare Kraft entgegen, an der man nicht vorbeikommt. Sie „drängt einen mit übermenschlicher Gewalt von dem Geleise zurück", und „viele Leute haben stundenlang schweißtriefend mit ihm gerungen; aber nur wer das Geleise meidet und sich näher an den Deich hält, begegnet ihm nicht"[87].

Auch der Sylter Bröddehoogmann ist keine eigentliche Frohnatur. In alle Ewigkeit sieht man ihn in grauer Kluft dastehen und seinem bösen Leben nachsinnen, da er noch ein gefürchteter Strandräuber war und arme Schiffbrüchige ermordet, ausgeraubt und im Dünensand verscharrt hatte. So erfährt es Storm von C. P. Hansen, und Hansen berichtet ihm auch die andere Geschichte, die vom Dünenmann, einem Strandvogt, der im Kampf gegen die Strandräuber versagt hatte und nun zwischen den Dünen umherirrt, immer auf der Suche nach Schiffbrüchigen, denen er doch noch helfen kann. Hier immerhin weht von Ferne her das Schimmelreiter-Motiv, wenn auch ohne Roß und Deichbruch.

Nein, Storm ist „in unserm Sagentreiben ... nicht lässig"[88], wie er Mommsen versichert. Er bringt die Geschichte vom Waterpedder und vom Brautsee, er „verhochdeutscht" die zunächst plattdeutsch wiedergegebene Geschichte vom Dänenherrscher Abel, „da die Sage doch mit Königen spielt"[89]. Er macht sich auch schon Gedanken zur Illustration einer ersten Buchausgabe, lehnt den sonst geschätzten Tierfabel-Illustrator Otto Speckter ab („Ja, wenn es Beester wären zu Thierfabeln ...") und empfiehlt, diesmal kein Preußenfeind, den Berliner Wilhelm Kaulbach: „Denken Sie sich einmal von ihm König Abels wilde Jagd ..."[90] Und immer wieder erzählt er neue Geschichten von den ‚Unnererschen', den ‚Unterirdischen', jenem Zwergenvolk, das laut Hansen vielleicht einmal Nordfrieslands Urbevölkerung war, jetzt halb hilfreiche Heinzelmännchen, halb listig böse Kobolde.

Und einer fehlt natürlich nicht: Nies Puk in seinem grauen Kleid, Star der Stars in Nordfrieslands Geisterwelt. Kein Friesenhaus, das auf sich hält, kann auf seinen Puk verzichten. Bald sieht man ihn auf dem Dachfirst vergnügt mit den Beinen baumeln, dann wieder schlabbert er aus der pflichtschuldigst bereitgestellten Schale Grütze mit viel guter Butter darin. Einmal macht er sich nützlich und bringt eine entlaufene Kuh, ein verirrtes Schaf zurück. Das andere Mal treibt er mit den Menschen seinen frechen Spaß, stellt Beine, ohrfeigt brave Pferdeknechte und lacht sich über der Menschheit Dämlichkeit die Hucke voll, guter Geist und Spottkobold in einem. Und zehn Jahre nach jener Sagensammlerzeit – der heimwehkranke Dichter durchleidet gerade das große Militärkasino Potsdam – schreibt Storm sein Gedicht „Sommermittag“:

Nun ist es still um Hof und Scheuer,
Und in der Mühle ruht der Stein;
Der Birnenbaum mit blanken Blättern
Steht regungslos im Sonnenschein.

Die Bienen summen so verschlafen;
Und in der offnen Bodenluk’,
Benebelt von dem Duft des Heues
Im grauen Röcklein nickt der Puk...

Hier malt Storm nicht nur ‚Stimmung‘. Hier fängt er zugleich mit wenigen Worten die große Selbstverständlichkeit ein, mit der in seiner Heimat Spuk- und Aberglaube in den Alltag als ein Stück Natur einbezogen sind. Storm selbst identifiziert sich damit: „Gute Nacht! es stürmt unheimlich, und die Nissen rütteln an den Flügeltüren...“[91], heißt es in einem Brief an Mommsen. Und diese Selbstverständlichkeit macht denn auch den poetischen Reiz im „Schimmelreiter“ aus: wie da Wasservögel zu Meergespenstern werden, Trin’ Jans das Wasserweib erblickt und im Nebeldunst einer Meeresnacht aus Pferdeknochen das weiße Roß aufsteigt. Storm trifft genau den Ton, in dem die Menschen an der Küste auch das Übersinnliche als ganz ‚natürlich‘ nehmen. Und diesen Ton verdankt er zweifellos jenen Jahren, als er mehr Sagensammler als Dichter war.

Der Sagensammler erlebt allerdings ein halbes Fiasko.

Erste Kostproben aus den schon gesammelten Beständen werden veröffentlicht. Sie erscheinen im Volksbuch des Friedrichstädter Pastors Karl Biernatzki. Noch sind Storm und Mommsen voll Enthusiasmus. Sie kündigen Fortsetzungen an und rufen zur Mitarbeit auf. Wenigstens einer meldet sich: Karl Müllenhoff aus Kiel, im gleichen Alter wie die beiden Freunde und selbst schon ein erprobter Sagensammler.

Die Begeisterung über den neuen Mitarbeiter dauert nicht lange. Müllenhoff ist Germanist, ein Profi, der dem vergnügten Dilettantismus der beiden angehenden Dichter mit der arroganten Besserwisserei des gestandenen Fachmanns entgegentritt. Oder liegt es wieder einmal daran, daß Müllenhoff aus einer Dithmarscher Familie stammt? Zum Husumer Storm, zum Gardinger Mommsen will sich jedenfalls kein rechter freundschaftlicher Kontakt einstellen. Dafür mehren sich die Spannungen. Niemand bleibt dem anderen viel schuldig.

Storm will es wohl auf den Bruch ankommen lassen. Mommsen, der Besonnenere, wiegelt ab: „Ich könnte Ihnen, wenn ich Sie hier hätte, Beweise vorlegen, daß ich schwerere Opfer als diese dem guten Zweck gebracht und die gehässigsten Insimulationen niedergeschluckt habe, weil ich M.s Tüchtigkeit für die Arbeit erkannte ..." Er schlägt vor: „Gehen Sie auf meinen Plan ein – wir dreie zum Sammeln verbündet. M. allein Redacteur, sein Name also allein auf dem Titel ..." Und als Schluß: „Geben Sie ihm Ihr Material und damit gut ..."[92]

So geschieht es denn auch.

1845 legt Karl Müllenhoff seine „Sagen, Märchen und Lieder der Herzogthümer Schleswig, Holstein und Lauenburg" vor. Storms Name blinkt gerade noch in Fußnoten als „Herr Storm", „Advokat Storm" oder schlicht „Storm" auf. Von Mommsens Beitrag ist gar nichts zu erfahren. Wir wissen also nicht, wie eine nur von ihnen besorgte Sagensammlung ausgesehen hätte, und beide gehen nicht als Sagensammler in die Literaturgeschichte ein, vielleicht zu beider Glück.

Mommsen wird der große Historiker, dessen Werk schließlich ein Nobelpreis krönt. Storm aber hat nun in die Geschichte seines Landes hineingehorcht und ihre feinsten, untergründigsten Schwingungen in sich aufgenommen. Für den Dichter bedeutet das ein lebenslanges Kapital.

Er hat von all den Frauen gehört, die über den Tod hinaus in der Einsamkeit ihrer Hallighäuser oder Marschgehöfte dem draußen der Natur ausgelieferten Mann die Treue halten, und wird diesem Frauentyp in der Gestalt der Elke ein Denkmal setzen. Er weiß von ruhelosen Wanderern, die wie sein Schimmelreiter auf ewig durch die Sturmnacht irren. Er hat die Geschichte vom Zigeunerkind kennengelernt, das da, als ‚Lebiges' im Deich begraben, aus der Gruft noch ruft: „Ist nichts so weich als Mutters Schoß ...", und es ist wohl diese Geschichte, auf die Elke in ihrer Erinnerung anspielt.

Dies alles dringt in des Dichters Phantasie, und wohlig, nur mit halbem Grauen, überläßt er sich diesen Bildern: „Sie müssen wissen, meine Stube ist, wie es hier im Hause heißt, gewaltig unruhig, und wahr ist es, es kracht

und flüstert mitunter wunderlich, als wenn die Nacht mit tausend Zungen spräche, und von Zeit zu Zeit fällt ein schwerer Seufzer zu Boden ...“[93]
Eines allerdings hört Storm in diesen Jahren nicht: den Hufschlag seines Schimmelreiters.
Einmal könnte es fast so weit gewesen sein. In Müllenhoffs Sagensammlung erscheint auch die Geschichte vom Dünenmann, die hier als Beitrag Hansens ausgewiesen ist. Doch wissen wir, daß der Kontaktmann zu Hansen in erster Linie Storm war. Also dürfte er diese Sage Müllenhoff geliefert haben.
In einer dazugehörenden Fußnote jedoch heißt es: „In Lauenburg: Ein Deichgraf reitet den Deich an der Elbe entlang um nachzusehen. Man zwingt ihn in die Fluthen hinein zu reiten. Seitdem sieht man ihn allnächtlich auf seinem weißen Pferde ...“[94]
Die Frage stellt sich, ob dieser Zusatz von Müllenhoff stammt, ob ihn Hansen gleich mitgeliefert oder ob gar Storm selbst ihn bei der Weitergabe der „Dünenmann“-Sage hinzugefügt hat. Bestimmt hat er sie aber dann bei Müllenhoff gelesen. Doch damit endet auch wieder diese Spur, und nichts spricht dafür, daß Storm in späterer Zeit doch noch auf eine nordfriesische Sage stieß, die ihm Modell hätte sein können. Es bleibt bei den vagen Hinweisen auf die angebliche Erzählung der Lena Wies, auf die Geschichte, die er ‚als Knabe‘ las, auf das Wochenblatt, das er nicht mehr hat finden können. Und als in den siebziger Jahren unseres Jahrhunderts Reimer Kay Holander für seine Dokumentation „Der Schimmelreiter. Dichtung und Wirklichkeit“ noch einmal den mythologisch-historischen Hintergrund des Stoffs durchforscht, kommt auch er zum Schluß, daß sich zwar in der Sagenwelt der Nordseeküste eine Reihe von Motiven findet, aus denen sich mit einigem Geschick Parallelen zum „Schimmelreiter“ ableiten lassen. Doch die Geschichte, wie sie dann Storm geschrieben hat, ist in diesem Umkreis nicht auszumachen.
Dennoch hält sich mit erstaunlicher Hartnäckigkeit bis heute das Gerücht, Storm hätte einen authentischen Friesen-Stoff als Vorlage benutzt. Noch 1981 begegnete ich einem Heimathistoriker, der verwundert und beinahe gekränkt reagierte, als ich ihn auf die spätestens seit Holanders Buch als gesichert geltende Auffassung hinwies, bei seinem nordfriesischen Nationalepos hätte sich Storm keines hierzulande bekannten Vorwurfs bedient. Doch muß es bei Storms eigenem Fazit aus dem Jahr 1843 bleiben: „Der Schimmelreiter ... gehört leider nicht zu unserm Vaterland.“
Einen anderen Hufschlag jedoch scheint Storm sehr wohl vernommen zu

haben. Er wird ein Leitmotiv seiner Novelle sein. Der erste Hinweis findet sich bereits im Titel.

Ohnehin fällt auf, wie rasch Storm bei gerade diesem Stoff, der ihm im übrigen so viel Mühe machte, den endgültigen Titel fand. Schon Mommsen gegenüber hatte er 1843 nur vom „Schimmelreiter" gesprochen, und in den Briefen an seinen Verleger trägt bereits im Dezember 1885 die angekündigte „Deich- und Sturmfluthnovelle" die Überschrift „Der Schimmelreiter". Das also steht für Storm von Anfang an fest. Blättert man aber in einem Nachschlagewerk seiner Zeit, etwa in Joseph Meyers 1890 neu aufgelegtem „Großen Conversation-Lexikon für die gebildeten Stände", so ist dort zwar von der Storm-Novelle noch keine Rede. Wohl aber findet sich das Stichwort „Schimmelreiter". Und dahinter wird vermerkt: „Im deutschen Volksmund so viel wie Wotan".

Der Storm-Held – eine Wotan-Variante?

Germaniens altem Göttervater, einäugig und rabenumkrächzt, hatte die Christianisierung übel mitgespielt. Man ließ ihn nicht leben, aber auch nicht sterben. So ist er denn in der Volkssage zum ewig ‚Wilden Jäger' geworden, ein archetypischer Wiedergänger auch er, nun mit teuflischen Zügen, aber auch ein Bote nahender Kriegsgefahr, wo immer er sich zeigt, auf weißem Roß, in flatternd schwarzem Mantel: eigentlich schon das Bild des ‚Schimmelreiters' Hauke Haien, wie ihn Storm gleich in der ersten Szene beschreibt.

Die mythologische Dialektik seiner Deichnovelle wird damit verzwickt. Denn erinnern wir uns: Hauke Haiens Tod läßt sich durchaus im Sinn eines Wotan-Opfers deuten. Nun ersteht er wieder als Wotan-gleiche Gestalt, als ein Gegenstück zum Wilden Jäger, das zwar nicht vor Kriegsgefahr, dafür aber vor ebenso gefährlichen Sturmfluten und Deichbrüchen warnt. Er ist zum Nachtspuk geworden. Aber dieser Nachtspuk bewirkt Gutes – wie eben auch der zum ‚Wilden Jäger' degradierte Göttervater.

Hat sich also Freidenker Storm im „Schimmelreiter" den hintergründigen Spaß erlaubt, in der Gestalt des Hauke Haien den alten Heidengott in seine Heimat zurückzuholen und ihn zum heimlich-nächtlichen Beschützer dieser „spät und oberflächlich christianisierten Sphäre" (Thomas Mann) zu machen? Bergen Aufstieg und Untergang des Stormschen Deichgrafen auch die Aussage, Titanen könnten zwar scheitern, aber nicht eigentlich zerstört werden? „Der Schimmelreiter" – auch eine atheistisch-aufgeklärte Hommage an jene Zeit, als Storms Heimat noch nicht im geistigen Besitz der von ihm abgelehnten Christenpriester war?

Ein doppelter Boden dieser Art tut sich bereits auf, wenn Storm dem noch lebenden, dem so ‚vernünftigen' und in seiner Art durchaus gottesfürchtigen Hauke Haien mit dem Schimmel einen Gefährten zuweist, der an die heiligen Pferde des heidnisch-germanischen Wotankults erinnert: „Er gab seinem Pferd die Sporen, daß es wie toll in den Koog hinabflog. Von dem unheimlichen Glanze freilich, mit dem sein früherer Dienstjunge den Schimmelreiter bekleidet hatte, wußte er selber nichts ..."

Storm selbst, in lächelnder Unergründlichkeit, entzieht sich jeder eindeutigen Antwort. Er gleicht hierin dem Schulmeister der Rahmenhandlung, der zwar die Spukgeschichten der „dummen Drachen" belächelt, den Spuk selbst jedoch immer wieder anklingen läßt und dabei um faustdicke Gruselwirkungen nicht verlegen ist. Und auch Storm selbst schreibt mit dem „Schimmelreiter" seine Horror-Story gleichsam nebenbei. Im Vordergrund steht anderes: der Deichbau und seine Geschichte. Ihm gehört denn auch das letzte Bild der Novelle, als der Reisende über den Hauke-Haien-Deich sicher und in hellem Sonnenlicht der Stadt entgegentrabt.

So hat sich denn Storm für diese Dichtung nicht „dumme Drachen" als Berater geholt, sondern einen Fachmann wie Baurat Eckermann. Diesmal hockt er nicht bei hexenhaften alten Weiblein, sondern prüft Dokumente, studiert Karten, läßt sich vom Schicksal bedeutender Deichbauer erzählen. Und es ist diesmal auch nicht Nordfrieslands Sagenwelt, aus der er seine Materie schöpft. Er findet sie in der Entwicklung des Deichbaus – und dort auch ein erstes mögliches Hauke-Haien-Modell, in jener Zeit, als für die Landgewinnung ein neues Kapitel anfing, die Holländer in das Land der Marschen kamen und das Geschäft mit den Deichen begann.

III. Kapitel

Das Geschäft mit den Deichen

„Sie glauben nicht,
Frau Cousine,
wie erquicklich es ist,
sich einmal
in einer anderen Gewalt
zu fühlen als in der
unserer kleinen
regierungslustigen
Mitkreaturen!"

Theodor Storm in „Eine Halligfahrt", 1871

Wer nicht will deichen...

Am Deich stehen sich Fürst und Bauer gegenüber.
Der Fürst greift zum Spaten. Er sticht ihn ins Erdreich. Der Bauer rührt sich nicht. Eine erste Schaufel Erde fliegt zum Deich hinauf. Der Bauer hat sich noch immer nicht gerührt. Der Fürst legt den Spaten beiseite. Er sieht den Bauern an. Der ist jetzt sehr blaß geworden. Hat er nicht zuvor geschworen, einem jeden den ‚Hals entzwei' zu schlagen, der an seinen Boden rührt? Und nun ist es sein Herzog gewesen, der den ersten Spatenstich getan hat.
Der Fürst lacht: „Matz Lützen, noch lebe ich!" Der Bauer schleicht sich fort. Sein Fürst ist Sieger geblieben.
Diese Geschichte, wenn nicht wahr, so doch wieder einmal gut erfunden, spielt um 1511. Bauer Matz Lützen verschwindet danach gleich wieder im Nebel anekdotenhafter Überlieferung, und romantische Gemüter wollen lediglich wissen, daß er später mit seinem Fürsten gut Freund geworden ist und ihn sogar als Gast in seinem Haus aufgenommen hat. Dieser Fürst aber, Friedrich I., bleibt lange im Gedächtnis der Nordfriesen.
1490 war Friedrich, jüngerer Bruder des dänischen Königs, Herzog von Schleswig geworden, eine volkstümliche Erscheinung, bauernschlau und tatkräftig. Politisch hält es der allseits beliebte Mann mehr mit dem Adel, anders als sein Neffe, König Christian II., ein ausschweifend arroganter Borgia-Typ und so anmaßend, auch für die Rechte des einfachen Mannes einzutreten. Er ist denn auch nicht sehr beliebt. Entsprechend verläuft beider Karriere: Christian II. wird 1523 verjagt. Der gute Onkel folgt ihm auf dem Thron. Doch bis dahin vergehen noch etliche Jahre. Einstweilen kümmert sich Friedrich I. um sein Schleswiger Herzogtum.
Er kümmert sich intensiv. Besonders interessiert ihn der Deichbau. Er ist der vielleicht erste Landesherr überhaupt, der Küstenschutz und Landgewinnung zu seinem ganz persönlichen Anliegen macht. Denn zwar sind auch zuvor Fürsten gelegentlich in die Marsch hinuntergeritten und haben Deiche inspiziert. Doch ebenso rasch, zur Erleichterung der Nordfriesen, verschwanden sie auch wieder. Ihre Rolle war passiv geblieben, und am ehesten hatten sie noch die Einnahmen interessiert, die sich aus den Harden pressen ließen. Unter Friedrich I. ändert sich das.
Auch ihn interessieren nur die Einnahmen und nicht die Menschen in der Marsch. Aber er will diese Einnahmen gesichert und gesteigert wissen, durch Deichbau und Landgewinnung. Schon hat er große Pläne.

Er bereist die Marschen. Er kommt in die Wiedingharde, jenes Gebiet nördlich von Föhr, das die Große Manndränke vom Festland riß. 1436 wurde es eingedeicht, wie es die Seherin Hartje prophezeit hatte. Doch dem Herzog imponiert dieser ‚goldene Ring' nicht. Seine Befehle ergehen. Noch in diesem Jahr müssen die Deiche ausgebessert werden. Sonst drohen härteste Strafen. Friesland erschauert. Einen solchen Ton ist man bisher von den Mächtigen nicht gewöhnt. Er klingt gefährlicher als jedes Sturmgeheul.

Die herzogliche Planung führt noch weiter. Jetzt soll die Wiedingharde wieder mit dem Festland verbunden werden. Die Nordfriesen reagieren in erschrockener Abwehr. Matz Lützens Drohung dürfte damals in vielen Friesenhäusern zu hören gewesen sein. Und dieser Herzog wird eine immer unheimlichere Gestalt, eine Bedrohung nahezu.

Er macht keine üble Figur, wenn er mit großem Gefolge, die Gemahlin an seiner Seite, durch die Marschen reitet, in Bauernhäusern übernachtet und dabei selten um einen Witz, ein kräftiges Scherzwort verlegen ist. Ein Mann, der zupacken kann und die Sprache derer versteht, die er regiert: Das sind Eigenschaften, die der Nordfriese durchaus zu schätzen weiß. Eines aber schätzt er gar nicht: wenn sich ein Fürst in die Probleme des Deichbaus mischt. Und die dumpfe Ahnung geht um, daß mit diesem Mann für die Utlande eine ganz neue Zeit gekommen ist.

Von allen Zeitläuften scheinbar unberührt, unverändert durch Jahrhunderte liegen die Marschen unter grauem Nordsee-Himmel und machen dem Namen ‚Utlande' alle Ehre: Nichts anderes scheint hier zu gelten als die ständige Drohung der Sturmfluten, in deren schmuckloser Reihenfolge sich Nordfrieslands Geschichte weiterhin erzählen läßt – 1491 eine Sommerflut, die die gesamte Kornernte vernichtet hatte, zuvor große Fluten jeweils am 16. Oktober in den Jahren 1474, 1476, 1477 und 1483, danach noch katastrophale Überschwemmungen in den Jahren 1501 und 1508. Und mit jeder dieser Zahlen verbindet sich das gleiche Bild: sterbende Menschen, ertrinkendes Land, Vieh, das in Panik zur Geest hinaufgetrieben wird, in der Flut versinkende Häuser, weggerissene Deiche, neu in den Boden gebrochene Wehlen...

Dagegen, ebenso schmucklos, die Reihe neuer Deichbauten, neugewonnener Köge: Ein rundes Dutzend wird es im 15. Jahrhundert sein, über zwanzig sind es im 16. Jahrhundert, und um 1566 entsteht das stolzeste Werk, der über achttausend Hektar umfassende Gotteskoog zwischen Wiedingharde, Karrharde und Bökingharde, die bis dahin größte Fläche, die den Friesen auf einmal einzudeichen gelang, gleichsam des Menschen Antwort auf die große Manndränke zwei Jahrhunderte zuvor.

Hier geht Land verloren, dort wird es zurückgewonnen – das ist der altvertraute Rhythmus. Alles andere scheint nicht zu zählen. Die immer unruhiger, wechselvoller werdenden Entwicklungen im übrigen Europa, der große Aufbruch in eine neue Zeit, der sich um 1500 vollzieht – was berührt davon die Welt hinter den Deichen?

Denn das Wort von den ‚Utlanden' war ja immer schon noch etwas anders als nur ein geographischer Begriff. Er bezeichnet auch ein historisch-politisches Selbstverständnis, das mit allergrößter Gelassenheit auf alle Änderungen jenseits der Köge und Harden reagiert. Man lebt eben ‚außen', in einer Welt für sich. Der Rest ist nur Geest.

Schon 1435 waren die Harden ein Teil des Herzogtums Schleswig geworden. Ein Vierteljahrhundert später war dann der seit den Tagen Heinrichs des Löwen wütende Streit zwischen Dänen und Schauenburgern um die Vormacht in Schleswig und Holstein entschieden worden. 1459 starb der letzte Schauenburger, und im Jahr darauf wurde Christian I., König von Dänemark und Vater Herzog Friedrichs, zum neuen Grafen von Holstein und Herzog von Schleswig gewählt. 1544 wiederum wird das Schleswig-Gottorper Herzogtum entstehen, mit eigenem Fürsten, aber mit Dänemarks König als Oberlehnsherr. Den Friesen ist das gleich, auch wenn sich nun die Grenzen der neuen Machtbereiche quer durch ihr Land ziehen und der eine Teil Nordfrieslands zu Dänemark, der andere, vor allem die drei Eiderstedter Harden, zu Gottorp gehört.

Man hat jetzt eben seinen König im fernen Kopenhagen oder seinen Herzog im auch nicht allzu nahen Gottorper Schloß an der Schlei. Damit läßt sich leben. Und wenn sich diese neuen Herren an die alten Privilegien halten und begreifen, daß eine so besondere Bürde wie der Deichbau auch besondere Rechte verlangt, hat alles seine Richtigkeit. So rächt (oder bewährt) sich wieder einmal, daß die Nordfriesen nie zu einer politischen Einheit gefunden haben. Denn anders als der Nachbar Dithmarschen, der erst eigens in blutigen Kämpfen niedergezwungen werden muß, haben die Friesen nicht den Status einer freien Bauernrepublik zu verteidigen. Sie streiten um Rechte, nicht um Recht. Sie wollen nicht Freiheit, sondern Freiheiten. Sind die gesichert, kann alles weitergehen wie bisher.

Aber es geht nicht weiter wie bisher.

Der Deichbau, Nordfrieslands Lebensnerv, gerät nun zunehmend in den Griff landesherrschaftlicher Obrigkeit. Und auch diese Obrigkeit hat sich

geändert. Friedrichs I. rigoros zupackendes Regiment bietet dafür nur einen ersten Vorgeschmack.
In Spanien wurde das Modell geschaffen. Im Frankreich Richelieus und Ludwigs XIV. wird sie vollendet: die neue Staatsform des Absolutismus. Alle Macht der Krone: Das ist seine Devise. Also fort von der bisherigen Zersplitterung, hin zu zentralistisch ausgeübter Gewalt - das klingt sehr modern und logisch. Das hat auch viele Vorteile. Doch bleibt ein großer Nachteil. Denn anders als das von der Lehenswirtschaft getragene, praktisch sich selbst finanzierende Feudalsystem ist der Absolutismus eine ungemein kostspielige Regierungsform. Zentrale Macht will schließlich verwaltet sein, und Verwaltung braucht wiederum ihre Beamten. Sie kosten Geld. So sind denn die absoluten Herren, auch in Schleswig, in permanenten Geldnöten. Und permanent sehen wir sie auf der Suche nach neuen Geldquellen.
Da aber liegen nun an Schleswigs Westküste die Marschen, dieses fette, fruchtbare Land. Dort gibt es um diese Zeit als großen Umschlagplatz die aus zwei Dörfern zusammengewachsene Stadt Husum, die ‚Häuserstelle', was ‚Husum' auf friesisch heißt, und sein Hafen hat eine Bedeutung erlangt, die selbst für Hamburg zur ernsthaften Konkurrenz wird. So ist zwar Rungholt nicht wieder in altem Glanz aufgetaucht, wie die Sage prophezeit. Doch in Husum hat Frieslands Traumstadt ihre Nachfolgerin gefunden, mit sechstausend Einwohnern eine der größten Städte im Norden überhaupt. Stadt und Hafen erleben ihre erste Blütezeit.
Denn dort laufen nun die Schiffe aus den Niederlanden ein, mit niederländischer Ware. Kehren sie aber über das ‚Friesenmeer', die Nordsee, wieder in ihre Heimat zurück, führen sie den Reichtum der Marschen an Bord: Vieh, Salz, Agrarprodukte. Der Handel rentiert sich. Nordfriesland wird reich. Schon geht das stolze Wort um, in den Häusern der Utlande gäbe es mehr Silber als gewöhnliches Erz.
Man hört das gern. Die Landesherren mit ihren chronisch leeren Kassen hören das sogar besonders gern. Hier setzen ihre Überlegungen ein. Je mehr Deiche gebaut, mehr Land dem Meer abgerungen und fruchtbar gemacht werden kann, desto größer werden die Gewinne bei den Handelsgeschäften sein. Und die herzoglichen Geldtruhen können sich wieder füllen.
Es ist also nicht eine Laune großer Herren, wenn sich Männer wie Friedrich I. und später seine Nachfolger in Gottorp und Kopenhagen zunehmend um die Landsicherung kümmern. Vor allem sichern sie damit die eigenen

Kassen. Und damit ist der eine große Schritt getan: Der Deichbau ist nun nicht mehr Ausdruck des Überlebenskampfes unmittelbar Betroffener. Er gerät jetzt in die Zwänge des absolutistischen Beamtenstaates. Friso litora fecit? Der Fürst ist es, der ihm jetzt das Land schafft – mit Unterstützung seiner Beamtenschaft.

Der Kampf mit dem Meer geht weiter. Nur sein Gesetz hat sich geändert. Weiterhin hocken die Menschen furchtsam in ihren Häusern, wenn von der See her die Herbststürme über ihr Land brausen, und murmeln den alten Friesenspruch: „Wat brüllt de Storm? De Minsch is'n Worm! Wat brüllt de See? 'n Dreck is he!“ Den neuen Herren, in ihren Schlössern zu Gottorp oder Kopenhagen sicher vor der Nordsee-Flut, ist solch gottergebene Demut fern. Und die Geschichte vom Herzog Friedrich und dem Bauern Matz Lützen gewinnt gleichnishaften Charakter:

Am Deich stehen sich Fürst und Marschbauer gegenüber. Der Bauer will überleben. Ihm genügt es, wenn sein Land gesichert ist. Dem Fürsten genügt das nicht. Er will verdienen. Dafür braucht er neues Land. So können sie nicht Freunde sein. Der Bauer muß fürchten, zu Recht, daß die fürstlichen Planungen seine Kräfte überfordern. Der Fürst argwöhnt, zu Recht, der Bauer widersetze sich bewußt neuen Projekten. Also braucht er ein Instrument, um den latenten Widerstand zu brechen und die Kräfte an der Küste in seine Bahn zu lenken. Er wird es finden. Er bringt das Deichrecht unter seine Kontrolle.

Dafür setzt ein erstes Signal der 21. Juli 1556.

An diesem Tag ruft der Gottorper Herzog Johann, jüngerer Bruder des dänischen Königs, einen Kreis tüchtiger Deichbauer zusammen. Was er von den Männern verlangt, klingt eigentlich sehr vernünftig. Endlich einmal soll aufgeschrieben werden, was hier an der Küste bei Deichbau und Landerhaltung Gewohnheitsrecht ist. Von keinerlei Neuerung ist dabei die Rede. Es geht allein um den Status quo, wie er sich seit Jahrhunderten herangebildet und bewährt hat. Die Männer, siebzehn an der Zahl, können dazu nur zustimmend nicken. Sie gehen an die Arbeit.

Sie brauchen fast ein Jahr. Dann liegt das sogenannte ‚Spadelandrecht‘, vor, das Recht für die am Meer mit dem Spaten abgerungenen Länder. So steht nun geschrieben, was beim Deichbau Recht und Pflichten sind: Verantwortlichkeit des einzelnen für ein bestimmtes Stück Deich, Aufsichtspflicht der Deichrichter, Verpflichtung zur Nachbarschaftshilfe. Kann oder will aber einer seiner Pflicht nicht mehr genügen, steckt er den Spaten in den Deich. Das ist seine Bankrotterklärung. Sein Besitz gehört nun nicht mehr ihm, so wie er ihm auch abgesprochen werden kann, wenn er seine Deichpflichten nicht erfüllt hat. Über allem aber steht, unausgesprochen, das eine Wort: „Wer nicht will deichen, der muß weichen". In Klarschrift: Wer diesem Land nicht gewachsen ist, hat dort auch kein Lebensrecht. Er muß es verlassen. Der Deich ist wichtiger als der Mensch. Er ist das Maß aller Dinge im Spadeland.

Das war eigentlich immer schon der Fall. Und doch hat sich etwas Entscheidendes geändert: Die Gebote des Deichbaus, so drakonisch sie waren – sie waren doch von unmittelbar betroffenen Menschen gemacht, denen es um ihr eigenes und aller Überleben ging. Jetzt sind es die Gebote einer anonymen Obrigkeit, die ihren Beamten mit dem niedergeschriebenen und abgesegneten Spadelandrecht ein allzeit gültiges Instrument an die Hand geben, das einst freie Friesland zu kontrollieren und obrigkeitsstaatlichem Denken zu unterwerfen. Und im Munde dieser Obrigkeit gewinnt auch das „Wer nicht will deichen"-Prinzip einen neuen, gefährlichen Klang. Denn mit größter Selbstverständlichkeit nimmt nun der Souverän für sich in Anspruch, darüber zu entscheiden, wem eigentlich das noch nicht bedeichte, dem Meer noch nicht abgerungene Land gehört: allein ihm selbst. Und im Jahr 1612 bestimmt der Gottorper Herzog Johann Adolf im „Corpus statutorum Slesvicensium", „daß die Flumina und also auch derselben Ripae inter Regalia zu rechnen sind und höheren Obrigkeit zuständig seyen. Das Ufer aber, so außerhalb der Deiche bleibt und was demselben ferner anwachset, vor der hohen Obrigkeit Regale, gleich dem Strom zu achten." Wiederum in Klarschrift: Über allen neuen und neuzugewinnenden Boden verfügt der Landesherr. Er ist auch Herr über das Land unter dem Wasser.

Das greift nun tief in die Grundlage friesischer Existenz.

Denn über Jahrhunderte hin war es selbstverständliches Gewohnheitsrecht gewesen, daß das Land vor dem Deich moralisch im Besitz der Anwohner war. Sie hatten es nur einzudeichen brauchen, um auch de facto seine Herren zu sein. Jetzt ist de facto wie de jure der Landesfürst der Eigentümer. Und er erhebt in der Folge auch gleich den Anspruch, über die Weitergabe seines Eigentums als einziger zu verfügen und es gegebenenfalls an den Meistbietenden weiterzuverkaufen. Das Land unter dem Meer ist damit zur Ware geworden.

Vor diesem Hintergrund etabliert sich nun die Deichbürokratie von des Herzogs Gnaden. Und ihr bekanntester Vertreter wird von jetzt an der Deichgraf sein.

Woher der Titel stammt, bleibt unbekannt. Vermutlich kommt er aus dem Holländischen und wird Anlaß für manch amüsanten Irrtum sein. Als beispielsweise im 19. Jahrhundert der nordfriesische Abenteurer Harro Harring in zaristischen Militärdienst treten will und dafür ein Adelsprädikat vorzeigen muß, wird er auf das Deichgrafenamt seines Vaters verweisen. Prompt wird er akzeptiert, der vermeintliche Grafensohn. Doch wenn auch zu vermuten steht, daß sich in der Formulierung dieses Titels sehr bewußt an die Grafen des Mittelalters als Stellvertreter ihres königlichen oder herzoglichen Herrn angelehnt und die Bedeutung dieses Amtes auch verbal unterstrichen werden soll: Mit aristokratischen Würden im eigentlichen Sinn hat das Deichgrafenamt nichts zu tun.
Der Deichgraf ist vom Status her ein Mittler: zwischen der Obrigkeit, die wiederum der Oberdeichgraf repräsentiert, und der durch die Deichgevollmächtigten vertretenen Kooggemeinschaft. Unklar bleibt dabei, wer im einzelnen diesen Deichgraf wählt, der letztlich Beamter seines Fürsten ist. In der allerersten Zeit, als im 16. Jahrhundert der Titel erstmals in Urkunden erwähnt und im frühen 17. Jahrhundert zunächst im Gottorper Raum etabliert wird, dürfte der Deichgraf unmittelbar vom Herzog eingesetzt sein. Später müssen die Formen sich gemischt haben, und der Mechanismus des Gewohnheitsrechts tritt in Kraft: Zum Deichgrafen wird berufen, wer ‚Kleie unter den Füßen' hat, also der reichste Mann der Kooggemeinschaft, ein Friese, der Sprache und Eigenart seiner Landsleute kennt. Aber das ändert nichts daran, daß ein Deichgraf zunächst einmal Repräsentant der Obrigkeit ist, fast uneingeschränkt in Vollmacht und Befehlsgewalt, mit dem Segen seines Fürsten versehen.
Auch im „Schimmelreiter" bleibt im letzten unklar, wer eigentlich Hauke Haien als Deichgraf einsetzt. Der Oberdeichgraf fordert zunächst Jewe Manners auf, und als die Rede auf Hauke kommt, winken andere ab: Mit solch geringem Besitz ist dort noch niemand Deichgraf geworden. Erst Elkes Einspruch sichert ihm das Amt, und offen bleibt, wer darüber letztlich zu verfügen hat. Klar ist hingegen etwas anderes: daß Hauke Haien fest im Bund mit der Obrigkeit steht. Und vor diesem Hintergrund verliert seine Rolle als einsamer Außenseiter einiges von ihrem düsteren Glanz.
Er ist der Favorit des Oberdeichgrafen. Dorthin schickt er zunächst seine einsam ertüftelten Pläne, von denen die betroffene Kooggemeinschaft noch nichts weiß. Die Obrigkeit erteilt ihm die Genehmigung zum Deichbau, bejaht das neue Deichprofil als erste zuständige Instanz. Die Kooggemein-

schaft steht vor vollendeten Tatsachen. Denn nun erst beruft Hauke Haien die Versammlung der Deichgevollmächtigten ein. Und nach seinen eigenen Worten ist der Deichbau schon „ein Ding, das nicht mehr zu ändern steht".

...im Kruge oben bei der Kirche waren eines Tages alle erschienen und hörten zu, wie er ihnen die Hauptpunkte aus den bisher erwachsenen Schriftstücken vorlas: aus seinem Antrage, aus dem Bericht des Oberdeichgrafen, zuletzt den schließlichen Bescheid, worin vor allem auch die Annahme des von ihm vorgeschlagenen Profiles enthalten war, und der neue Deich nicht steil wie früher, sondern allmählich verlaufend nach der Seeseite abfallen sollte; aber mit heiteren oder auch zufriedenen Gesichtern hörten sie nicht.

„Ja, ja", sagte ein alter Gevollmächtigter, „da haben wir nun die Bescherung, und Proteste werden nicht helfen, da der Oberdeichgraf unserm Deichgraf den Daumen hält!" „Hast wohl recht, Detlev Wiens", setzt ein Zweiter hinzu; „die Frühlingsarbeit steht vor der Tür, und nun soll auch ein millionenlanger Deich gemacht werden – da muß ja alles liegen bleiben."

In den wenigen Sätzen scheint in ihrem ganzen Umriß die Deichbau-Situation auf, wie sie sich vom Spadelandrecht an bis zum 18. Jahrhundert, in dem die Storm-Novelle spielt, entwickelt hat: als eine Angelegenheit der Obrigkeit, deren Lasten die Untertanen tragen müssen. So stehen im „Schimmelreiter" nicht nur der einzelne gegen ein Kollektiv, Einsicht gegen Unvernunft, Erkenntnis gegen Aberglauben. Hier hat sich auch einer zur Durchsetzung seiner Pläne mit dem Staat gegen die verbündet, die diese Pläne nun ausführen müssen. Daß dieser Staat in der Gestalt des Oberdeichgrafen zu ihm hält, ist nicht verwunderlich. Er steht immer auf der Seite derer, die ihm neue Gewinne versprechen, und Hauke Haien – Storm flicht das beiläufig, aber treffend ein – wird denn auch nicht versäumen, bei seiner „Eingabe an den Oberdeichgrafen zur Befürwortung an höherem Ort" zum einen zwar die „Förderung des öffentlichen Besten, insonders des Koogs", zum anderen aber auch und vielleicht noch nachdrücklicher die Förderung „der Herrschaftlichen Kasse, da höchstderselben in kurzen Jahren die Abgabe von zirka tausend Demath daraus erwachsen würde", gebührlich herauszuheben. Das einsame Genie kennt eben die Mechanismen seiner Zeit. Es steht nicht mit dem Teufel, wohl aber mit den Fürsten im Bunde. Für Herren wie Friedrich I. und Nachfolger ist ein Hauke Haien der Idealpartner. Für die von ihm befehligte Kooggemeinschaft ist er es nicht: „Die Frühlingsarbeit steht vor der Tür". Hauke Haien wird von diesen Leuten nicht grundlos so gehaßt.

Mit sicherem Griff deckt Storm hier die Grundkomponente im Deichbau des absolutistischen Zeitalters auf: den Drang der einen nach immer mehr Gewinn und neuem Land; die Angst der anderen, den Pflichten des Deichbaus nicht mehr gerecht werden zu können, über die nun im Zeichen des Spadelandrechts strenger denn je gewacht wird.
Im Frühjahr, nach den Winterstürmen, werden die Deiche geprüft und die nötigen Reparaturen angeordnet. Im Sommer aber brechen Amtmann und Deichinspektoren zur großen Deichschau auf. Brav hat ein jeder an dem Stück Deich zu stehen, für das er verantwortlich ist, den Spaten gehorsam in der Hand. Dann wird gelobt und getadelt. Dann erwarten die Saumseligen hohe Strafen, bis zum Tod am Strang. Und es bleibt der Stoßseufzer: „Nun soll auch ein millionenlanger Deich gemacht werden . . ."
Die Fürsten wollen aber diese ‚millionenlangen', vor allem viele Millionen teuren Deiche. Dabei stoßen sie allerdings an eine Grenze. Sie selber bringen diese Millionen nicht auf. Sie brauchen Partner. Sie finden sie nicht in den alten Kooggemeinschaften. Also suchen sie sich diese außerhalb der Marschen. Sie werben „Partizipanten" oder „Interessenten" an, Leute, die sich finanziell an der Gewinnung der Köge beteiligen und dafür einen „Oktroi" erwerben, das Vorrecht, dem Meer Land abzuringen, das ihnen dann ganz oder wenigstens teilweise gehört. Das Geschäft mit den Deichen fängt an. Die Kunden kommen überwiegend aus dem Ausland.
Bei Storm liest sich das anders. Dort werden zwar auch Anteile am künftigen Koog gehandelt. Doch bleibt es eine friesisch-bäuerliche Kooggemeinschaft, die unter Leitung Hauke Haiens zur Landgewinnung aufbricht. Hierbei greift Storm auf ein historisches Muster zurück, das bereits im frühen 17. Jahrhundert weitgehend, zur „Schimmelreiter"-Zeit des 18. Jahrhunderts aber gänzlich überholt ist: ein gewichtiger Anachronismus in dieser Novelle, eine wohl keineswegs unbewußte Manipulation tatsächlicher geschichtlicher Entwicklung, über deren mutmaßliche Gründe noch zu sprechen sein wird.
Einstweilen halten wir nur fest, warum es *nicht* so gewesen ist wie in der Storm-Dichtung: weil der friesische Marschbewohner mit der immer weiter ausgreifenden Deichpolitik seiner Fürsten hoffnungslos überfordert war. Sein Widerstand gegen neue, teurere Methoden der Landgewinnung wurzelte nicht nur in Engstirnigkeit und mangelnder Einsicht: Er konnte sie sich schlicht nicht leisten.
Andere jedoch können das. Sie sind die neuen Herren am Deich. Und mit diesen Männern beginnt die ‚Gründerzeit' der Deichgeschichte. Einer von

ihnen trägt „Schimmelreiter"-verdächtige Züge und könnte das erste Modell für Hauke Haien gewesen sein. Allerdings kommt auch er aus dem Ausland, von Holland her: ein Mann, genannt Rollwagen.

Ein Mann, genannt Rollwagen

Diesen Mann hat es nie gegeben.

Es gab ihn jedenfalls nicht so, wie er durch die Überlieferung geistert, als der emigrierte Niederländer und Mennonit Jan Clausen Coott, ‚Rollwagen' genannt nach der Schubkarre, deren Gebrauch er in Nordfriesland einführte, ein Deichingenieur, der die Form des abgeflachten Deichprofils zwar nicht erfunden, jedoch als erster für den nordfriesischen Deichbau übernommen hat.

So dürfte er auch Storm bei dessen Beschäftigung mit der Deichgeschichte vertraut geworden sein, als der Mann, dessen Deich „durch sonderliche verdingete Tagelöhner mit Schuffkarren aufgeführet und in eine gar flache Form gebracht worden" ist, „damit daß Wasser an dem Teiche soviell weiniger Schaden thuen und man keine sonderlichen Bollwerke mit schweren Unkosten halten darf", wie es in einem kommissarischen Bericht des frühen 17. Jahrhunderts heißt.

Storm konnte das genügen.

Für den „Schimmelreiter" hatte er jetzt das Moment gefunden, mit dem vom Spuk des nächtlichen Geisterreiters eine Brücke zur realen Deichgeschichte geschlagen werden konnte, zur Einführung des abgeflachten Deichprofils als der zentralen Leistung in der gesamten modernen Deichwesenentwicklung überhaupt – und so konnten sie denn miteinander verschmelzen: Storms erfundener Deichgraf Hauke Haien und der historische Deichbaumeister Rollwagen, Autodidakt der eine, ein schon von seiner holländischen Heimat her mit allen Deichbaukünsten vertrauter Fachmann der andere.

Was jedoch Storm nicht wußte und was überhaupt erst 1980 Dieter Lohmeier im Nordfriesischen Jahrbuch („Rollwagen-Claußen-Coott") anhand von Aktenmaterial aus dem Schleswiger Landesarchiv rekonstruieren sollte: daß bereits dieser Coott, genannt Rollwagen, ein Homunkulus war, in der Überlieferung zusammengesetzt aus wenigstens drei, wenn nicht vier voneinander ganz verschiedenen Personen. Sie alle waren jedoch

typisch für jene Zeit, als das große Deichgeschäft der Fürsten mit meist ausländischen Partnern begann.
Zurück also in jene Jahrzehnte, als die Landgewinnung in den Griff der absoluten Herren geriet: Um 1567 dürfte in Nordfrieslands Häusern wichtigstes Gesprächsthema gewesen sein, was sich nun wieder die Herzöge in ihrem Schloß zu Gottorp Neues zum Thema Deichbau einfallen lassen würden. Währenddessen aber fällt in einem ganz anderen Schloß, in einem anderen Teil Europas eine Entscheidung, die zunächst zwar nichts mit Landgewinnung zu tun hat, in ihren Konsequenzen aber auf Nordfriesland und seine Entwicklung entscheidenden Einfluß hat: Im Escorial zu Madrid beschließt der spanische König Philipp II., seine Cousine, die gemäßigte Margarethe von Parma, als Generalstatthalterin der spanisch regierten Niederlande abzulösen und den Herzog von Alba als neuen Generalkapitän in die immer aufsässiger werdenden Provinzen zu entsenden. Mit diesem Alba aber, dem gefürchteten Fanatiker und brutalen Militär, läßt Spaniens Herrscher seinen Bluthund von der Kette.
Hollands Menschen schreien auf in gequälter Ahnung dessen, was sie nun erwartet. Doch was braucht das die Marschbewohner hinter ihren nordfriesischen Deichen zu interessieren? Die Sturmfluten, mit denen sie zu kämpfen haben, sind von ganz anderer Art.
Von den niederländischen Seeleuten, deren Schiffe weiterhin die Häfen von Husum und Tönning anlaufen, hören sie immerhin, was sich jetzt jenseits des ‚Friesenmeeres' tut: daß dort die große Glaubensreform besonders fruchtbaren Boden gefunden hat, daß Kirchen gestürmt, Bilder von den Wänden gerissen und Priester verjagt werden. Schon bald geht es um mehr als nur um die Freiheit des Glaubens. Jetzt wollen die Niederländer endgültig fort vom spanischen Joch. Und nun zieht dort der eisenharte Alba ein.
Er herrscht wie von ihm erwartet. Rauch steigt auf, die Inquisition entzündet ihre Scheiterhaufen. In Brüssel rollen die Häupter der Grafen Egmont und Horne. Doch erreicht Alba das Gegenteil dessen, was sein Schreckensregiment bezweckt. Jetzt erst beginnt der eigentliche Abfall der Niederlande. Jetzt kämpfen die Niederländer um ihren Traum von einer freien Republik.
Allerdings setzen sich nicht alle Holländer zur Wehr.
Schon unter Philipps Vorgänger, seinem Vater Karl V., hatten sie erschrokken die Plakate gesehen, auf denen gegen den neuen Glauben gewettert wurde. Sie hatten von den Edikten gegen den neuen Glauben gehört, und

manche waren bereits damals in die Fremde aufgebrochen, fort aus ihrem Vaterland. Nun aber wird der Strom der Flüchtigen immer dichter, und viele führt ihr Weg nach Nordfriesland hinauf, über die Spur vertrauter Handelsbeziehungen in die Region der Marschen mit ihrer schon traditionell guten Verbindung zum niederrheinischen Raum.

Die Emigranten kommen nicht mit leeren Händen. Einige haben ihr Vermögen retten können und kaufen jetzt an, vor allem auf Eiderstedt. Alle aber bringen ihre Kenntnisse, Fertigkeiten, ihre Kultur mit, und so lassen sie sich nun als Händler, Handwerker, Künstler, auch als Bauern nieder. Bald schon sind sie aus der Welt der Marschen nicht mehr wegzudenken. Und unter ihrem Einfluß verändert Nordfriesland sein Gesicht.

Bisher war auf den Weiden nur Mastvieh gezüchtet worden. Jetzt führen die Holländer ihre neuen Nachbarn in die Geheimnisse der Käsezubereitung ein, und Käse wird bald eines der wichtigsten nordfriesischen Exportgüter sein. Allein im Jahr 1608 wird von Tönning aus der gottorpsche Herzoghof mit fast achttausend Pfund Käse beliefert. Der Lieferant kann zufrieden sein.

Dieser Lieferant, gebürtiger Holländer auch er, lebt nun schon seit der Jahrhundertwende in Tönning auf Eiderstedt. Der Käsehandel hat ihn reich gemacht. Doch eigentlich interessiert ihn mehr der Deichbau. Der Name dieses Mannes: Jan Clausen Coott.

Während er aber noch seinem Käsehandel nachgeht, erhält Tönning einen prominenten Bewohner. 1609 zieht im Schloß als neuernannter Generaldeichgraf ein anderer Niederländer ein, dem bereits ein großer Ruf als Deichbaumeister vorausgeht. Coott ist interessiert. Er nimmt Verbindung zu seinem Landsmann auf. Die Herren scheinen sich zu verstehen. Denn Coott wird bald schon Mitarbeiter, schließlich Partner des neuen Generaldeichgrafen. Dessen Name wiederum: Johann Claussen Rollwagen.

Es wird eine bemerkenswerte, schließlich problematische Beziehung werden, mit der ironischen Pointe, daß gerade diese beiden Männer in der Erinnerung ihrer Nachwelt zu einer Gestalt zusammenschmelzen werden. Dabei trennen sie nicht nur rund zehn Jahre Altersunterschied.

Wir wissen nicht, ob sich Coott auch schon vor seiner Verbindung mit Rollwagen mit dem Deichwesen beschäftigt hat. Im Unklaren bleiben ebenso Ort und genauer Zeitpunkt seiner Geburt, und unklar wird schließlich auch sein Ende sein. Nur eines darf als sicher gelten: Coott gehört, wie schon sein Vater, zur Glaubensrichtung der Mennoniten.

Für diese Anhänger des westfriesischen Predigers Menno Simon, der eine mehr pazifistische, auf Toleranz und Nächstenliebe ausgerichtete Spielart der militanten Wiedertäuferbewegung gelehrt hatte, war mit dem Ende der spanischen Schreckensherrschaft die Zeit der Verfolgung noch nicht abgeschlossen. Denn kaum waren Albas Truppen vertrieben und die Niederlande nun frei, als sich auch schon die Calvinisten kaum weniger intolerant zeigten als zuvor der Katholizismus. Der Strom der Emigranten hielt also an, und wiederum kamen viele nach Nordfriesland: Wiedertäufer, Remonstratenser und eben Mennoniten.

Allerdings schließt sie auch die neue Heimat nicht allzu herzlich in die Arme.

Zwar geben sich die Landesherren tolerant, besonders wenn die Neuankömmlinge etwas von Deichbau und Landgewinnung verstehen. Doch von den Kanzeln der lutherischen Kirche herab wettern die Pfarrer gegen den Irrglauben. Es kommt zu Disputen. Es kommt zu Verbannungen. Wenigstens zweimal scheint auch Coott des Landes verwiesen worden zu sein. Er ist ein prominentes Mitglied der Mennoniten-Gemeinde. Er wird ihr Sprecher und setzt auch einiges für seine Glaubensgenossen durch, so die Bestattung verstorbener Mennoniten auf dem Tönninger Friedhof. Und sein offenbar nie versagendes Mundwerk, seine hartnäckige ‚Verstocktheit' in allen Glaubensfragen bleiben den Beteiligten in schaudernder Erinnerung.

Um 1609 scheinen die Kämpfe ausgefochten zu sein. Coott kann sich wieder ausschließlich um seine Geschäfte kümmern, wozu jetzt auch das Deichwesen gehört, im Verein mit seinem anfänglichen Freund und späteren Feind Johann Claussen Rollwagen, der um diese Zeit für einige Jahre nach Nordfriesland übersiedelt.

Dieser Rollwagen oder auch Rolwaghen – es ist sein richtiger Name und kein angehängtes Beiwort – ist weder Mennonit noch Emigrant. Im Spektrum derer, die nun von Holland her den Deichbau an der nordfriesischen Küste reformieren, vertritt er einen ganz anderen Typ: zum einen den Techniker, der anders als Coott erst in zweiter Hinsicht Unternehmer ist – und als Techniker wiederum den Typ des weithin gefragten Stars, der sich gnädig dazu herbeiläßt, seine Kenntnisse in den Dienst fremder Landesherren zu stellen.

Die Landesherren aber brauchen diesen Typ.

Einen Anfang hatte Herzog Adolph gemacht, ein Sohn Friedrichs I., der zeitweilig in spanischen Diensten gestanden und sowohl für Karl V. wie für dessen Sohn Philipp II. gekämpft hatte. Dabei war er auch durch die

Niederlande gereist und hatte gesehen, wie man dort Deiche baute, besser und zuverlässiger als in der nördlichen Heimat. Hier hatte offenbar die Deichbau-Zukunft schon begonnen – und der Herzog hatte sich beeilt, nun seinerseits holländische Deichbaumeister anzuwerben. Zunächst war das noch ohne tiefgreifende Folgen geblieben. Doch die Entwicklung hatte eingesetzt und war nun nicht mehr rückgängig zu machen: Zunehmend gerät Nordfrieslands Landgewinnung in holländische Hände.

Die Weichen werden in Gottorp gestellt.

Um 1600 ist dieses Herzogtum unter seinen Fürsten Johann Adolph und später Friedrich III. ein Staat ganz im Stil des neuen Absolutismus geworden. Dieser Absolutismus weiß sich zu entfalten. Er versteht sich auf die glänzenden Fassaden, deren glänzendste dann Frankreichs Sonnenkönig Ludwig XIV. mit seinem Schloßbau von Versailles schaffen wird. Doch auch in Gottorp beherrscht man diese Kunst. Die herzoglichen Bibliotheken füllen sich mit kostbaren Büchern und seltenen Handschriften. An den Wänden der fürstlichen Prunkgemächer lodern farbenfroh die Werke frühbarocker Malerei, und für die Künstler ist es eine gute, da einträgliche Zeit. Schlösser werden gebaut, in Gottorp selbst, in Tönning und – als Witwensitz gedacht – in Husum. Schon wird von einer spezifisch ‚Gottorper Kultur' gesprochen, und die Landesherren sonnen sich in ihrem milden Glanz.

Draußen an der Küste sieht es nicht so glänzend aus. Dorther muß aber das Geld kommen, das den Glanz finanziert.

Also weiterhin: Deiche, Köge, neues Land – wer aber soll es schaffen? Wer bringt die Investitionen auf, die zunächst einmal nötig sind?

Der schon geschilderte Mechanismus setzt ein: Die Fürsten brauchen kapitalkräftige Partner. Sie finden sie im Ausland. Die Landgewinnung wird dabei zum Lotteriespiel. Denn wer einen Oktroi erwirbt, kauft Land, das es noch gar nicht gibt. Gelingt ihm dann die Eindeichung, hat er sein Glück gemacht und holt den Einsatz um ein Vielfaches zurück. Scheitert er aber, verliert er ihn. Niemand erstattet den Verlust.

Manche werden so sehr reich. Andere, geblendet von den wirtschaftlichen Möglichkeiten, kehren arm in ihre Heimat zurück. Und so ruft denn diese Art der Deichpolitik die unterschiedlichsten Leute auf den Plan, Pioniere wie Hasardeure, mutige Unternehmer wie windige Spekulanten, und manche, wie der von Eckermann als „Mann von kühnem Unternehmungsgeiste" gepriesene Christian Becker, werden das eine wie das andere sein. Technischer Fortschritt geht einhand mit gewiefter Geschäftemacherei.

Was aber, muß man fragen, hat das noch mit dem beinharten Überlebenskampf der Nordfriesen zu tun? Was zählen noch die immer wieder so eilfertig beschworenen Privilegien der Utlande? Friso litora fecit – schöne Illusion von gestern: Das Land schafft jetzt, wer zahlt...
In anderen Ländern, bei einer anderen Mentalität und politisch-sozialen Struktur hätte ein vergleichbarer Prozeß zu einer Revolution führen können. Im nordfriesischen Raum bleibt es bei dumpfem Murren und ohnmächtigem Ressentiment: Mögen die Fremden technisch überlegen sein und auch die nötigen Mittel haben – ihre Arbeit ist schlecht, überhastet. Sie bedeutet mehr Gefahr als Sicherheit für Land und Leute.
Daran ist manches richtig.
Den neuen Deichbauern geht es nicht um dauernde Sicherung, sondern um raschen Gewinn. Da mag dann vieles zu schnell, zu oberflächlich in Angriff genommen worden sein. Da kommt es immer wieder zu Rückschlägen, denn auch diese ‚Gründerzeit' leidet unter einem zu hastigen, zu forcierten Aufbau. Über dem Neuen, das gewonnen werden soll, wird die Sicherung des Alten übersehen. Selbst noch im „Schimmelreiter" klingt das an, wenn sich Hauke Haien beim Anblick des von Mäusen zerwühlten alten Deiches eingestehen muß: „Gegen alles dieses hätte schon beim Bau des neuen Deiches Obacht genommen werden müssen..."
Nordfrieslands Proteste gegen die fremde Invasion haben aber noch ganz andere Gründe. Hier wird gegen das Lebensprinzip der Friesen gesündigt. Er ist auf einmal nicht mehr Herr im eigenen Haus. Nichts aber ist ihm so heilig wie das. Und warum es ihm so heilig ist, was ihn dennoch ausharren läßt in diesem Land der Stürme und Fluten, sollte einmal Storm schon lange vor dem „Schimmelreiter" in bezeichnende Worte fassen, als er in seiner 1871 entstandenen Erzählung „Eine Halligfahrt" eine seiner Personen sagen läßt: „Wenn in Novembernächten der Sturm hier unser Haus gepackt hat, daß wir aufgeschüttelt aus den Betten springen; – wenn wir dann durchs Fenster in Augenblicken, wo eben die Wolken am Mond vorüberjagen, das Meer, aber das vom Sturm gepeitschte Meer hier unten am Fuße unserer Werfte sehen, die allein noch hervorragt aus den schäumenden, tobenden Wasserbergen – Sie glauben nicht, Frau Cousine, wie erquicklich es ist, sich einmal in einer anderen Gewalt zu fühlen als in der unserer kleinen regierungslustigen Mitkreaturen!"
Jetzt aber, in diesen ‚Gründerjahren', wimmelt die Marsch von solchen ‚Mitkreaturen'. Sie sind nicht klein, sehr wohl aber regierungslustig. Und zu ihnen gehört auch „Schimmelreiter"-Vorbild Rollwagen.

1608 ist Herzog Johann Adolph in die Niederlande gereist. Er besichtigt Deichanlagen und hört von neuen Techniken. Immer wieder fällt der eine Name: Rollwagen. Dieser Rollwagen ist ein Mann Mitte vierzig, einst Bürger der Stadt Amsterdam, derzeit wohnhaft in Alkmaar. In Amsterdam hatte er einiges Aufsehen mit Streitschriften erregt, in denen er für die allgemeine Glaubensfreiheit eingetreten war. Namen und Vermögen macht er sich aber im Deichbau, als Unternehmer wie als Ingenieur. Und nun nickt er gütig, als ihn der Herzog zu einer Inspektionsreise entlang der nordfriesischen Küste bittet. Oder, in der Sprache der Zeit: „Als Ihro Fürstliche Gnaden Hertzig Johan Adolph dero Fürstentümer höchstrühmlich regiert, die Anwachse und Halligen wahrgenommen und anno 1608 deroselben Blutfreunde und Schwäger, die beiden Grafen zu Oldenburg und Ostfriesland besuchet, und daselbst von einer newen Manier zu teichen gehöret, so haben Ihro Fürstliche Gnaden einen klugen in Teichwerken wohlerfahrenen Mann aus Holland Johann Claussen Rollwagen genannt, zu sich beschieden, denselben das folgende Jahr anhero geschickt, ihn solche Örter und Anwachs zeigen lassen und seine Meinung darüber vernommen ...“[95]

Für den Mann aus Alkmaar muß diese Reise wie ein Ritt zurück ins Mittelalter gewesen sein. Denn was sieht er, als er nun Nordfrieslands Deiche abtrabt?

So also wird hier noch ernsthaft gegen das Meer gekämpft. Das soll nun der berühmte Gotteskoog sein, jenes Wunderwerk aus dem vergangenen Jahrhundert, auf das jeder Friese stolz ist: eine Fläche Wattenmeer, aus der einzelne Halligen ragen, während Dreiviertel des Bodens noch unter Wasser liegen. Und dann die Methoden, die hier immer noch angewandt werden: Erdreich wird mühsam auf Tragen herbeigeschleppt, altmodische Pferdekarren rumpeln heran, kostspielig und umständlich. Hat man denn noch nichts von der viel einfacheren und billigeren Schubkarre gehört? Am Niederrhein ist sie seit nun schon hundert Jahren im Gebrauch. Dort hat sie sogar schon ein Hieronymus Bosch auf einem seiner Gemälde festgehalten ...

Schließlich die Deiche selbst, diese sogenannten ‚Stackdeiche‘. Da stehen sie nun, viel zu niedrig, wie steile Mauern gegen das Meer. Mit jeder Woge klatscht die See in aller Wucht gegen die hölzerne Auswand und schlägt aufschäumend über dem Deich zusammen. Dabei muß doch ein Deich in sanfter Schwingung zum Wasser hin abfallen, damit sich die Flut daran totlaufen kann.

„Unsere Deiche taugen nichts!“
Das sagt Hauke Haien zu seinem Vater. Diese Deiche taugen nichts: Mehr als einmal dürfte das Rollwagen in diesem Sommer 1609 gedacht und gesagt haben. Aber anders als der halbwüchsige Hauke erntet er kein höhnisches Gelächter. Im Gegenteil: Seine Gesprächspartner sind beeindruckt. Schon im Jahr darauf kehrt Rollwagen nach Nordfriesland zurück.
Jetzt geht es schon um mehr als um eine Besichtigung. Nun erhält der Holländer hochoffiziellen Segen. Er wird zum „Generaldeichgrafen“ ernannt. Seine Arbeit kann beginnen. Der Sieversflether Koog im Norden Eiderstedts wird Rollwagens Visitenkarte.
Schon einmal war dessen Bedeichung in Angriff genommen worden, ohne Erfolg. Die einheimischen Deichbauer waren gescheitert. Rollwagen scheitert nicht. Er läßt die hölzernen Bohlen abtragen und Erdreich in flach zum Meer abfallender Linie aufschütten. Dieser Deich ist nur noch halb so steil wie die üblichen Stackdeiche. Und für das Holz hat man gute Verwendung. Hieraus werden nun die Schubkarren gebaut, die bald schon in ganz Nordfriesland Verwendung finden.
Diese Schubkarre ist mehr als eine technische Neuerung. Sie steht nahezu symbolisch für den Wandel an der Küste. Im „Schimmelreiter“ spricht Hauke Haien von den über achtzig Gespannen in der Gemeinde, die beim Deichbau eingesetzt werden können: Sie werden von der Kooggemeinschaft gestellt. Jetzt aber, da die Partizipanten aus dem Ausland kommen und nicht den Rückhalt der ansässigen Gemeinden haben, müssen sie sich entweder ihrer Gunst und Willkür ausliefern, oder sie müssen für den Erdtransport ein anderes Mittel finden als die Gespanne, die ihnen die friesischen Bauern überlassen oder eben auch verweigern können. Dieses Mittel ist die Schubkarre, Ausdruck der Emanzipation im Deichbau.
Sie wird denn auch, ungeachtet ihres praktischen Nutzens, nicht beliebt. Der reiche Marschbauer bespöttelt sie als das „Gespann des kleinen Mannes“, und auch der Volksglaube nimmt sich ihrer an. Meist sind es dann Tod und Teufel, die auf Schubkarren verlorene Seelen davonfahren, ein immerhin aufschlußreicher Blick ins nordfriesische Unterbewußte: Neuerer sind eher verdächtig als beliebt, und mit dem Teufel steht im Bunde, wer übliche Gepflogenheit durchbricht. Ein Blick zum „Schimmelreiter“: Es muß natürlich ein Teufelsroß sein, das der Neuerer Hauke Haien reitet...
Während der Arbeit am Sieversflether Koog bleiben Schubkarre und die ‚gar flache Form‘ des Deichprofils nicht die einzigen Neuerungen. Für

Friesland sind auch die Arbeiterkolonnen neu, die Rollwagen für den Deichbau anwirbt. Dem biederen Friesen, der gewohnt ist, seine Arbeit selbst zu tun, sind diese Fremdarbeiter schon bald ein Ärgernis. Denn wie es in dem auch bei Eckermann zitierten kommissarischen Bericht heißt, haben „sich viele unternommen, mit Röhren und Gewehren auf der Arbeit zu gehen, und daneben mit Fluchen, Schelten und Vollsaufen ein loß ärgerliches Leben geführet und allerhand muttwillen geübet und angestiftet ...“[96] So ist es schon eine recht seltsame Atmosphäre, in der die neue Deichform entsteht. Doch niemand kann leugnen: Diesmal ist das Werk gelungen.

Der Sieversflether Koog, knapp sechshundert Hektar groß, wird Rollwagens nordfriesisches Gesellenstück. Nun soll das Meisterwerk folgen. Diesmal geht es um das sogenannte „Bottschloter Werk“, einen Deichbau von Waygaard über Fahretoft, Dagebüll und Galmsbüll nach Emmelsbüll, ein nach nordfriesischem Maßstab nahezu monumentales Unternehmen, mit dem fünfzehntausend Hektar neues Land gewonnen werden sollen. Finanziers werden gesucht, und so viel gilt nun schon Rollwagen, daß sein Name als Lock- und Werbemittel eingesetzt wird, nach dem Motto: Mit diesem Mann muß es gelingen. Es gelingt dennoch nicht. Doch Rollwagens Ruf bleibt unbeschadet.

Drei weitere Jahre ist er die bestimmende Gestalt im Deichwesen der nordfriesischen Küste. „Nach Anordnung unseres bestallten Deichgrafen“: So heißt es in fürstlichen Weisungen, und so wird es geradezu ein Markenbegriff. Ein Koog nach dem anderen entsteht: Alt-Augustenkoog, Freesenkoog, Harbleker Koog, Dreilandenkoog, Süderfriedrichskoog. Daneben noch Beratung, Inspektionen, Schleusenbau, der Ausbau des Tönninger Hafens ...

Man hält inne.

Denn denken wir zurück: Im gesamten 15. Jahrhundert sind knapp ein Dutzend Köge gewonnen worden, gerade zwanzig im Jahrhundert zuvor. Hier aber entstehen, auf Initiative eines einzelnen Mannes, in kaum vier Jahren sechs Köge, und im gleichen Tempo droht es weiterzugehen. Eine solche Dynamik fordert ihren Preis. Rollwagen zahlt ihn. Mag ihn auch der Herzog als seinen „lieben Generaldeichgrafen und Getreuen“ anreden: Die Nordfriesen lieben ihren Generaldeichgrafen nicht. Sie halten ihm auch nicht die Treue. Um 1613 dürfte Rollwagen Eiderstedts bestgehaßter Einwohner sein.

In diesem Jahr 1613 ist Rollwagen gerade mit dem Ausbau des Tönninger

Hafens beschäftigt, der immer wichtiger für den Handel mit Holland geworden ist. Dabei passiert es dann. Einer seiner Diener hat Streit mit einem Arbeiter. Ein Schuß fällt. Der Arbeiter ist tot. Ein allgemeiner Aufruhr bricht aus. Die tobende Meute hängt zunächst einmal den Diener auf. Dann drängt sie zu seinem Herrn. Der kann sich gerade noch ins Tönninger Parlament retten. Dort allerdings erfährt er das ganze Ausmaß an Haß und Verachtung, das ihm entgegenschlägt. Denn nur gegen ein sehr beträchtliches Lösegeld, fast siebenhundert Taler, entläßt man den Liebling seines Herzogs in die Freiheit. Er hat seine Lektion erfahren. Fluchtartig verläßt er Nordfriesland und kehrt in seine Heimat zurück.
Solche Aufstände, nach einem niederländischen Ausdruck auch „Lawai" genannt, gehören von nun an zur nordfriesischen Deichbau-Geschichte. Hier hatte sich der Aufstand offenbar noch an der Person Rollwagens entzündet. Später wird es vor allem um höhere Löhne gehen, und das Land, das bisher nur von den Stürmen des Meeres in Aufruhr gesetzt wurde, hat jetzt auch sein permanent schwelendes, oft in hohen Flammen aufloderndes soziales Problem. Die alteingesessenen Bauern auf ihren Warften mögen darüber mit den Köpfen schütteln: Das also ist die angeblich gute Zeit, die mit Männern wie Rollwagen und Co. für die Utlande angebrochen ist.
Rollwagens Karriere ist allerdings noch nicht beendet. Sein Einfluß bleibt nur geringfügig beschränkt. Auch aus der Ferne seines Wohnsitzes im holländischen Alkmaar ist er dem Gottorper Herzoghof unentbehrlich.
Zwar wehrt er neue Angebote eine Weile ab. Doch nur zwei Jahre nach dem Tönninger Aufruhr sieht man ihn erneut auf Inspektionsritt entlang der nordfriesischen Küste. Ein neues Projekt wird entworfen, Bedeichungen auf Nordstrand. Rollwagen pocht dabei auf seinen Status als Fachmann und lehnt das herzogliche Ansinnen, die Bedeichung billiger als vorgesehen durchzuführen, mit dem höflich-festen Hinweis ab, er sei eigentlich Ingenieur und kein Unternehmer. So gerät dieses Projekt in die Hände eines Konkurrenten, der Rollwagens Kostenvoranschlag ohne Rücksicht auf frühere freundschaftliche Bindungen und wohl auch ohne Rücksicht auf praktische Gegebenheiten unterboten hatte. Dieser Konkurrent ist aber kein anderer als Jan Clausen Coott.
Dennoch ergeht an Rollwagen ein weiteres Mal, im Jahr 1616, die Berufung zum Generaldeichgrafen, diesmal gemeinsam mit seinem Sohn Claus Jansen Rollwagen, der gleichzeitig mit dem Vater in herzoglichen Dienst getreten war und nun sein eigentlicher Erbe wird. Auch Rollwagen junior

schreibt sein eigenes Kapitel Deichgeschichte. Sein Terrain ist vor allem der Gotteskoog, der nun endgültig entwässert werden soll, und der Vertrag, den er darüber 1622 mit dem Herzog schließt, macht seinem Geschäftssinn alle Ehre. Denn das gewonnene Land soll wenigstens zur Hälfte ihm gehören. Außerdem will er dort Deichgraf sein.

Das bringt nun Schwierigkeiten.

Denn eigentlich ist der Gotteskoog kein neu zu gewinnendes Land und hat schon seinen eigenen Deichgrafen, einen gewissen Johann Claußen, der von Tondern aus den Koog verwaltet. Doch arrangiert man sich. Claußen wird mit dem Amt eines Pfennigmeisters abgefunden – und trägt im übrigen einiges zum großen Rollwagen-Verwirrspiel bei.

Denn nun haben wir einen Johann Claußen, einen Claus Jansen und einen Johann Claussen. Die drei Namen mischen sich, bis alle drei als „Rollwagen" in der Erinnerung eine Person werden. Schließlich aber haben wir immer noch Jan Clausen Coott, der sich so eilfertig an Rollwagen herangemacht hatte. Neben ihm hatte er zunächst die Position eines Vize-Deichgrafen bekleidet. Nach der Flucht seines Vorgesetzten riß er dann prompt die Arbeit am Tönninger Hafen an sich. Und danach schien er vollends entschlossen, nun seine eigene Deichbau-Karriere zu machen. Sie bleibt allerdings ohne Glanz, und um 1630, als Rollwagens Sohn gerade die Entwässerung des Gotteskoogs vorbereitet, ist Coott bereits wieder in der Anonymität verschwunden.

1631 kehrt Rollwagen junior in die Niederlande zurück. Es ist nur als Besuch gedacht, nicht als Heimkehr. Denn nun soll die Arbeit am Gotteskoog beginnen, und Rollwagen sucht Finanziers. Er findet sie nicht mehr. Im gleichen Jahr stirbt er und wird in Alkmaar begraben, acht Jahre nach dem Tod des Vaters. Immerhin wird ihm zuteil, was dem Vater vorenthalten blieb: Eine seiner Anlagen, ein Kanal im Gotteskoog, trägt als „Rollwagenzug" seinen Namen.

Im übrigen verliert sich die Spur der Rollwagen-Dynastie, und da auch keine Porträts existieren, wissen wir nicht einmal ungefähr, wie sie ausgesehen haben. Dennoch sollte man meinen, daß wenigstens der ältere Rollwagen in der nordfriesischen Geschichte eine überragende Rolle spielt. Denn ungeachtet aller Spannungen um seine Person: Hat er nicht dem Deichbau in Nordfriesland einen entscheidenden, den vielleicht wichtigsten Impuls überhaupt gegeben?

Doch kein Denkmal für Rollwagen: Die Legende um ihn ist eher negativ, und noch in Reimer Kay Holanders „Schimmelreiter"-Dokumentation erscheint er als „eine der merkwürdigsten, schillerndsten und freilich auch umstrittensten Gestalten in der Bedeichungsgeschichte der nordfriesischen Marschen“[97]. Das spiegelt in der Tat getreulich Rollwagens Rolle im nordfriesischen Bewußtsein. Und nur zum einen erklärt sich das durch die Verwechslung mit Coott, der nun wirklich eine schillernde Persönlichkeit war.

Um 1615 plant dieser Mann Deichbauten auf Nordstrand. Doch anders als Rollwagen wird er nicht zum Liebling am Herzoghof. Ein böses Wort fällt, das vom „angemaßten Deichverständigen“, und 1617, nach einer nicht recht durchschaubaren Vertragsmanipulation, wird Coott sogar verhaftet. Gegen Kaution kommt er zwar bald wieder frei. Doch die Zweifel an seinen technischen Qualitäten bleiben.

Ein hochprominenter Sachverständiger wird bemüht. Dessen Urteil über das schon begonnene Werk auf Nordstrand fällt vernichtend aus, und diesem Urteil hat man sich später angeschlossen, immer unter Gleichsetzung der Namen Coott und Rollwagen. Das entbehrt nun nicht der grimmigen Komik. Denn jener Sachverständige, der über die Arbeit des Kollegen nur mit den Achseln zuckt und dringend zu seiner Entlassung rät, ist niemand anderer als – Rollwagen senior.

Dennoch darf Coott die Arbeiten auf Nordstrand durchführen. Danach verliert sich seine Spur in der Deichbaugeschichte, und die Legende um Rollwagen/Coott kann zu wuchern beginnen. Rollwagen wird zwar nicht zum Nachtspuk wie Hauke Haien, wohl aber zu einer höchst obskuren, gleichfalls nicht ganz geheuren Gestalt. Und gelegentliche Gedenkartikel in der Lokalpresse notieren eher lakonisch seine Verdienste, halten sich aber immer noch gern und weit ausführlicher bei seinen Mängeln und Fehlern auf.

Das ist wohl nicht nur Zufall und geht auch nicht nur auf Ungenauigkeiten in alten Chroniken, auf fehlerhaft interpretierte Dokumente und schlichte Namensverwechslungen zurück.

Die hochproblematische Rolle, die gerade dieser Mann in Frieslands Deichgeschichte spielt, bezeichnet auch das große Unbehagen der Friesen gegenüber jenen, die nun den Deichbau an sich gerissen haben. Und die Gleichsetzung des verdienstvollen Rollwagen mit dem umstrittenen Coott verrät zugleich ein Stück Volkspsychologie: Das Genie trägt auch Züge des Scharlatans, der Scharlatan kann auch geniale Züge haben. Verdächtig sind beide, so wie auch Storms Held Hauke Haien der Novelle kein populärer Mann wird. Der Volksmund feiert ihn nicht als Helden, sondern fürchtet

ihn als Vorboten drohenden Unheils: ein ruhelos umherirrendes Gespenst ungeachtet seiner Verdienste. Und nur wenige Intellektuelle wie bei Storm der Schulmeister preisen ihn als „tüchtigen Kerl", der „uns um Kopfeslänge überwachsen war". Nordfriesland tut sich schwer mit seinen Helden.
Auch das Ende der Rollwagen-Dynastie läßt an den Untergang des Schimmelreiters denken.
Zwar sterben Rollwagen und Sohn in ihrer niederländischen Heimat. Doch die Familie des Sohns, Frau und Kinder, sind in Nordfriesland geblieben und leben nach seinem Tod am Rande des Gotteskoogs auf dem Gut, das er vom Herzog gepachtet hatte. Dort werden sie 1634 von einer großen Sturmflut überrascht, und niemand überlebt die Katastrophe: Susanna Rollwagen ist „sambt Kindern, Gesinde und allem Haab versoffen"[98]. Also fast ein Elke-Schicksal: „Nicht einmal ihre Grabstätten habe ich droben auf dem Kirchhof finden können; die toten Körper werden von dem abströmenden Wasser durch den Bruch ins Meer hinausgetrieben und auf dessen Grunde allmählich in die Urbestandteile aufgelöst sein...", erzählt bei Storm der Schulmeister. Und ebenso wenig wie Hauke Haien und seine Angehörigen hinterläßt die Sippe Rollwagen Grabstätten „droben auf dem Kirchhof". Ihr Denkmal bleibt der Deich, dessen Form der alte Rollwagen geschaffen hat.
Jene Flut von 1634 ist die zweite Große Manndränke der nordfriesischen Geschichte. Und mitten in die ‚Gründerzeit' des Deichbaus setzt sie ihr Fanal: daß die neue Zeit den alten Feind noch lange nicht besiegt hat. Der Blanke Hans ist mächtig wie zuvor und fordert seine Opfer, diesmal sechstausend in einer einzigen Nacht.

Sechstausend in einer Nacht

Die Katastrophe findet zweimal statt.
Das erste Mal kommt sie vom Meer her, das zweite Mal von der Geest. Einmal verläuft sie wilddramatisch, dann leise, zäh, fast unauffällig. Die erste dieser Katastrophen dauert wenige Stunden, die zweite, qualvoll hingeschleppt, fast zwanzig Jahre lang. Danach ist aber jedes Mal Nordfriesland anders als zuvor.
Zunächst sind wir im Jahr 1634.
Nordfrieslands ‚Gründerzeit' steht in voller Blüte. Zwar sind nun nicht

mehr die beiden Rollwagen am Werk. Doch haben andere waghalsige Unternehmer und bedeutende Deichbauer ihren Weg in die Marschen gefunden, ein Mann wie beispielsweise Christian Becker, emigrierter Remonstratenser und Einwohner der Remonstratenser-Freistatt Friedrichstadt, oder ein Ingenieur wie Jan Adriaansz Leeghwater, der vielleicht berühmteste Deichbauer dieser Jahre überhaupt.

Leeghwater ist ein Mann von erstaunlicher Vielseitigkeit. Er baut Kirchen und legt Schleusen an. Er versteht sich auf das Handwerk des Steinmetz ebenso wie auf feine Elfenbeinarbeiten. Sein eigentliches Metier bleibt aber die Landgewinnung, und mehr noch als Rollwagen ist er dabei Prototyp des weithin gefragten und durch ganz Europa ziehenden Deichbau-Stars, der seine Gastspiele gibt, wo immer man ihn beschäftigen und bezahlen kann.

Leeghwater hat schon in Südfrankreich und den baltischen Staaten gearbeitet. Um 1630 hält er sich in Nordfriesland auf. Gemeinsam mit Christian Becker als Unternehmer nimmt er ein weiteres Mal das Bottschloter Werk in Angriff, jenes Projekt, an dem selbst ein Rollwagen gescheitert war. Leeghwater arbeitet in großem Stil, setzt zeitweilig mehr als fünftausend Arbeiter ein. Insgesamt wird dieses Unternehmen Millionen verschlingen und scheitern wie das erste Mal. Doch zunächst sieht es noch so aus, als ob es gelingen könnte.

Nach einem Sturm im August 1634 hatte die Arbeit vorübergehend eingestellt werden müssen. Leeghwater blieb unbeirrt. Er nahm in Fahretoft Quartier, unweit des dortigen Herrenhauses, das auf einem Deich mächtig hingelagert liegt. Und von dort aus soll nun der berühmteste Deichbauer seiner Zeit erleben, wie in diesem Land die Natur immer noch und allem Menschenwerk zum Trotz im Kampf um die Küste Sieger bleibt. Einstweilen ist noch alles ruhig.

Nicht weit von Fahretoft dehnen sich die grünen Weiden und goldgelben Kornfelder der Insel Nordstrand. Immer schon hat diese Insel wie ein Spiegel der übrigen Marschen gewirkt, in ihrer Fruchtbarkeit ebenso wie in ihrer Anfälligkeit gegenüber Naturkatastrophen. In grausamer Regelmäßigkeit suchen sie auch Nordstrand heim.

Eigentlich hieß die Insel nur „Strand“, wie sie erstmals 1199 eine Urkunde ausweist. Eigentlich ist sie auch keine Insel, sondern eher eine den anderen Marschen vorgelagerte Landmasse, die vom Festland lediglich durch einen schmalen Fluß getrennt ist. Und eigentlich hatte sie auch viel weiter ins Meer hinausgereicht, bis an jene Grenze, wo einst Rungholt lag.

Rungholt ging unter und mit ihm weite Teile von Nordstrand. Und es bleibt nicht bei der einen großen Katastrophe. Jahrzehnt um Jahrzehnt, manchmal Jahr um Jahr reißt das Meer weitere Stücke an sich. Schon zu Beginn des 17. Jahrhunderts wird Nordstrands endgültiger Untergang prophezeit.

Um 1615 scheint es ein erstes Mal so weit zu sein, dann im Januar 1617, als die zu Nordstrand gehörende Pellwormharde fast gänzlich unter Wasser steht, und schließlich ein weiteres Mal im Februar 1625. Jedes Mal wird es heißen, dies sei nun die seit der Großen Manndränke größte und schrecklichste Katastrophe Nordstrands gewesen, schlimmer könne es eigentlich gar nicht mehr kommen. Aber immer noch sind Steigerungen möglich. Und von allerlei wunderlichen Vorzeichen ist die Rede, von vorübergeisternden Schiffen, die längst versunken sind, von einem Schwein, „welches man mit keiner Büchse erschießen können" und das sich bisweilen „in Gestalt eines braunen Pferdes erzeiget" hat, mit vier großen Zähnen im Maul, „deren jegl. ein Quartier lang gewesen"[99] ist.

Andere halten sich mehr an die nachweisbare Wirklichkeit: „Das strandische Deichwesen steht gar übel und ist im Lande so ein Wehklagen, daß es nicht auszusprechen, und ist ganz kein Geld darin vorhanden, weiß derohalben nicht, wie es mit ihnen wird abgehen."[100] Keine neue Hartje spricht da, sondern – um 1616 – der herzogliche Statthalter Gerd Rantzau. Doch vorerst bleibt es bei diesen düsteren Prophezeiungen.

In den Jahren vor 1634 beruhigt sich etwas die Katastrophenstimmung. Größere Sturmfluten bleiben aus. Dafür gelingen einige Eindeichungen, der Hensebeck-Koog, der Amsink-Koog. Einer der Deichgrafen rammt stolz seinen Spaten in den Boden, ruft das berühmte „Trutz, blanke Hans!" Schon macht das Wort von den „eisernen Deichen" die Runde, hinter denen man vor jeder Flut sicher sei. Allenfalls das Unterbewußtsein schafft sich seine Schreckvisionen. Unterschwellige Ängste formen vor jeder Katastrophe ihre eigenen bizarren Bilder:

Bald, nachdem Trin' Jans oben bei der Kirche eingegraben war, begann man immer lauter von allerlei Unheil und seltsamem Geschmeiß zu reden, das die Menschen in Nordfriesland erschreckt haben sollte: Und sicher war es, am Sonntag Lätare war droben von der Turmspitze der goldne Hahn durch einen Wirbelwind herabgeworfen worden, auch war richtig: Im Hochsommer fiel, wie ein Schnee, ein groß Geschmeiß vom Himmel, daß man die Augen davor nicht auftun konnte und es hernach fast handhoch auf den Fennen lag, und hatte niemand je so was gesehen.

Solche Schrecken läßt Storm der Flut vorausgehen, der sein Hauke Haien zum Opfer fällt, und mit vertrautem Kunstgriff, als Geschwätz von Mägden, denen die Frau des Deichgrafen schließlich den Mund verbietet, schildert er die abergläubischen Visionen, wie sie wohl vor jeder großen Sturmflut umgegangen sind:

„Aber drüben, an der anderen Seite, geht's noch schlimmer als bei uns! Nicht bloß Fliegen und Geschmeiß, auch Blut ist wie Regen vom Himmel gefallen; und da am Sonntagmorgen danach der Pastor sein Waschbecken vorgenommen hat, sind fünf Totenköpfe, wie Erbsen groß, darin gewesen, und alle sind gekommen, um das zu sehen; im Monat Augusti sind grausige rotköpfige Raupenwürmer über das Land gezogen und haben Korn und Mehl und Brot, und was sie fanden, weggefressen, und hat kein Feuer sie vertilgen können!"

So liest es sich nicht nur bei Storm. Diese Phantasien sind ihm nicht erst im Schreibzimmer von Hademarschen gekommen. Er kann sich dabei auf die „Nordfriesische Chronik" des Pastors Anton Heimreich stützen. Dort finden sich für Sturmfluten aus den Jahren 1636 und 1653 die gleichen Schreckvisionen verzeichnet. Storm bedient sich ihrer großzügig, wohl aus dem richtigen Gefühl heraus, in Nordfriesland bleibe sich vieles gleich, die Katastrophe und die Angst davor.

Chronist Anton Heimreich ist auf Nordstrand geboren. Bei beiden Katastrophen, die seine Heimat heimsuchen, wird er Augenzeuge sein. Beim ersten Mal, im Oktober 1634, ist er ein Junge von acht Jahren, einer der rund neuntausend Bewohner der drei Harden, in die um diese Zeit Nordstrand aufgeteilt ist.

Der Herbst ist milde gewesen. Die Ernte war gut. Nordstrands Menschen hoffen auf einen erträglichen Winter, dessen Stürme noch einmal gnädig an ihren Deichen vorüberziehen. Der 11. Oktober kommt, ein Sonntag, der sogenannte Burchardi-Tag. Am Vormittag sind die Menschen zur Kirche gegangen und haben die übliche „Klagepredigt" über sich ergehen lassen. Danach geht es zurück in die Häuser, die verstreut auf den hochaufgeschütteten Warften liegen.

Die Menschen treten aus dem Gotteshaus. Regen klatscht ihnen ins Gesicht. Wind ist aufgekommen. Vom Wattenmeer steigt Nebel auf. Doch immer noch besteht kein Grund zur Unruhe. Man setzt sich zum Mittagsmahl.

In Fahretoft macht Ingenieur Leeghwater noch einen Besuch. Es ist schon gegen Abend. Er geht zu einem Landsmann hinüber, dem Zimmermann

Peter Jansz, der „nur zwei Bogenschuß entfernt" von Leeghwaters Haus wohnt. Nun ist Sturm aufgekommen. Der Wind drückt gegen Türen und Fenster. Jansz schlägt seinem Vorgesetzten vor, die Nacht bei ihm zu Hause zu verbringen. Leeghwater lehnt ab: „Nein, Pieter Jansz, wenn ein Hochwasser käme! Euer Haus steht nur fünf oder sechs Fuß über Maifeld, und meine Wohnung steht auf dem hohen Deich, der elf Fuß über Maifeld ist..."[101]

‚Maifeld': Das ist die normale Bodenhöhe. In dieser Nacht wird der Deichbauer aber noch erleben, daß sich das Wasser höher als sein Haus ‚über Maifeld' türmt.

Leeghwater geht zu seiner Wohnung zurück. Der Sturm heult immer heftiger. Doch noch immer packt ihn keine Panik. Er findet sogar noch Zeit, sich unterwegs bei einem seiner Werkmeister kurz aufzuwärmen. Um die Häuser liegt jetzt tiefes Dunkel. Es ist die Zeit der Springfluten.

Zuhause erwartet den Ingenieur sein Sohn. Die Männer beschließen, zu Bett zu gehen, auch wenn „kein Schlaf in unsre Augen kam". Sicherheitshalber haben sie ihre Oberbekleidung anbehalten. Und dann stellt Leeghwater junior fest: „Ich fühle Wasser auf das Gesicht tropfen!" Der Vater begreift: „Die Wellen sprangen also schon am Seedeich hoch auf das Dach des Hauses. Es hörte sich gefährlich an..."

Wenig später klopft es gegen die Tür. Eine Stimme ruft: „Leeghwater, es ist Zeit aufzustehen!" Vor dem Haus steht Sievert Meinerts, der Aufseher des Holzlagers. Die Männer greifen zu Stock und Oberrock. Sie kämpfen sich zum Fahretofter Herrenhaus hinüber, und „als wir unter großer Gefahr und Mühe den Deich entlang gingen auf das Herrenhaus zu, stand das Wasser so hoch wie der Kamm des Deiches..."

... als er rückwärts nach seinem Dorf den Kopf wandte, erkannte er in dem Mondlicht, das hervorbrach, auf den Werften und vor den Häusern Menschen an hochbeladenen Wagen umherhantierend; er sah, wie im Fluge, noch andere Wagen eilend nach der Geest hinauffahren; Gebrüll von Rindern traf sein Ohr, die aus den warmen Ställen nach dort hinaufgetrieben wurden. „Gott sei Dank! Sie sind dabei, sich und ihr Vieh zu retten!" rief es in ihm...

Bei aller Dramatik, die hier Storm auf die Schilderung ‚seiner' Sturmflut verwendet: Es bleibt ein fast geruhsamer Auftakt im Vergleich zum Schrecken, der jetzt von einer Stunde zur anderen über Nordstrand und das übrige Nordfriesland hereinbricht. Den Nachthimmel zacken Blitze.

Hagel prasselt nieder. Die Erde scheint zu beben: „Die Luft war voller Feuer, der ganze Himmel brannte", wird später ein anderer Chronist, der Koldenbütteler Pfarrer Peter Sax, schreiben.
Zugleich, zwischen acht und neun Uhr, brechen die ersten Deiche. Unaufhaltsam ergießen sich die kochenden Wassermassen einer ungefesselten Nordsee über die schutzlos daliegenden Marschen. Niemand war darauf vorbereitet. Es bleibt nicht einmal Zeit für Flucht. Nur wenige, wie Leeghwater, können sich gerade noch, im letzten Augenblick, in Sicherheit bringen: „Im Herrenhaus fanden wir schon zwanzig Flüchtlinge. Mit dem Deichgrafen (Pallas van der Sterre), den Ratmännern, dem Koch und seiner Frau, Knechten und Mägden waren es 38 Personen..."
Der Wind dreht sich. Nun stürmt er vom Nordwesten an, „so hart und steif, wie ich es in meinem Leben noch nicht gesehen hatte". Und Leeghwater berichtet weiter: „An einer starken Tür auf der Westseite sprangen die Riegel infolge des Wellenanpralls aus den Pfosten. Das Wasser löschte das Feuer aus und stand auf dem Flur so hoch, daß es über meine Kniestiefel weglief; es stand etwa 13 Fuß höher als das Maifeld des alten Landes. Die nordfriesische Frau des Kochs sagte zum Deichgrafen: ‚Och Herr Dikgroof, wo schüllt wi hen?' Worauf der Deichgraf antwortete: ‚Nun sind wir alle gleich reich!' Ich tröstete das Volk: ‚Ich hoffe, daß der allmächtige Gott es machen wird.' Bis ungefähr drei Uhr nachts konnte man kaum sehen, ob das Wasser fiel oder stieg. Am Nordende des Hauses, dicht am Seetief, wurde die Erde unter dem Haus weggewaschen. Eine Mannslänge tief. Daher brach das Haus, die Diele und der Boden auseinander, und die eiserne Geldkiste, in der viel Geld war (die Kasse für die Bedeichungsarbeiten), sank durch den Fußboden weg. Es sah aus, als solle das Herrenhaus mit allen Menschen darin vom Deich heruntergespült werden..."
Doch Leeghwater, sein Sohn und die anderen im Herrenhaus kommen davon. Sie haben mehr Glück als jene sechstausend, die allein auf Nordstrand binnen weniger Stunden sterben. Glücklich noch jene, die „mutternackt von ihrem Bett bei sicherem Schlaf weggetrieben"[102] werden. Ihnen ist wenigstens ein rascher Tod ohne Angst und lange Qual vergönnt. Mit anderen treibt die Natur ein viel grausameres Spiel.
Der Blitz schlägt in Häuser ein, und die Menschen verbrennen, wenn sie nicht in der herantosenden Wasserflut untergehen. Andere Häuser werden von ihren Fundamenten getrieben und treiben wie herrenlose Schiffe auf den Wellen, bevor sie mitsamt ihren Einwohnern versinken. Und vom

Pastor auf Lith ist die Rede, der zusammen mit seiner Gemeinde ertrinkt. Er gehörte zu den Nordfriesen mit der Gabe des zweiten Gesichts. Er hatte das Ende vorausgesehen.
Später wird Bilanz gemacht.
Ein Aktenstück aus dem 17. Jahrhundert verzeichnet die Toten, sorgsam nach Nordstrands Kirchspielen aufgelistet: in Lith 171 Menschen ertrunken, 41 Häuser weggetrieben; in Ham 365 Menschen ertrunken, 72 Häuser weggetrieben; in Morsum 350 Ertrunkene, darunter der Pastor, einer von neun Geistlichen, die in dieser Nacht die Flut geholt hat.
So geht es weiter in mürbend sachlicher Monotonie, für Nordstrand und das übrige Nordfriesland. Denn die Flut hat die gesamte Nordseeküste, von Hamburg bis Dänemark, heimgesucht, und allein auf Eiderstedt sind mehr als zweitausend Menschen ertrunken, dazu unübersehbare Mengen an Vieh, Schafen, Schweinen. Kein Landstrich wurde aber ärger gepackt als Nordstrand, wo zwei Drittel der Bevölkerung und dazu fünfzigtausend Stück Vieh dieser zweiten „Großen Manndränke“ zum Opfer gefallen sind.
Doch was lassen graue Zahlenreihen schon vom Schrecken ahnen, der mit ihnen verbunden ist? Von jenen Familien beispielsweise, die sich in verzweifelter Hoffnung an die Dächer festgeseilt hatten? Dann waren die Dächer auseinandergebrochen. Auf den einzelnen Planken wurden jene fortgetrieben, die auf ihnen festgebunden waren, und die übrigen mußten zusehen, wie einer nach dem anderen aus der Familie fortgetrieben wurde, der Vater, die Mutter, die Kinder, das Gesinde. Jeder sah den eigenen Tod, der ihn gleich erwartete.
Schon spinnen sich die ersten Geschichten um den Untergang von Nordstrand. Man will von einem Säugling wissen, der in seiner Wiege sicher bis ans Ufer gespült wurde. Man weiß von einem jungen Paar, das festumschlungen auf einem Heuhaufen bis in die Brandung getrieben wurde. Die Rettung war nur Schein. Das Heu zerfiel, und die beiden jungen Leute ertranken doch noch in der aufschäumenden Flut. Und oft wird auch die Geschichte vom Deichgrafen erzählt, der gerade in einem Wirtshaus beim fröhlichen Umtrunk saß, als die große Flut kam. Er war auf das Dach geklettert. Er hatte in die Nacht hinausgeschrien, ob es denn hier wohl nichts zu trinken gebe. Dann sackte auch schon das Haus unter ihm und seinen Zechgenossen zusammen.
Der Morgen zieht herauf. Es gibt kein Nordstrand mehr. Von der Insel ist nur noch ein armseliger Rest geblieben. Die Pellwormharde wurde abge-

trennt und ist eine eigene Insel geworden. Und vereinzelt aufragende Halligen markieren noch das einstige Ausmaß einer Region, die früher einmal die reichste und fruchtbarste Landschaft in ganz Nordfriesland war.

An diesem Morgen reitet Leeghwater die Küste ab. Sein eigenes Haus ist zerstört, auch das des Zimmermanns, der ihn noch zum Bleiben aufgefordert hatte. Dort lebt nun niemand mehr. Leeghwater sieht bei seinem trüben Rundritt „tote Tiere, Balken von Häusern, zertrümmerte Wagen, eine Menge Holz, Heu und Stroh. Auch habe ich dabei viele ertrunkene Menschen gesehen. Es sah aus, als ob eine Sündflut gewesen wäre". Er begreift wohl jetzt, daß hiermit auch sein Gastspiel als nordfriesischer Deichbauer zu Ende ist. Er reist ab.

Zuvor kommt es allerdings noch zu einem dramatischen Zwischenfall: Die Deicharbeiter rebellieren gegen Leeghwater.

Die genauen Gründe bleiben ebenso im Dunkel wie beim Aufstand zu Tönning. Doch sicher geht es hier noch um anderes als Lohn und Arbeit. Hier entlädt sich auch die ohnmächtige Wut derer, die wieder einmal die große Vergeblichkeit ihres Kampfs mit dem Meer vor Augen haben: Ole Peters gegen Hauke Haien, die vertraute Konstellation, „nehmt's mit vor Gottes Thron..."

Leeghwater flüchtet, nach Husum zunächst, dann in seine Heimat, wo er vierzehn Jahre später seine „Kleine Chronik" über die Flut von 1634 schreibt. Sie schließt: „Um nun mein Reden von dieser schrecklichen und traurigen Wasserflut zu endigen und schließen, so danke ich dem allmächtigen Gotte, der mich und alle diejenigen, die im Herrenhaus waren, davon erlöst hat. Gleichwie die Kinder Israels durchs Meer gingen und die Meereswellen beschädigten nicht einen von ihnen..."

Vielen kommen angesichts der Katastrophe von 1634 fromme Gedanken, Vorstellungen von Sintflut und göttlicher Strafe. Doch fällt auf, daß sich aus der Fülle von Geschichten, die sich schon bald um diese Sturmflut spinnen, kein neuer Rungholt-Mythos herausschält. Auf Nordstrand sind nicht Sünden wider Gott begangen worden, wohl aber gegen das Gebot der Landsicherung: „Der Untergang der Insel hatte in nichts anders seinen Grund wie in dem elenden Zustande der Deiche und des Deichwesens überhaupt. Die Deiche waren an manchen Stellen nicht mehr wie zehn Fuß über die tägliche Flut hoch, dazu schwach und hin und wieder aus schlechter, mooriger und sandiger Erde aufgeführt. Auch wurden sie so wenig wie die Schleusen beständig in guten Stande gehalten, und sollte eine wichtige Reparatur vorgenommen werden, so gab's nichts wie Zank und Zwiespalt."

So stellt 1795 auf Pellworm ein Pastor Kruse fest. Er folgert: „... bei besseren und stärkeren Deichen ... würde sicher das Bassin nicht so geschwinde und so hoch mit Wasser angefüllt worden sein, daß über zwei Drittel der Einwohner hätten ertrinken können. Es wären also mehrere Menschen am Leben geblieben, und diese hätten ihre Deiche wiederherstellen und das Land retten können ..."[103]

Genau das ist das Problem, das sich von nun an Nordstrands überlebenden Bewohnern stellt. Es fehlt an Menschen und Mitteln. Damit beginnt aber die zweite Katastrophe. Sie zieht sich in trostloser Folgerichtigkeit über zwei Jahrzehnte hin. Schließlich kommt der Tag, an dem sich die Nordstrander zu Füßen ihres Pfarrers versammeln. Von der Kanzel herab hören sie diesmal keine „Klagepredigt". Es geht um anderes. Und der Pastor ist kein anderer als Anton Heimreich. Ein zweites Mal erlebt er nun, wie seine Landsleute ihre Heimat verlieren. Denn er muß jetzt den Beschluß des Herzogs verlesen: Die Nordstrander haben die Insel zu räumen.

Denn wer nicht will deichen ...

Die Nordstrander hatten deichen wollen. Aber sie hatten nicht das gleiche Glück wie die Menschen auf Pellworm. Dort hatte sich in dem Niederländer Cornelius Jansen Allers ein kapitalkräftiger Partner gefunden, so daß auf Pellworm schon drei Jahre nach der großen Flut fast zweitausend Hektar neugewonnenes Land eingedeicht waren. Auf Nordstrand sieht es anders aus. Dort beginnt in deprimierender Regelmäßigkeit ein immer wieder von neuem in Angriff genommener Wiederaufbau, den immer wieder neue Sturmfluten zunichte machen.

Der Landesfürst wird ungeduldig.

Bittschriften erreichen ihn: „Also gelangt an Ihre Fürstl. Gnaden unsere untertänigste, höchstflehentliche Bitte, mit einer Hilfe an Arbeitskräften beizuspringen und etwa den Moordeich oder den Mitteldeich von der Lith bis Morsum zu verbessern, damit wir vor dem Einlauf der Wehlen zu Lith gesichert sind, dann auch mit etwas Roggen und Malz zur Notdurft derer, die ihr Korn und sonstigen Vorrat in der Flut verloren haben ..." Oder: „Wollte auch Ihre Fürstl. Gnaden mit einer ziemlichen Anzahl Ellen Deichpfählen uns zu Hilfe kommen ..." Und: „Durch dieses alles wird Euer Fürstl. Gnaden Land erhalten und wir armen Leute, die dadurch das Unserige behalten, wollen solches in tiefster Untertänigkeit mit Gut und Blut zu verdienen und höchst zu danken und zu rühmen wissen ..."[104]

Fürstliche Gnaden, der Gottorper Herzog Friedrich III., hat in der Regel bei Nordstrand-Chronisten eine miserable Presse. Doch ist er wohl besser als sein Ruf. Er hat durchaus Verständnis. Er bleibt nicht einmal untätig. Er gewährt Steuernachlässe. Er versucht die ausgewanderten Nordstrander wieder zurück in ihre Heimat zu holen. Schließlich verbietet er sogar jede weitere Auswanderung. Nordstrand hat also seine Chance. Doch ist es ebenso hilflos wie sein Fürst. Es setzt der bekannte Mechanismus ein: Es muß gedeicht werden; die Friesen zeigen sich davon überfordert; der Fürst hat kein Geld; er braucht Partner; er findet sie im Ausland ...

Im Fall von Nordstrand sind es schließlich vier Herren aus Brabant, die ihr gutes Geld in Nordstrand investieren wollen. Aber sie kennen ihren Preis. Sie präsentieren die Rechnung: Sie werden die neuen Deichgrafen sein. Sie fordern Religionsfreiheit. Alle noch stehenden Kirchen und Kirchhäuser müssen ihnen überlassen werden. Das Land gehört nun ihnen, als erblicher Besitz.

Die bisherigen Bewohner aber? Sie müssen weichen ...

Das ist es, was die Menschen von Nordstrand an jenem 3. Oktober 1652 aus dem Mund ihres Pfarrers vernehmen. Er sieht „bittere Zähren"[105] ihre Wangen hinunterströmen. Doch die Zähren zählen ebensowenig wie ihre letzten verzweifelten Bittgesuche. Der Herzog antwortet gar nicht mehr.

Die Katastrophe von Nordstrand hat in die friesische Geschichte ebenso eine Zäsur gesetzt wie fast dreihundert Jahre vorher die „Große Manndränke" von 1362.

Die Große Manndränke hatte die Grenzen der friesischen Landgewinnung aufgezeigt. Die folgende Entwicklung, Übernahme der Deichbau-Initiative durch den Staat und seine Herren, war für die Betroffenen schmerzlich, wenn wohl auch unvermeidlich gewesen. Der Zustrom der Holländer löste dann jene ‚Gründerzeit' aus, die mit der Manndränke von 1634 ihren eigentlichen Abschluß fand. Dies ist die andere Zäsur. Denn zuvor hatten sich die Landesherren in eine nahezu rauschhafte Landgewinnungseuphorie hineingesteigert. Alles schien möglich. Alles war machbar. Man mußte nur zugreifen und den Schatz heben, den das Land unter dem Wasser bedeutete. Damit ist nun für lange Zeit Schluß. Weiter werden Köge gewonnen und Deiche gebaut. Doch pendelt sich die Landgewinnung bei überschaubareren Maßstäben ein.

Monumentalprojekte wie das Bottschloter oder Bredstedter Werk kommen zum Erliegen. Es ist nicht immer schade um sie. Schade ist es aber um die Ansätze zu lebenswichtigen technischen Neuerungen wie im Fall von

Rollwagens abgeflachtem Deichprofil. Sie geraten nun in halbe Vergessenheit. Und tatsächlich werden mehr als hundert Jahre vergehen, bis in Nordfriesland die ersten wirklich modernen Seedeiche gebaut werden.
Andererseits: Auch nach der zweiten Großen Manndränke können die Entwicklungen der vorausgegangenen Jahrzehnte nicht mehr rückgängig gemacht werden. Die Utlande werden nie wieder sein, was sie einmal waren, Ausdruck einer kleinen Menschengruppe, die dort ihren einsamen Überlebenskampf gegen das Meer führten, mit dem Blanken Hans als Gegner und Partner – und der Rest ist nur Geest. Die Geest hat von den Utlanden längst stärker Besitz ergriffen, als es ihren Menschen bewußt sein mag.
Es ist wohl kein Zufall, daß gerade in diesem 17. Jahrhundert das Wort von den Utlanden allmählich verschwindet und nun der bis dahin nur gelegentlich in mittelalterlichen Urkunden vorkommende Begriff „Nordfriesland" offizieller Name wird. Und auch nicht zufällig dürfte es sein, daß sich in dieser Zeit die ersten großen Chronisten für dieses Nordfriesland finden, Männer wie Anton Heimreich oder Peter Sax. Über ihren Chroniken liegt auch leise Trauer: Sie zeichnen auf, was nun endgültig vergangen ist.
Diese Chroniken, zum Teil im 19. Jahrhundert wiederentdeckt, werden einen besonders eifrigen Leser haben: Theodor Storm. Eine Heimreich-Ausgabe findet sich jedenfalls neben den zwanzig Sagen- und Märchensammlungen seiner Hademarschener Bibliothek. Dort studiert er dann die Vergangenheit Nordfrieslands. Und er liest auch über die Manndränke von 1634 nach, über Nordstrands Untergang.
Anzeichen sprechen dafür, daß Storm seinen „Schimmelreiter" zunächst um jene Zeit spielen lassen wollte, und vielleicht sollte es anfangs sogar die Flut von 1634 sein, in der sein Held das Ende findet. Warum hätte Storm sonst bei der Frau seines Freundes Eckermann eine Karte bestellt, die Nordstrand, Husum, Simonsberg zeigt, „wie es eben vor der großen Fluth von ann. 1634 war"? Warum sollten dort Ortsnamen und „Deiche, wenn solche angegeben sind", möglichst deutlich zu lesen sein?
Aber dann verlegt Storm doch die „Schimmelreiter"-Zeit in das von ihm so geschätzte 18. Jahrhundert. Die Probleme des vorausgegangenen Jahrhunderts und seiner Entwicklungen wirken allerdings auch in jener Zeit nach und bestimmen die Welt des Hauke Haien, „irgendwo hinter den Deichen in der nordfriesischen Marsch".

IV. Kapitel

Die Welt des Hauke Haien

„Sie heißt
‚Der Schimmelreiter'
und spielt
irgendwo hinter den Deichen
in der nordfriesischen Marsch ...“

Theodor Storm an Gottfried Keller
am 9. Dezember 1887

„Irgendwo hinter den Deichen"

Nehmen wir das Jahr 1715.

In Frankreich stirbt Sonnenkönig Ludwig XIV., Symbol des Absolutismus, und Dreckklumpen fliegen seinem Sarg hinterher. Drei Jahre zuvor ist der Spanische Erbfolgekrieg zu Ende gegangen, doch noch wütet der Große Nordische Krieg, zwei jahrelange Völkerschlachten, nach denen sich Europa gründlich geändert hat: England statt Frankreich ist nun Führungsmacht, Rußland meldet erste Großmachtansprüche an, das Haus Habsburg erlebt noch einmal einen Aufstieg, Preußens künftige Rolle zeichnet sich ab, das dänische Königreich hat seine Glanzzeit...

In den Marschen ändert sich wenig.

Der Gottorper Glanz verblaßt. Von 1721 an regiert der dänische König als neuer Herzog von Schleswig auch über Nordfriesland. Doch bleibt dieser Machtwechsel ohne Aufregung und Sensation. Eine Katastrophe wie die Weihnachtsflut von 1717, bei der wieder die Deiche brechen und das Wasser höher als bei der Manndränke von 1634 steht, erschüttert die Gemüter mehr als die Truppen Peters des Großen, die 1713 bis nach Friedrichstadt vordringen, und um 1715 sieht es zwischen Meer und Geest nicht anders aus als dreißig Jahre früher oder später.

In diesem Jahr wird, wäre er eine historische Gestalt, Hauke Haien geboren.

Zu diesem Schluß kommt Reimer Kay Holander bei der Berechnung einer fiktiven Hauke-Haien-Biographie: „Als Bezugspunkt bietet sich Haukes Bemerkung an, daß der alte Deich vor dreißig Jahren gebrochen sei, die er kurz vor Beginn des eigenen Deichbaus macht und die man noch am ehesten auf das Jahr 1717 beziehen kann. Danach könnte 1715 als das Geburtsjahr Hauke Haiens angenommen werden, und die Novellenhandlung setzt dann etwa mit dem 16. Lebensjahr des Helden ein. 1732 wird Hauke konfirmiert, im folgenden Jahr tritt er seinen Dienst bei dem Deichgrafen Tede Volkerts an, wo er, zuletzt als Großknecht, bis 1738 bleibt; in diesem Jahr stirbt sein Vater. 1739 – Hauke ist ‚kaum 24' – findet die Verlobung mit Elke Volkerts statt, noch im gleichen Jahr, nach dem Tod von Elkes Vater, die Hochzeit und die Ernennung Haukes zum Deichgrafen. Als er den Entschluß zum Deichbau faßt, ist Hauke sieben Jahre im Amt, in den beiden folgenden Jahren, also 1747/48, wird der Deichbau ausgeführt. In dieser Zeit, im neunten Ehejahr, wird die Tochter Wienke geboren. Als Jahr des Todes – Hauke stand zu diesem Zeitpunkt in seinem zweiundvierzigsten Lebensjahr – ist ausdrücklich das Jahr 1756 angegeben, und wenn man so will, kann man die Angabe ‚im Oktober' auf den 7. Oktober jenes Jahres beziehen, für den eine schwere Sturmflut belegt ist ..."[106]

In dieser Zeit also, zwischen dem Tod Ludwigs XIV. und dem Beginn des Siebenjährigen Kriegs, vollzieht sich das Schicksal des Hauke Haien. Schwieriger ist hingegen die Frage, wo nun eigentlich „Der Schimmelreiter" spielt.

Bis heute fehlt es nicht an Lokalisierungsversuchen, und Storm, der auf jede genaue Ortsbenennung verzichtet hat und selbst von Husum nur als ‚der Stadt' spricht, macht diese Aufgabe gleichermaßen leicht wie schwer: leicht, da sein Text durchsetzt ist von wiedererkennbaren geographischen Details, schwer aber auch, weil sich diese Details nicht zu einem Ganzen fügen wollen. Oder, mit den Worten Holanders: „Dem Gang der Handlung gleichsam mit dem Finger auf der Landkarte zu folgen, ist uns beim besten Willen nicht möglich ..."[107] Indes hat dies seine poetische Folgerichtigkeit.

Im Grunde verfährt Storm mit der „Schimmelreiter"-Landschaft nicht anders als mit dem „Schimmelreiter"-Helden selbst. Er entlehnt der Realität Einzelzüge und montiert sie dann mit der Freiheit des Dichters zu einem Gesamtbild, das so wirklich oder auch unwirklich ist wie das Paris Marcel Prousts oder die amerikanischen Kleinstädte Faulkners. Er zeichnet nicht dieses oder jenes Marschdorf, sondern die Marsch schlechthin, die Welt des Hauke Haien, im 18. Jahrhundert „irgendwo hinter den Deichen in der nordfriesischen Marsch", wie es Gottfried Keller erfährt. Am Ende ist dies immer noch die exakteste Ortsangabe.

Dieses Land „hinter den Deichen" ist in den Jahren des „Schimmelreiter"-Geschehens eine relativ friedliche, eine gesicherte und reiche Welt.

Weiterhin bleibt der Blick nach Westen gerichtet. Weiterhin blüht der Handel mit Holland, und sein Reichtum legt sich wie ein sanfter Schein über die karge Marschenwelt: In ihre spröden Farben mengen sich die wärmeren Töne einer behaglich kultivierten Lebensart.

Wer immer es sich leisten kann, bezieht sein Mobiliar aus Holland, und dieses Importgeschäft hatte schon im 17. Jahrhundert ein solches Ausmaß, daß die Obrigkeit schließlich eingreift und die Einfuhr „großer ausgeschnittener und anderer holländischer Kasten und Laden und was der unnötigen Dinge mehr seien"[108] verbietet. Doch finden sich inzwischen im Land selbst genügend holländische Handwerker mit ihren friesischen

Schülern, und weiterhin zieren ihre Arbeiten das Innere der Friesenhäuser: geschnitzte Truhen und Tische, die großen Schränke auf gewaltigen runden Füßen, dreigeteilt, mit zwei Türen, auf einem Sockel mit eingelassenen Schubladen. Vielleicht steht ein Satz Vasen darauf, drei oder fünf, aus Delfter Porzellan, und in den Fenstern sieht man Topfpflanzen, wie sie im blumenfreudigen Holland üblich sind.
Messing, Silber, Glas schimmern: Tee- und Kaffeekannen stehen auf spiegelnd blanken ‚Komforts', kleinen Kohlebecken, auch sie ein holländischer Import. Und in Tondern werden unter holländischem Einfluß Spitzen geklöppelt, mehr als zwölftausend Menschen leben dort um 1700 von dieser Industrie. Man gibt sich eben holländisch auch in seiner Tracht, und sogar der berühmte friesische Silberschmuck der Frauen zeigt portugiesische, über Holland ins Land gebrachte Muster.
Aber der Einfluß beschränkt sich nicht nur auf Mobiliar und Zierrat, auf Spitzenkragen, Silberschmuck und Tabakrauchen, was gleichfalls über Holland nach Nordfriesland kommt, wobei – ein Bericht von 1758 vermerkt es klagend – „de Frunslüd ... meist noch düller als de Mannslüd qualmen" und sich in Gasthäusern ebenso wie der Mann „ihr Glas Wein und eine Pfeife Tobak geben"[109] lassen, um sie dann mit „übereinander geschlagenen Beinen" zu rauchen.
Der holländische Einfluß führt noch weiter. Er prägt auch Frieslands geistige Welt.
Nicht zufällig ist der Band Euklid, den Hauke Haien auf dem väterlichen Dachboden findet, auf holländisch abgefaßt. Nicht zufällig liegt dort auch eine holländische Grammatik. Weder Vater noch Sohn beherrschen laut Storm das Holländische und dürften sich auf plattdeutsch verständigt haben, doch geht auch das auf holländischen Einfluß zurück, auf jene Zeit, als sich die niederländischen Neuankömmlinge mit ihren Nachbarn verständigen mußten. Friesisch, dieses Bündel unterschiedlicher Dialekte, konnten sie nicht. Also hatte man sich auf Platt geeinigt, das nun zur allgemeinen Umgangssprache wird, „neben dem Friesischen hier schon seit über hundert Jahren im Schwange", wie es im „Schimmelreiter" heißt. Holländische Brocken mischen sich darunter, und wer von Amsterdam her in die Marschen kommt, mag sich fast wie in seiner Heimat fühlen.
Aber es ist nicht seine Heimat. Bei allem holländischen Einfluß bleibt das Land zwischen Geest und Meer die Welt der nordfriesischen Marschen. Und das ist das eigentlich Erstaunliche am holländischen Einwanderungsprozeß: daß er zwar tief in das Wesen der Marschen, in ihr äußeres Bild

eindringt und doch kaum Einfluß auf die Bevölkerungsstruktur hat. Es wird keine holländische Minderheit in Nordfriesland geben, die auf ihre nationale Eigentümlichkeit pocht, keine eigene Volksgruppe, die sich auf ihre eigentlich niederländische Herkunft beruft. Alle, woher sie kommen mögen, werden gute Friesen.

Zuweilen heißt es, die meisten der holländischen Einwanderer seien eben in friedlicheren Zeiten in die Niederlande zurückgekehrt. Das scheint wenig glaubhaft. Warum hätten sie ein weiteres Mal ihre Heimat aufgeben sollen? Eher erweist sich in diesem 17. und 18. Jahrhundert die Welt des Hauke Haien als ein bemerkenswert robuster *melting pot,* als ein Schmelztiegel, der fremde Einflüsse aufnimmt und umsetzt, ohne darüber seine ganz unverwechselbare Eigenart zu verlieren. Und so lehnt sich denn der wohlhabende Marschbauer in seinen obligaten Ohrensessel neben dem Ofen der Wohnstube zurück, greift zur gleichfalls obligaten Kalkpfeife und schlürft den aus Holland eingeführten Tee, sein Nationalgetränk, das den Geschmack des berüchtigt schlechten nordfriesischen Wassers erträglicher macht. In zufriedener Ruhe darf er die Pracht seines Heims mustern, an dessen Wänden die ebenso schönen wie nützlichen, da gleichermaßen gegen Kälte wie Feuchtigkeit isolierenden Kacheln glänzen, holländischer Import auch sie.

Die Wände waren mit glasurten Kacheln bekleidet, auf denen hier ein Schiff mit vollen Segeln oder ein Angler an einem Uferplatz, dort ein Rind, das kauend vor einem Bauernhaus lag, den Beschauer vergnügen konnte, unterbrochen war diese dauerhafte Tapete durch ein mächtiges Wandbett mit jetzt zugeschobenen Türen und einen Wandschrank, der durch seine beiden Glastüren allerlei Porzellan und Silbergeschirr erblicken ließ; neben der Tür zum anstoßenden Pesel war hinter einer Glasscheibe eine holländische Schlaguhr gelassen ...

In diese Welt tritt der Halbwüchsige Hauke Haien, als er sich dem alten Deichgrafen vorstellt. Würde dessen Haus nicht auf dem Festland, sondern auf einer der nordfriesischen Inseln stehen, so könnten sich auf den Kacheln auch noch andere Motive finden: friesische Fischer vielleicht, beim Walfang. Und das Haus wäre vielleicht von Walfischzähnen umzäunt. Denn seit 1634 gehört auch das zur Friesenwelt: daß sich Jahr um Jahr ein Großteil der männlichen Inselbevölkerung auf holländischen Walfangschiffen verdingt.

Bleiben wir kurz bei diesem Phänomen. Denn auch das ist bezeichnend für die Welt des Hauke Haien, wie sie sich nun seit rund zwei Jahrhunderten herangebildet hat. Einst hatte ein Friesenwort geheißen: „Der Himmel ist hoch und der Landesherr fern.“ Das gilt nun schon lange nicht mehr. Nicht nur der eigene, auch die Herren anderer Länder sind der Friesenwelt näher, als es dem Marschbauern inmitten der blaugekachelten Behaglichkeit seines Warfthauses bewußt sein mag. Längst ist seine Welt in das Netz gesamteuropäischer Entwicklung eingesponnen und ein Teil dieser anderen Welt geworden.

Wir haben gesehen, wie sich im 16. Jahrhundert eine Entscheidung im spanischen Escorial bis nach Friesland auswirkt. Im Jahr 1634 wiederum ist es ein Dekret, das im Pariser Palais Royal unterzeichnet wird, also auch nicht eben in Nordfrieslands unmittelbarer Nachbarschaft. Dort hat Frankreichs allmächtiger Kardinal Richelieu gerade beschlossen, den nordspanischen Basken die Teilnahme an niederländischen Walfangfahrten zu untersagen. Der Repräsentant einer katholisch-absolutistischen Monarchie bezweckt damit zweierlei: Einmal führt er Krieg gegen Spanien und braucht dafür die Basken. Zum anderen will er seinem Erzfeind, dem protestantischen, liberalen, republikanischen Holland, einen entscheidenden, vielleicht tödlichen Streich versetzen.

Denn Holland ist vor allem Wirtschaftsmacht. Seine Wirtschaft lebt unter anderem vom Walfang. Dafür braucht sie die alljährlich angeworbenen Mannschaften aus dem Baskenland. Sie fallen nun aus, und das könnte der Ruin für Hollands Wirtschaft sein. Doch revanchiert man sich und entsinnt sich seiner Beziehung zu Nordfriesland. Nun werden also dort die Walfänger angeworben, und für die von der Manndränke gebeutelten Friesen eröffnet sich ein neuer Erwerbszweig bis ins 19. Jahrhundert hinein.

Ziehen wir also auf einer imaginären Landkarte Querlinien zu allen Punkten, von denen aus Nordfriesland beeinflußt wird: Wir entdecken die einstigen ‚Utlande‘ mitten im Spannungsfeld europäischer Entwicklungen, zwischen Kopenhagen, Paris, Madrid, Amsterdam – was dort geschieht, wirkt sich auch zwischen Geest und Meer aus. Auch das ist die Welt des Hauke Haien.

Dennoch schert sich ein Mann wie er wenig um solche internationalen Verzweigungen und Querverbindungen. Sein Hintergrund bleibt die Marsch, sein Lebensraum die Kooggemeinschaft. Und seinen Horizont bestimmt das Meer. Das eint die Menschen dieser Dörfer.

Das Wort „Dorf“ stimmt eigentlich nicht.

„Vor mir, von unten aus dem Kooge, schimmerten eine Menge zerstreuter

Lichtscheine zu mir herauf, sie schienen aus jenen langgestreckten friesischen Häusern zu kommen, die vereinzelt auf mehr oder minder hohen Werften lagen", erzählt der Reisende gleich zum „Schimmelreiter"-Beginn in der Rahmenhandlung der Novelle. Er könnte auch noch von den Gräben sprechen, die die Häuser voneinander trennen, und diese Gräben sind nahezu ein Symbol für die ‚splendid isolation', in der hier die einzelne Sippe inmitten ihrer Kooggemeinschaft lebt. Nur selten überqueren Brükken die Gräben, oft sind es auch noch Zugbrücken. Meist muß man den schon vom mittelalterlichen Chronisten Saxo Grammaticus erwähnten Springstab benutzen, und wenn bei der Schneeschmelze des Frühjahrs oder nach den schweren Regenfällen im Herbst diese Gräben über ihre Ufer treten und die Marsch zu einer einzigen blinkenden Wasserfläche geworden zu sein scheint, wird im Boot von Warft zu Warft verkehrt.

Ob es nun die üblichen langhingezogenen Friesenhäuser sind, wie sie Storms Reiter sieht, oder die von Holländern auf Eiderstedt eingeführten Haubargen, hochgetürmte Häuser mit doppeltem Dachboden: Diese Häuser auf den Warften wirken wie kleine Festungen. Und Festungen sind sie eigentlich auch, Bastionen der ‚Sippe', des Familienverbands, der eigentlichen friesischen Gemeinschaft.

Von Ost nach West sind diese Häuser gebaut, mit schwerem Reetdach, ohne Fachwerk, aus Ziegelsteinmauern, mit steil aus der Mauer aufsteigendem Giebel. Mit den Jahren ist der Raum zu eng geworden. Flügel wurden angebaut, bis sich ein Kreuz ergeben hat, mit einem Lichthof in der Mitte: So hat sich der Nordfriese seine Burg geschaffen und sieht nun mißtrauisch durch die bleiverglasten, manchmal von Gittern geschützten Fenster, wer da vor der massiven Tür an der Südseite steht, sein Pferd an den Metallring bindet und mit dem Messingschlegel gegen das geschnitzte Holz klopft.

Sehen wir den Besucher ein solches Haus betreten: Er geht den mit Steinen gepflasterten Mittelgang hinunter, an dessen Seite die Stallungen liegen, für Pferde, Rinder, Kleinvieh, während die Schafe, Nordfrieslands eigentliches Wappentier, auch im Winter meistens draußen bleiben.

Er kommt in die Hausdiele. Dahinter liegt die eigentliche, gewöhnlich aus drei Räumen bestehende Wohnung: Wohnstube, Schlafkammer und Pesel, der Prunkraum, der als gelegentliches Gästezimmer, als Lagerraum und auch als Festsaal dient.

Die Zeit der Badezimmer ist noch nicht gekommen. Die Männer waschen sich über dem Eimer im Stall, die Frauen in der Küche. Auch die eigene Schlafkammer ist nicht überall die Regel. In Hauke Haiens Wirtschaft werden zwar „die dumpfen Wandbetten im Wohngemach ... nicht mehr gebraucht“, jene durch eine Schiebetür geschlossenen Alkoven, wo man allein oder zu mehreren „mutternackt“ mehr hockte als lag: Der Deichgraf und seine Frau haben ihre eigene Schlafkammer, und auch das weist den Storm-Helden als Mann des Fortschritts aus. Aber noch zu Beginn des 19. Jahrhunderts, bei einer Inspektionsreise im Sommer 1825, muß selbst der dänische König Friedrich VI. auf einer Hallig in solch einem Alkoven nächtigen.

Hauke Haiens angeheirateter Besitz, „durch seine hohe Werfte, besonders durch den höchsten Baum des Dorfes, eine gewaltige Esche, schon von weitem sichtbar“, markiert nicht nur durch seine Ausmaße die Spitze der sozialen Pyramide eines Friesendorfs. Von ihm heißt es auch: „An dies Haus ist noch keine Flut gestiegen!“ Es liegt also am sichersten, auf hoher Warft, tief im Herzen des Koogs. Zum Meer hin werden die Häuser kleiner, sind schließlich nur Katen, wo die Armen und Ärmsten einer Kooggemeinschaft wohnen. Die Allerärmsten schließlich wie im „Schimmelreiter“ die alte Trin' Jans haben ihre Hütten direkt auf dem Deich. Und doch ist dies noch nicht die unterste Stufe: Es gibt auch noch ein Lumpen-Proletariat.

Das sind die Arbeiter, die für den Deichbau angeworben werden, Tausende oft, eine unruhige, beunruhigende Masse, die da in langen grauen Kolonnen in die Marsch einzieht. Viel weiß man von ihnen nicht, und nur Gerücht mag sein, daß sich darunter auch viele Kriminelle befinden, die entweder zur Deicharbeit verurteilt wurden oder sich auch hierher geflüchtet haben, da nach altem Deichrecht niemand während der Deicharbeit verhaftet werden kann.

Diese Männer haben nicht viel zu verlieren. So sind sie rebellisch, ständig unzufrieden und begehren auf, wenn die Arbeit zu hart, der Lohn zu niedrig ist. Hier an der Küste soll es zu den ersten großen ‚Lohnstreiks‘ in der deutschen Sozialgeschichte kommen, und es sind reguläre Aufstände, wie sie Rollwagen und Leeghwater erleben, schließlich auch ein dänischer König: „Wie hinderlich waren doch die Arbeiterausstände zur Zeit Christians IV.! Wenn sie ‚Lavei‘ machten, so nahmen sie nicht Abschied und gingen davon; sie blieben vielmehr an der Arbeitsstelle und suchten, die Arbeitswilligen mit Gewalt an der Arbeit zu hindern. Ganz so wie in unseren Tagen! Einer ihrer Anführer, Bestekind genannt, der eine Unterschlagung begangen hatte, drang in das Zimmer zu dem König. Man besänftigte ihn zunächst mit guten Worten, weil die Anwendung von

Gewalt nicht angebracht schien. Doch kam er später in Flensburg an den Galgen..." – soweit im Jahr 1685 der Husumer Bürgermeister Harro Feddersen, der auch gefordert hatte: „Gegen solche Ausstände müssen Soldaten zur Hand sein..."[110]

Das mögen Exzesse der nordfriesischen ‚Gründerzeit' gewesen sein. Doch noch in Verordnungen des 19. Jahrhunderts klingt die Furcht vor Arbeiterstreiks durch, und hämische Anmerkungen über die Freßlust der Arbeiter, ihre Gier nach Kaffee und Alkohol, ihre Brutalität im Umgang untereinander durchziehen nordfriesische Chroniken: Noch lange soll es dauern, bis das soziale Problem erkannt wird.

Auch in der Storm-Novelle wird die generelle Verachtung für die Parias der Deichgemeinschaft spürbar. Dort treten sie als dumpf-anonyme Masse auf, wenn der Hund geopfert werden soll oder Hauke Haien in seiner letzten Nacht zum Deich prescht. Gleich zu Beginn der Erzählung sieht man den Jungen Hauke in ihrem Kreis, als ihn der Vater zur Deicharbeit geschickt hat, um ihn vom Euklid zu kurieren. Die innere wie äußere Isolierung des Jungen könnte nicht nachdrücklicher unterstrichen sein. Wo wäre er einsamer als im Kreis dieser Arbeiter, allein mit sich, voller Gedanken, Sehnsüchte und erstem hungrigen Ehrgeiz?

Was aber könnte in einem Friesendorf den Ehrgeiz eines Kleinbauernsohns stillen?

Reiche Leute schicken um diese Zeit ihre Söhne zum Studium in die Städte, sogar nach Holland. Ein Junge wie Hauke Haien hat nicht solche Möglichkeit. Und für das einheimische Schulwesen gilt, was eine königliche Verordnung von 1761 gleich in ihren ersten Sätzen festhält: „Mit lebhafter Gemütsempfindung haben wir wahrgenommen, daß es fast über all mit dem Schulwesen noch sehr schlecht aussehe..."

Da steht denn irgendwo eine hastig errichtete Kate, wenn nicht gleich im Hinterzimmer eines Bauernhauses unterrichtet wird, und hier ist es dann der Dorfhirte, ein Knecht oder ein verkrachter Handwerker, der in den Wintermonaten den Kindern ein wenig Lesen, Schreiben, Rechnen beibringt. Mehr weiß er selber nicht.

Er muß den Katechismus kennen. Seine Stimme muß ausreichen, um ein paar Choräle zu singen. Das genügt, um als Schulmeister zugelassen zu werden. Dafür wird er, ohne festen Lohn, bei den Bauern durchgefüttert, ein Habenichts, einer, der in der Regel für schwerere körperliche Arbeit nichts taugt, und schon deshalb einer der verachtetsten Leute im Dorf, bis schließlich der schon erwähnte Erlaß von 1761 verlangt, „daß vor allen

Dingen sämtlichen Schulmeistern ein, wenigstens notdürftiger, Unterhalt ausgemacht, die wechselweise von den Bauern gegebene Kost mit Obdach und Nachtlager abgeschafft und ihnen dafür ein zulängliches Äquivalent, wo nicht an Geld, so doch allenfalls an Korn, Brot oder anderen Victualien beigeleget, mithin sie in den Stand gesetzt werden, ihr eigen Feuer und Herd, allenfalls in einer gemieteten Wohnung zu haben ..."

Von dieser Art ist also die Schule, die ein Junge wie Hauke Haien besucht. Er behilft sich. Er bringt sich sein Wissen selber bei. Doch nützt ihm das nichts. In der eingeschliffenen Hierarchie der Marschgemeinschaft gilt nur der eine Maßstab: der Besitz.

Das ist nicht nur platter Materialismus.

Besitz zeigt auch an, wessen Vorfahren einmal im Kampf gegen den Blanken Hans am tüchtigsten waren und ihm am meisten Land abgerungen haben. So hat denn der Erbe einer solchen Dynastie im Dorf die meiste ‚Kleie unter den Füßen', und mit einiger Folgerichtigkeit ist er es, der dann Deichgraf wird. Es war schon von der Mittlerrolle die Rede, die ein Deichgraf spielt: Für sie braucht er innerhalb der Kooggemeinschaft den Besitz, der ihm Rückhalt und Autorität gibt. Und er muß auch reich genug sein, um sich das Deichgrafenamt leisten zu können. Er braucht Knechte, die den Hof verwalten, während er den Deichgeschäften nachgeht. Und schließlich noch: Er versieht seinen Dienst ehrenamtlich. Hieran werden bis zum 19. Jahrhundert auch immer wieder die Versuche des Staates scheitern, das Prinzip des reichsten Manns im Dorf zu durchbrechen und Deichgrafen ihrer Wahl einzusetzen. In der Hattstedter Marsch wurde immerhin einmal der Vorstoß gewagt. Die Kooggemeinschaft wußte ihn rasch abzublocken: ob denn dieser Deichgraf auch bereit sei, ohne Lohn sein Amt zu versehen. Er war es nicht – und alles blieb beim alten.

Dabei wird dieses System immer problematischer und gefährlicher.

Ein berühmter Friesland-Reisender des 18. Jahrhunderts, der Wissenschaftler Johan Nicolai Tetens, wird zum Beispiel schaudernd feststellen, in welch' schlechten Händen meist dieses wichtigste Deichamt liegt. Und auch bei Storm wird die Problematik der Vererblichkeit des Amts kurz charakterisiert, wenn Hauke Haiens Vater zum alten Deichgrafen sagt: „Im dritten Gliede soll der Familienverstand ja verschleißen; Euer Großvater, das wissen wir noch alle, war einer, der das Land geschützt hat!" Darauf der Deichgraf, „nach einigem Besinnen": „Wie meint Ihr das, Tede Haien?' sagte er und setzte sich in seinem Lehnstuhl auf, ‚ich bin ja doch im dritten Gliede!"

Tede Haien bleibt die Antwort schuldig. Doch liegt sie auf der Hand: Spätestens im 18. Jahrhundert ist das alte Deichgrafensystem total verrottet. Dennoch zeichnet sich kein Wandel ab. Es bleibt bei der ‚Kleie unter den Füßen' – und wer sie nicht hat, mag so begabt sein wie Hauke Haien: Er kann nicht Deichgraf werden.
So gibt es eigentlich nur einen Weg, in dieser vom Besitz diktierten Hierarchie voranzukommen, und sowohl Hauke Haien wie ironischerweise auch Ole Peters wählen ihn: Beide heiraten reiche Frauen. Von ihren Hochzeitsfesten schreibt Storm nichts. Doch wissen wir, wie es bei solchen Festlichkeiten zuging: mit allem Glanz, den die Welt der Marschen überhaupt nur aufbieten konnte, in eigens aufgeschlagenen Zelten, in denen sich die gesamte Kooggemeinschaft zusammenfand, „mit Vorreitern, Blumen, Mandeln und dergleichen über die Tischgäste ausstreuenden jungen Mädchen, mit Schaffern und Schafferinnen und so weiter ...“[111]
Der Freitag war gewöhnlich Hochzeitstag der Friesen. Schon einige Wochen zuvor war dann der Hochzeitsbitter von Haus zu Haus gezogen. Er hatte mit seinem bändergeschmückten Stock auf den Boden geklopft und gerufen: „Ich soll grüßen vom Bräutigam und seiner jungen Braut, ob Ihr so gut sein wollt, zur Hochzeit zu kommen. Messer, Gabel und Löffel müßt ihr mitbringen, wenn etwas zu essen gibt ...“
Das gab es denn auch, bei Kümmel und Warmbier, an endlos langer Tafel, an der Frauen und Männer voneinander getrennt saßen. Hinter aller fröhlichen Festesfreude standen aber handfeste kommerzielle Interessen, denn eine Hochzeit war auch ein Geschäft: Besitz kam zu Besitz oder wurde geteilt, und ein armer Mann wie Hauke Haien, wie Ole Peters konnte nun plötzlich reich sein. Sie steigen auf in der sozialen Hierarchie des Friesendorfs, und mit Hilfe seiner Frau findet sich Hauke Haien an ihrer Spitze wieder, patriarchalischer Gebieter über eine kleine, in sich geschlossene Kommune, die ein jeder größere Marschbesitz darstellt.
Wie groß Hauke Haiens Hof ist, bleibt bei Storm offen. Landregisterangaben aus dem 18. Jahrhundert weisen Besitzungen von über sechshundert Demat aus, das mögen Spitzenwerte sein. Ein größerer Hof kann im Durchschnitt auf zweihundert Demat geschätzt werden, rund hundert Hektar. Zwei bis vier Knechte gehören zu solch einem Hof, zwei bis vier Mägde, im Sommer ein oder mehrere Hütejungen, und auch hier gibt es ein Lumpen-Proletariat, die Kolonne der Schnitter und Drescher, die jeweils für eine Saison angeworben werden und in Zelten oder primitiven Dachhütten hausen.

Also auch hier straffe soziale Staffelung: An der Spitze steht der Groß- oder Vorknecht. Er ist dem ‚Wirt', höflich mit ‚us Weert' oder, vornehmer noch, mit ‚min Herr' angeredet, verantwortlich. Er wirbt die Feldarbeiter an und handelt ihren Preis aus. Er teilt die Arbeit ein und kontrolliert sie. Am Gesindetisch führt er den Vorsitz. Er schneidet Brot und Speck auf, er verteilt es an die anderen. Und das Mahl beginnt erst, wenn er zu essen anfängt. Es endet, wenn er ein Zeichen gibt: Alle haben mit ihm satt zu sein.

Essen spielt im friesischen Leben eine große Rolle.

Es mag ein Scherz sein, daß „Friesen" eigentlich „Fressen" heißt, doch lassen sich immerhin bis zu sechs und sieben Mahlzeiten pro Tag nachzählen, von der Scheibe Brot in der Frühe über zweites Frühstück, Mittagessen, Vesper und Abendbrot bis zu einem letzten kräftigen Bissen vor dem Schlafengehen. Doch steht hier Quantität für Qualität. Die Speisenfolgen jener Zeit, sich von Woche zu Woche gleich, lesen sich mehr bedrückend denn appetitanregend. Klöße, Grütze, Schwarzsauer, gelegentlich Suppen, die gemeinsam aus der großen Schüssel gelöffelt wurden – hierin erschöpft sich der Speisenplan, und der Sauerbraten am Sonntag, zuweilen eine Gans (weniger die nach dem Motto ‚Zu viel für einen, zu wenig für zwei' nicht so geschätzte Ente) sind bereits absoluter kulinarischer Höhepunkt. Dazu wird, wie zu fast allen Mahlzeiten, Bier getrunken, der andere Nationaltrank der Nordfriesen.

Es bleibt nicht beim Bier. Man greift auch zu härteren Sachen. Und das ist in dieser Welt wohl unvermeidlich. Die harte Arbeit, das aufreizende Klima, das ständige Bewußtsein von Bedrohung und Gefahr – das verlangt sein Gegengewicht. Alkohol wurde dabei zum Allheilmittel: Schon zum allerersten Frühstück gehört ein Glas Schnaps. Und die Frauen stehen auch hierbei den Männern nicht nach, mag auch die Geistlichkeit dagegen wettern, mag's manchem Chronisten schaudern: „Aus meiner Jugendzeit erinnere ich, welch einen entsetzlichen Skandal die Frauen auf Waygaard nach der Geburt eines Kindes anrichteten. Sie besoffen sich, gingen dann von Haus zu Haus. Sie tanzten und tranken fort..." (M. A. Michelsen). Doch gehört auch das zum friesischen Wesen: neben der Schwermut die plötzlich aufbrechende Lebenslust, neben melancholisch brütender Spökenkiekerei die aufschäumende Freude an Festen und Feiern.

Dann wird der Pesel geräumt und die gesamte Nachbarschaft geladen. Dann feiert man Taufe, Hochzeit, Konfirmation. Verordnungen verfügen, daß nicht mehr als fünfundzwanzig Paare zu den großen Gastmählern geladen und auch nicht mehr als fünf Gänge serviert werden dürfen. Es fruchtet wenig. Die Friesen wollen ihre Feste. Sie brauchen sie. Sie sind der fröhlich bunte Kontrapunkt zum Grau der Alltagswelt.

Ein Fest ist letzlich auch der Tod.

Der Friese steht ihm gelassen gegenüber und nimmt ihn als unumgängliche Gegebenheit. Trifft es einen in dieser Gemeinschaft, so ist es aber die Pflicht der anderen, seinen letzten Weg zu einem feierlichen Ritual auszugestalten: „Und nun gab es eine große Leiche im Dorf", wie Storm seine Schilderung des Begräbnisses von Elkes Vater beginnt. Sie mag nicht immer so ‚groß' sein wie im Fall des reichen Deichgrafen. Aber auch sonst verlangt die gute Sitte, daß jede Hausgemeinschaft wenigstens einen Vertreter im Leichenzug mitschreiten läßt. Und so wird denn zunächst im Trauerhaus mit Einsegnung und Ansprachen vom feierlich aufgebahrten Toten Abschied genommen. Sodann geht es hinaus zum Friedhof und wieder zurück zum großen Leichenmahl, mit Weinsuppe, Schinken und Kuchen. Der Kaffee, absolutes Festgetränk, fließt in Strömen, Tabakrauch vernebelt die Luft, und aus dem Dunst steigen die Gespräche auf, über den Toten und was nun nach ihm kommt. Denn das Leben geht weiter: Das ist hier kein leerer Spruch, sondern unerbittliche Notwendigkeit in einem Land, das Tag um Tag seinen Überlebenskampf ausficht.

Binnenländer wird es immer wieder wundern, warum – wie im „Schimmelreiter" Elke beim Begräbnis ihres Vaters – die nächsten Angehörigen nicht zum Grab mitgehen. Einen Friesen wundert das überhaupt nicht. Im Gegenteil: Noch in den dreißiger Jahren unseres Jahrhunderts war es durchaus unüblich, daß die Witwe dem Sarg ihres Mannes folgte. Jeder hatte Verständnis, daß nun, nach dem eigentlichen Abschied im Totenhaus, ihre Sorge dem Mahl für die Hinterbliebenen galt, und nicht nur ein Witz braucht jene Geschichte vom sterbenden Marschbauern zu sein, der vergeblich nach seiner Frau ruft, um von ihr Abschied zu nehmen: Sie kann nicht kommen. Sie muß die Kuchen für die Leichenfeier backen.

Ein Höhepunkt aller nordfriesischen Geselligkeit aber, Genuß der Genüsse, ist der Nationalsport der Marschen, das Boßel- oder Boselspiel. Auch das ist eigentlich ein holländischer Brauch, dazu in Varianten, als Klootschießen oder Bowlplay, auch in England, Irland, Westfriesland und Niedersachsen bekannt. Doch haben ihn die Nordfriesen so innig zu einem Teil ihres Daseins gemacht, daß es hier um urfriesisches Brauchtum zu gehen scheint: Bezeichnenderweise nimmt denn auch im „Schimmelreiter" eine Boselspielszene eine zentrale Stelle der Novelle in Anspruch, darf dabei Hauke Haien zum ersten Mal aus der Masse der anderen heraustreten und sich als triumphierender einzelner beweisen. Und als dann 1977 „Der Schimmelreiter" (ein zweites Mal) verfilmt wird und das Gerücht in die Marschen dringt, eben diese Szene solle der Kintopp-Dramaturgie zum Opfer fallen, richtet ein Heimatverein ein geradezu herzzerreißendes Schreiben an die Produktionsfirma, hierauf doch auf keinen Fall zu verzichten. Die Szene fiel dann dennoch fort und wurde, nach dem Branchenmotto: „Gäule ziehen immer", durch ein Reiterspiel ersetzt. Und das war zweifellos schade. Denn kaum anderes als gerade das Boselspiel gibt so tiefen Einblick in friesische Eigenart:

Auf der weiten Weidefläche, die sich zu Osten an der Landseite des Deiches entlang zog, sah man am Nachmittag darauf eine dunkle Menschenmasse bald unbeweglich stille stehen, bald, nachdem zweimal eine hölzerne Kugel aus derselben über den durch die Tagessonne jetzt von Reif befreiten Boden hingeflogen war, abwärts von den hinter ihr liegenden langen und niedrigen Häusern allmählich weiterrücken; die Parteien der Eisbosler in der Mitte, umgeben von alt und jung, was mit ihnen, sei es in jenen Häusern oder in denen droben auf der Geest, Wohnung oder Verbleib hatte; die älteren Männer in langen Röcken, bedächtig aus kurzen Pfeifen rauchend, die Weiber in Tüchern und Jacken, auch wohl Kinder an den Händen ziehend oder auf den Armen tragend. Aus den gefrorenen Gräben, welche allmählich überschritten wurden, funkelte durch die scharfen Schilfspitzen der bleiche Schein der Nachmittagssonne; es fror mächtig, aber das Spiel ging unablässig vorwärts, und aller Augen verfolgten immer wieder die fliegende Kugel, denn an ihr hing heute für das ganze Dorf die Ehre des Tages ...

So setzt bei Storm die Schilderung des Eisboselspiels ein, und wenn er selbst sehr wahrscheinlich nie in seinem Leben eine Boselkugel in der Hand gehabt haben dürfte, so bleibt einmal mehr die Genauigkeit zu bewundern, mit der er in wenigen Strichen das eigentlich Besondere an diesem Sport skizziert, nämlich seine soziale Funktion.

Hier sind einmal in jeder Hinsicht die Gräben zwischen den Warften zugefroren, der Friese, Einzelgänger von Natur aus, findet sich zu seinem Vergnügen, nicht wegen anfallender Deicharbeit zur Gemeinschaft zusammen, denn für das ganze Dorf steht nun „die Ehre des Tages" auf dem Spiel. Da gilt denn auch ausnahmsweise nicht Besitz als alleiniger Maßstab, und selbst ein armer Junge wie Hauke Haien, das verkannte Genie, darf sich als Held des Tages fühlen. Leistung zählt, endlich einmal, ganz allein.

Da flog es wie eine Stahlkraft in Haukes Arm; er neigte sich ein wenig, er wiegte die Kugel ein paarmal in der Hand; dann holte er aus, und eine Todesstille war auf beiden Seiten; alle Augen folgten der fliegenden Kugel, man hörte ihr Sausen, wie sie die Luft durchschnitt; plötzlich, schon weit vom Wurfplatz, verdeckten sie die Flügel einer Silbermöwe, die, ihren Schrei ausstoßend, vom Deich herüberkam; zugleich aber hörte man es in der Ferne an die Tonne klatschen. „Hurra für Hauke!“ riefen die Marschleute, und lärmend ging es durch die Menge: „Hauke! Hauke Haien hat das Spiel gewonnen!“

Und dann geht es hin zum Tanz ins Wirtshaus. Die Jungen und Mädchen wiegen sich in ihren improvisierten Reigentänzen, die ‚Hommeln‘ werden gespielt, eine Art Laute, die gleichfalls aus Holland stammt. Bier und Branntwein strömen, und die Geistlichkeit hat wieder Grund, den Kopf zu schütteln, zumal wenn bei solchen Festen Kinder bis in die Nacht hinein zusammen mit den Erwachsenen feiern.

Das sind die Stunden, in denen sich die Friesen zu einer fröhlichen Gemeinschaft finden, bunt und laut, trinkfroh und rauflustig. Dann wird es wieder still in den Marschen. Der Alltag setzt ein, in ewig gleichem Rhythmus. Und abends mag man in den Häusern hören: „Laßt uns schummern!“ Die Sippe setzt sich zum ‚Schummer‘ zusammen, zur Stunde zwischen Tag und Dunkelheit, und bei fallendem Licht wird erzählt, in immer gleichem Wortlaut die immer gleichen Geschichten, von Helden und Taten der Vergangenheit, von den großen Sturmfluten, vom König Abel und von Rungholts Untergang.

In dieser festgefügten, auf ihre alten Bräuche und Rituale trauenden Gemeinschaft mit ihrem vorgeprägten Rollenspiel, in diesen Kooggemeinschaften „irgendwo hinter den Deichen“ mag es manchen geben, der weiter ist als die anderen, der sich eigene Gedanken macht. Er mag sich aus diesem Kreis fortstehlen, er sinnt und plant in der Einsamkeit der Natur und kommt dabei zu neuen Schlüssen, wie eben der sechzehnjährige Hauke Haien.

Er hörte weder das Klatschen des Wassers noch das Geschrei der Möwen und Strandvögel, die um oder über ihm flogen und ihn fast mit ihren Flügeln streiften, mit den schwarzen Augen in die seinen blitzend; er sah auch nicht, wie vor ihm über die weite, wilde Wasserwüste sich die Nacht ausbreitete; was er allein hier sah, war der brandende Saum des Wassers, der, als die Flut stand, mit hartem Schlag immer wieder dieselbe Stelle traf und vor seinen Augen die Grasnarbe des steilen Deichs auswusch. Nach langem Hinstarren nickte er wohl langsam mit dem Kopfe oder zeichnete, ohne aufzusehen, mit der Hand eine weiche Linie in die Luft, als ob er dem Deiche damit einen sanfteren Abfall geben wollte . . .

So könnte es gewesen sein. Doch war es nicht so. Es bleibt poetische Fiktion. Das schließt nicht aus, daß um diese Zeit ein junger Friese solche Vorstellungen von einem neuen Deichprofil gehabt haben könnte. Doch kein Friese wird es in jenem Jahrhundert schaffen, solche Vorstellungen in aller Konsequenz auch durchzusetzen. Denn die Verhältnisse in den Marschen – die sind nicht so.

Dennoch entstehen um diese Zeit die ersten modernen See-Deiche.

Der sie schafft, stammt nicht aus Friesland. Er ist dort nicht einmal zuhause, sondern gastiert dort nur gelegentlich als der große Herr, Weltmann und Millionär, der er ist. Sein Name: Jean Henri Desmercieres. Seine Heimat: Frankreich.

Wie aber wird ein Franzose Deichbauer in der nordfriesischen Marsch?

Wieder müssen wir unsere imaginäre Landkarte bemühen. Eine weitere Querlinie zieht sich nun nach Frankreich, diesmal nicht ins Pariser Palais Royal des Kardinals Richelieu, sondern ins Schloß von Fontainebleau.

Es ist ein milder, sonniger Herbsttag. Über die berühmte Hufeisentreppe steigt gerade Ludwig XIV. einer wichtigen Entscheidung entgegen. Sie hat nichts mit Nordfriesland zu tun. Vermutlich weiß der Sonnenkönig nicht einmal, wo das liegt. Und doch wird seine Entscheidung unter anderem bewirken, daß dort die ersten modernen Seedeiche entstehen.

Ein großer Herr aus Frankreich

Es ist der 18. Oktober 1685.

Gefolgt von einem Schwarm Priestern und Juristen betritt Ludwig XIV. die angegraute Pracht von Fontainebleau. Frankreichs König setzt seinen steilgeschwungenen Namen unter ein Dokument. Danach darf er sich zufrieden zurücklehnen. Wieder einmal hat er mit gewohnter Sicherheit entschieden, diesmal über das Schicksal von rund anderthalb Millionen seiner Untertanen.

Es sind Frankreichs Calvinisten, die Hugenotten, denen einst Ludwigs Großvater Heinrich IV. mit dem Toleranzedikt von Nantes umfassende Glaubensfreiheit zugesichert hatte. Damit ist nun Schluß. Der Enkel setzt

Storms Geburtshaus in Husum, Am Markt 9
Zeichnung von J. Harnkens

Theodor Storm · Gemälde von Nicolaus Sunde, 1857

Constanze Storm · Gemälde von Nicolaus Sunde, 1857

Dorothea Storm

Theodor Storm im Alter von 70 Jahren

Jean Henri Desmercieres

Hans Momsen

Johann Iwersen-Schmidt

Storms „Altersvilla" in Hademarschen

Theodor Storms Schreibtisch, an dem er den „Schimmelreiter" schrieb

Geographische Darstellung der großen Sturmflut vom 25. Dezember 1717

Bericht.
Es ist nicht nachdrücklich genug vorzustellen der sehr betrübte und erbärmliche Zustand, der den Nördlichen Theil von Teutschlandt den 25 December in der heiligen Christ Nacht des verwichenen 1717ten Jahrs betroffen, da nemlich die See bey einem gar ungestümmen Nord-West Wind die Dämme durchgebrochen, viel tausendt Menschen und Vieh um das Leben gebracht und unzehlich viel Häußer darnieder gerissen. Man hat aber die Nachricht, daß sowohl Dittmarschen alß das Eyderstädtische samt einigen Insuln mehrentheils unter Wasser gesetzt worden, und sind im Nordtstrand allein 6308 Menschen im Eyderstädischen 2107, im Dittmarschen 1000, zu Hamburg 200, und nochmehr in disen Gegenden ertruncken. Unttr und jenseits der Elbe im Bremischen, hat ebenfalls das wasser grossen Schaden gethan, besonders in dem Land Ködingen, im Land Hädeln, im alten Land, und im Land Wursten. da bey 2000 Menschen und sehr viel Vieh umkommen. Im Oldenburgischen des Pudjadinger Lands, sind auch 921 Menschen ertruncken. In dem Ost Frisischen, Emdischen, item um Aurich und Iever, hat es einen unbeschreiblichen Schaden verursachet; in diesen Gegenden sind 5604 Menschen umkommen, nebst allen Vieh, so daß sich die Summa der Ertrunckenen Menschen auf 18140, so wie es annach wissent ist betrifft. Es haben auch die See-Canten van West-Frißland, Grönningen, und Nord-Holland, große Noth gelitten. Hiebey ist noch um destomehr zu bejammern daß der Schaden wegen den Hohen Fluthen noch immer mehr und mehr anwachse, zumahl da die Dämme sehr zerrissen und allen Fluthen offen stehen, gleich wie erst neulich den 25 Febr: das Wasser bey einem starcken Nord-West wind in dem Holsteinischen und einigen andern Gegenden um 5 biß 6 Schue höher gestiegen, und weiter in das Land eingebrochen, welche traurige Begebenheiten gegenwärtige Charte gantz special und mit mehrern vor die Augen leget. Wie weit nun das Land unter Wasser bleiben, oder von selbigen wieder befreyet wird, ist zu erwarten; da es sodann auch eigentlich soll angezeiget werden.
HERTZOGTHUM HOLST
NORT DITHMARSEN
SVD DITHMARSEN
DAS EYDERSTÆDTSCHE
EDOMS HERDE
HUSUM
Bredstedt
Friedrichstadt
TÖNNINGEN
Garding
Lunden
Heide
Meldorff
Brunsbüttel
S. Margaretha
GLÜCKSTADT
Wesslingburen
Simrensbergen
Olant I.

Zeitgenössische Darstellung der Sturmflut von 1697

Zeitgenössische Darstellung des Deichbaues aus dem Jahre 1720

das Intoleranzedikt von Fontainebleau dagegen. Jetzt darf man in Frankreich nur glauben, was der König glaubt. Die Hugenotten ziehen die Konsequenz. Zu Hunderttausenden verlassen sie das Land.

Das Ausland ist begeistert.

Zwar ist man nirgendwo wesentlich toleranter als in Frankreich. Doch hat der Sonnenkönig nun endlich seinen Feinden ein unschlagbares Argument wider die Tyrannei seines Regimes geliefert. Und im übrigen bedeutet die Auswanderung der Hugenotten für Frankreichs Wirtschaft einen Aderlaß, von dem sie sich nie mehr recht erholen wird. Denn diese Hugenotten sind Frankreichs tüchtigste Handwerker, Industrielle, Geldmagnaten gewesen, und wie schon im Jahrhundert zuvor die Holländer führen sie nun ihre Kenntnisse und Fertigkeiten im Fluchtgepäck, importieren sie über die Grenzen, wo sie bereitwilligst aufgenommen werden.

Einer dieser Hugenotten ist der 1665 in Lyon geborene Kaufmann und Verleger Jean Henri Huguetan.

Wir können uns diesen Mann als Prototyp eines Hugenotten vorstellen, nüchtern, ehrgeizig, geschäftstüchtig; ein geschickter Kaufmann und wagemutiger Unternehmer, durchdrungen von der calvinistischen Prädestinationslehre, derzufolge ein auf Erden wohlerworbener Reichtum sichtbares Zeichen für göttliches Wohlgefallen bedeutet. Der Tag von Fontainebleau kostet ihn zwar seine Heimat, nicht aber seine Karriere. Im Gegenteil: Die fängt erst an.

Um 1711 begegnen wir Huguetan als schwerreichem Großgrundbesitzer wieder. Er lebt nun in Dänemark, hat eine dänische Adlige geheiratet und das Gut Gyldensteen erworben. 1717, im Jahr der berüchtigten Weihnachtsflut, erhebt ihn der dänische König zum Grafen Gyldensteen. Und wiederum ein Dutzend Jahre später sehen wir ihn unterwegs in den nordfriesischen Marschen. An seiner Seite befindet sich ein Mann um die vierzig, Jean Henri Desmercieres genannt. Es ist Gyldensteens unehelicher Sohn.

Um Huguetans Karriere spinnen sich einige Rätsel. Denn nur zwei Jahre nach seiner Emigration, die ihn zunächst nach Holland führte, kehrte er unbehelligt nach Paris zurück und war sogar am Hof von Versailles gesehen. Wie immer das zu erklären ist: Diese Rückkehr sollte Folgen haben.

Zum einen zieht sich Huguetan in dieser Zeit den unerbittlichen Haß des Sonnenkönigs zu, nicht seines Glaubens wegen, sondern eher wegen einiger nicht recht durchschaubarer Geld- und Kreditgeschäfte. Offenbar hatte er sich dem stets von Geldnot geplagten Monarchen als Finanzier angedient, doch muß es zum Streit wegen der Zinsen und schließlich zu einem Vertragsbruch gekommen sein.

Huguetan verläßt ein zweites Mal Frankreich, diesmal von des Königs Häschern gejagt. Es kommt zu dramatischen, im letzten Augenblick vereitelten Entführungsversuchen, bis Huguetan schließlich vom nahen Holland ins sicherere, da fernere Dänemark überwechselt. Doch in Frankreich hat man einen langen Arm und ein gutes Gedächtnis. Noch 1716, ein Jahr nach dem Tod des Sonnenkönigs, stellt die französische Regierung einen Auslieferungsantrag. Der dänische König lehnt ab. Damit kommt Huguetans Fall endlich zur Ruhe und er selbst in den Genuß seines in der neuen Heimat wohlerworbenen Wohlstands.

Die zweite Folge jener Rückkehr nach Paris war erfreulicher.

In der Rue des Merciers, dem traditionellen Standquartier der Pariser Haute Couture, hat Huguetan eine junge Modistin kennengelernt. Sie wird seine Geliebte, sie haben ein Kind. Nach dem Vater wird der Junge Jean Henri genannt. Den Nachnamen gibt ihm der Ort seiner Geburt: Desmercieres. Der Name der Mutter bleibt unbekannt.

Von den ersten Lebensjahren Jean Henri Desmercieres' weiß man wenig. Offenbar hat er sie in Paris verbracht. Mit dem Vater, obgleich ihn der nie legalisiert hat, bleibt er in Kontakt und folgt schließlich seinem Ruf nach London, wo Huguetan eine Handelsgesellschaft gegründet hat, die Compagnie du Sud. Um diese Zeit ist Desmercieres schon um die dreißig. Zwei Jahre später wiederum tritt er vorübergehend in preußische Dienste und wird am Berliner Hof des Soldatenkönigs Friedrich Wilhelm I. königlicher Kammerherr. Erst 1725 siedelt er nach Dänemark über, ein nun nicht mehr junger, weitgereister Mann von Welt, der sich auf höfischem Parkett ebenso zu behaupten weiß wie in den Kontoren und an den Verhandlungstischen der großen Banken und Handelshäuser.

Paris, kulturell immer noch Europas Hauptstadt, dann die steil aufsteigende Handels- und Hafenmetropole London, dann Berlin, noch im provinziellen Dämmerschlaf und doch schon geprägt von kommender Bedeutung, schließlich der Hof von Kopenhagen, um diese Zeit eines der elegantesten und weltoffensten Zentren des Kontinents: Das sind nun andere Lebensstationen als das Friesendorf Hauke Haiens. Und in all diesen Städten lernt Desmercieres seine Lektionen gut und gründlich.

Man muß wohl von einem Glückskind sprechen, allerdings nach dem Prinzip: Glück hat nur der Tüchtige. Und Desmercieres ist fast schon beängstigend tüchtig. Als ihn viel später, im Jahr 1768, der dänische König in den erblichen Adelsstand erhebt und er das Blaue Band des Königlichen Elefantenordens tragen darf, Dänemarks höchste Auszeichnung überhaupt, nach der sein Vater ein Leben lang vergeblich gestrebt hatte, wird der Sohn das Wort „Ludus“ als Devise wählen, und vielleicht ist er das: ein „Spieler“. Doch spielt er auf seine eigene Art. Nie wird sein Einsatz seine Möglichkeiten übersteigen. Stets setzt er auf Gewinn, und ein Leben lang wird er denn auch Gewinner sein, nicht zuletzt als der bedeutendste Deichbau-Unternehmer seiner Zeit.

Um 1730 besucht Desmercieres zum ersten Mal die nordfriesische Marsch. Er ist nun schon Deputierter im Kopenhagener Generalkollegium für Wirtschaft und Handel und wurde zum Königlichen Konferenzrat gewählt. Und der unaufhaltsame Aufstieg des unehelich geborenen Sohns einer Putzmacherin aus der Rue des Merciers geht weiter.

1736 wird er Ritter des Danebrog-Ordens. Im Jahr darauf gehört er zu den Gründern der Bank von Kopenhagen und bleibt bis kurz vor seinem Tod einer ihrer Direktoren. Damit hält er nun schon eine Schlüsselstellung der dänischen Wirtschaft in der Hand und kann quer durch Europa internationale Fäden spinnen. Eines allerdings erreicht er nicht und hat es wohl auch gar nicht angestrebt: unmittelbare politische Macht. Desmercieres bleibt der Mann im Hintergrund, der Geldmagnat und Wirtschaftskapitän, eine jener unbekannten Größen der Geschichte, deren tatsächlicher Einfluß auf die politische Entwicklung allenfalls geahnt werden kann.

Das gibt seiner gesamten Erscheinung jenen Hauch von Anonymität, die seine Persönlichkeit eher farblos erscheinen läßt. Das erspart aber auch seiner ebenso konsequent wie steil vorangetriebenen Laufbahn Umschwünge und dramatische Einbrüche, wie sie andere Mächtige am Hof von Kopenhagen in diesen Jahren erleben. Da mögen Intrigen wuchern, mag in den siebziger Jahren ein gewisser Struensee, Arzt aus Altona und eigentlich nur zur Behandlung des manisch-depressiven Königs Christian VII. an den Hof geholt, alle Macht an sich reißen und das Land in aberwitzige Reformprojekte stürzen, um schließlich als Liebhaber der Königin und Ehebrecher auf dem Block des Henkers zu enden: Andere gehen daran zugrunde oder machen ihre eigene Karriere. Desmercieres hingegen hält sich weitgehend heraus. Lieber sinnt er darüber nach, wie er auf seinen Landgütern die altmodische Koppelwirtschaft verbessern kann oder Deichen eine Form gibt, daß nicht jede große Flut die dahinterliegenden Köge von neuem zerstört.

Ungewiß wie der genaue Zeitpunkt, an dem Desmercieres in Begleitung seines Vaters erstmals durch die nordfriesische Marsch zieht, sind im einzelnen auch die Gründe, warum ihn, den Großstadtsproß, Wirtschaftsmann und Großbankier, gerade das Thema Landgewinnung reizt.
Sein Biograph A. W. Geerkens, dessen 1960 erschienenes (und fälschlich mit „*Graf* Desmercieres" überschriebenes) Buch das Phänomen Desmercieres fast völliger Vergessenheit entrissen hat, vermutet Faustisches im so schwer faßbaren Wesen dieses Mannes: „Die große Aufgabe, aus dem Nichts Land und neues Leben zu schaffen, hatte ihn erfaßt. Ein faustischer Wesenszug in seinem Charakter ist unverkennbar"[112]. Das wiederum würde Desmercieres in die Nähe Hauke Haiens führen, dessen zerrissenes Wesen in der Tat manche Faust-Parallele aufweist. Aber ein Blick in das skeptische Lächeln seines Porträts vertreibt wieder den Gedanken.
Hier ist ein Rationalist gemalt, einer, der nie wie Goethes Held aufstöhnen würde, „daß wir nichts wissen können". Eher schon erkennen wir den Sproß der Aufklärung, der alles für machbar, nichts für unmöglich hält. Und wenigstens in seinem Lebenskreis soll er damit recht behalten.
Man sagt, er hätte die Marschen geliebt, besonders zur Zeit der Rapsblüte, wenn das Land hinter den Deichen im schweren Goldgelb aufleuchtete. Jedenfalls hielt er sich dort oft Monate lang auf und war noch im hohen Alter, bereits hinfällig und kränkelnd, von Reisen zu ‚seinen' Kögen nicht abzuhalten. Die Menschen in der Marsch scheint er geschätzt zu haben, und sie schätzten wohl auch ihn, diesen nüchtern kühlen Rechner mit der Aura des Erfolgsmenschen, der immer nur am Hier und Heute orientiert war. Auch das paßt zu seinem Bild. Denn vergessen wir nicht seine religiöse Herkunft: Wo hätte der Glaube an den himmlischen Segen wohlerworbenen Reichtums glücklichere Genugtuung finden können als beim Anblick neugewonnenen, wohlbestellten Landes?
Dies ist ein Jahrhundert unbedingten Fortschrittsglaubens, der aufkommenden Industrialisierung, der internationalen Verknüpfung von Handel und Wirtschaft. Viele erliegen diesem Rausch. Die Zukunft scheint nur noch Fabriken und Maschinen zu gehören. Desmercieres erliegt ihm nicht. Er kommt aus einem Land, dessen ansonsten genialer Wirtschaftsminister Colbert schon im Jahrhundert zuvor ganz auf Außenhandel und Industrie gesetzt hatte. Das hatte zwar zu einer Blüte der französischen Wirtschaft geführt, zugleich aber auch zu einer bedrohlichen Verarmung der Landwirtschaft mitsamt allen damit verbundenen sozialen Problemen: Die

Große Revolution von 1789 sollte dieser Fehlentwicklung die blutige Rechnung präsentieren.
Jean Henri Desmercieres hingegen, wieder einmal Spieler mit gesichertem Einsatz, setzt auf die Landwirtschaft.
Von 1733 an wird er Teile seines Vermögens in große Ländereien investieren, als Höhepunkt schließlich in den Kauf von Emkendorf, dem mit fünftausend Hektar größten Grundbesitz in ganz Schleswig-Holstein. Auf diesen Gütern wendet er neue, gewinnbringende Methoden der Landwirtschaft an und beschäftigt sich mit dem Problem der Leibeigenschaft. Er hebt sie nicht auf, wie es der unselige Struensee versuchen wird, um prompt daran zu scheitern. Aber er lockert sie, gibt ihr eine neue, humanere, vor allem freizügigere Form. Er will den Bauern als Partner, nicht als Untertan. Denn das ist sein schon ganz modernes, frühkapitalistisches Prinzip: Der einzelne muß den Anreiz bekommen, immer noch mehr und Besseres zu leisten. Umso größer werden die Gewinne des Unternehmers sein.
Jetzt aber sieht er das Land vor den Deichen. Noch ist es nicht fester Boden. Doch kann dieser Boden gewonnen werden. Und Desmercieres, auf seine Art durchaus ein Reformer oder doch zumindest ein Mann des Neuen, so noch nicht Erprobten, mag begreifen: Hier braucht nicht erst gegen alte Strukturen angegangen zu werden. Hier kann er, von allen sozialen Zwängen frei, am Punkt Null beginnen. Das allerdings erfordert Mut – und Kapital. Desmercieres hat beides. 1733 erwirbt er seinen ersten Oktroi.
Außer Mut hat dazu auch ein Schuß Ahnungslosigkeit gehört. Denn das Projekt, auf das sich Desmercieres nun einläßt, ist im Ansatz so neu nicht. Vor allem aber: Es ist bisher noch jedes Mal mißlungen.
Schon im 16. Jahrhundert war der Gedanke aufgekommen, das Vorland vor Bredstedt für das Festland zu gewinnen. 1616 hatte sich dann der stets unternehmungslustige Dänenkönig Christian IV. an dieses sogenannte ‚Bredstedter Werk' gewagt, an einen Deichbau, der vom Hattstedter neuen Koog über das Königstief bis zur Jakobshallig und von dort quer über das Watt bis Ockholm führen sollte. Neun Jahre wurden auf dieses Werk verwandt. Dann gab man auf. Es blieb die Erinnerung an Arbeiteraufstände und einige Millionen Verlust. Und es blieb die vage Hoffnung, einmal doch noch dieses Werk zu vollenden.
Husums Bürgermeister Harro Feddersen, im Zusammenhang mit den Arbeiteraufständen schon erwähnt, war um 1685 einer der ersten, der mit fundierten Gutachten und beschwörenden Appellen seine Umwelt zu

einem neuen Anfang aufforderte. Er wird in farbenfroher Umschreibung vom Schatz sprechen, den das Land unter dem Wasserspiegel bedeutet und der nur noch zu heben sei, und erntet damit unter anderem das erheiternde Mißverständnis, es seien tatsächlich Schätze, also Gold und Silber, im Watt vergraben. Er sagt unter anderem in seinem „Bericht und Bedencken Von dem so genannten Brethstedter Werck“: „Es ist ja von den vergrabenen schatzen eine alte Sage, daß sie alle 7 Jahr einmahl, oder wie es sonst heißet zu gewißer Zeit, sich her für thun, und sich sehen laßen. Was hir von sey, davon stelle itzt keine frage auff; es kan aber mit gutem grunde gemeldet werden, daß zwischen Occeholm und Hatstedter Kog, ein befindlicher schatz sich herfür tuhe, und zwar nicht alle 7 Jahr einmahl, sondern alle 24 Stunden zweymahl so daß er sich ofters beynahe allgantz sehen laßet, die Uhrsachen, warümb demselben in negst verwichenen Jahren nicht mit benötigtem Eiffer nachgegraben worden sind wol insonderheit zwo: Eine daß die benachtbarte Bredstedter und Hattsteder, Hardes-Eingeseßene, die bahre mitteln, so darzu benöhtiget sie nicht haben, und ob sie insoweit ihre eigene Arbeit nicht reichen könte, anderwerts her möchten Credit erhalten, so fehlet es ihnen doch an einigkeit oder rechter Zusagen, an gleich gesinnetem trieb, und Embsigkeit, die andere Uhrsache ist, die jenige, so mit zutäuglichen mitteln an entlegenen öhrtern gesegnet sind, werden abgeschrecket durch meldung einer gar übermäßigen Summa Geldes so vor 64 Jahren hirin soll vergeblich angewandt seyn ...“[113]
Feddersen nennt also die Gründe, die bisher das Bredstedter Werk verhindert hatten: Uneinigkeit der Anwohner und fehlendes Geld, dazu eine Gleichgültigkeit gegenüber Fortschritt und Gewinn. Es sind die Widerstände, gegen die auch Hauke Haien zu kämpfen hat. Feddersen entwirft das visionäre Bild eines fruchtbar-reichen Landes. Es ist Hauke Haiens Vision. Nur wird sie der Schimmelreiter verwirklichen. Feddersen hingegen nicht. Hiermit endet auch schon die Parallele zwischen der von Storm erdachten und der geschichtlichen Person. Ein ganz anderer Typ wird nötig sein, damit die ‚Schätze‘ an die Oberfläche steigen können.
Erst 1708 findet sich eine Interessentengruppe. Auch sie scheitert. Über Jahre wird der Oktroi geradezu flehentlich angeboten: „Hinter dem alten Teiche ostwärts lieget ein artiger Flecken, Bredstedt genannt, im gleichen zwei Kirchdörfer, Borlum und Brecklum und gar vielen von wohlhabenden Leuten bewohnte andere Dörfer, welche die Marschen sehr lieben, weil sie gar wenig davon haben und also das Land nach erfolgter Teichung teuer abzusetzen sein wird ...“[114] Doch hilft hier Liebe nicht allein.

Dann kommt Desmercieres.
Er kauft den Oktroi samt vielen Vorrechten. Achtzehn Jahre wird er nach der Bedeichung Zoll- und Steuerfreiheit genießen. Der gesamte Anwachs gehört ihm. Er kann nach Belieben Schulen und Kirchen bauen lassen. Er darf Windmühlen, Gastwirtschaften, Brauereien betreiben beziehungsweise die Rechte weitergeben. Er hat das Jagd- und Fischrecht. Er kann nach eigenem Ermessen einen Kooginspektor zur Wahrung seiner Interessen einsetzen. Das wichtigste aber, das es weder vorher noch nachher je wieder gegeben hat: Die Deiche selbst gehören ihm. Es sind Deiche im Privatbesitz eines einzelnen. Nun müssen sie nur noch gebaut werden.
Desmercieres läßt sich Zeit.
Mag sein, daß er um diese Zeit, da er die Kopenhagener Bank gründet und Güter auf der Geest kauft, anderweitig stärker beschäftigt ist. Mag auch sein, daß er aus den Fehlern der Vergangenheit gelernt hat, als stets zu viel in zu kurzer Zeit mit zu geringen Mitteln in Angriff genommen wurde. Jedenfalls vergehen vom Erwerb des Oktrois bis zur Eindeichung des ersten Koogs fast zehn Jahre. Denn auch das hatte sich Desmercieres ausbedungen: daß er selbst ganz allein den Zeitpunkt der Eindeichung bestimmen kann. Er verfällt dabei auch nicht der Gigantomanie mancher seiner Vorgänger, die in Größenordnungen von zehn- bis fünfzehntausend Hektar neugewonnenen Bodens schwelgten. Desmercieres' erster (und größter) Koog, nach der Königin „Sophie-Magdalenen-Koog" genannt, umfaßt gerade fünfhundert Hektar, ein Zehntel seiner Emkendorfer Besitzung. Sein erster Deich ist wenig über fünf Kilometer lang.
Allerdings: Was ist das für ein Deich ...
Er wird nicht in einem, sondern in wenigstens zwei Jahren gebaut, auch das ein Bruch mit der Tradition, nach der ein Deich unbedingt zwischen Frühjahr und Herbst fertiggestellt werden muß. Er hat mehr als fünf Meter Höhe, das Doppelte der alten Stackdeiche. Und sein Profil fällt in jener geschwungenen Linie zum Meer hin ab, wie sie der junge Hauke Haien in die Herbstluft eines Nordsee-Abends gezeichnet hatte. In der Sturmflut von 1756 aber, der Storms Schimmelreiter zum Opfer gefallen sein könnte, hätte auch Desmercieres den Triumphschrei des Stormschen Deichgrafen ausstoßen können: „Der Hauke-Haien-Deich, er soll schon halten; er wird es noch nach hundert Jahren tun!" Denn auch die Desmercieres-Deiche halten allen Stürmen stand.
Doch ist die aufprotzende Pose nicht Desmercieres' Art.
In ihm haben wir nicht einen, der sich in unbändigem Ehrgeiz selbst

verwirklichen will wie Hauke Haien. Hier will vielmehr einer investieren und damit Gewinn machen, ganz nach kühl rechnendem Unternehmer-Prinzip. Und anders als die Fürsten in den Jahrhunderten zuvor hat Desmercieres genügend Kapital, um sich Hasardeure aller Art vom Hals zu halten. Erst schafft er seine Köge. Dann bietet er den gewonnenen Boden zum Kauf an. Seine Geschäftstaktik verläuft so schnurgerade wie die Wege, die er durch die neuen Köge ziehen läßt.

Desmercieres ist also ein hervorragender Kaufmann und Unternehmer. Ein Techniker ist er freilich nicht. Er beherrscht alle Praktiken und Techniken der Marktwirtschaft. Doch woher sollte er die zum Deichbau nötigen technischen Kenntnisse haben? Was bringt ihn auf die Form des abgeflachten Deichprofils? Es stellt sich also die Frage: Wer hat seine Deiche eigentlich gebaut?

In jenen Jahren, da er in geruhsamem Abstand drei neue Köge schafft, werden nun Bücher geschrieben, die sich mit dem Deichbau und dessen neuen Möglichkeiten beschäftigen, so zwischen 1754 und 1757 die „Anfangsgründe der Deich- und Wasserbaukunst“ des Ostfriesen Albert Brahm. Dort wird ähnliches gefordert, was Desmercieres in die Tat umsetzt. Später, um 1764, erscheinen in Frankreich Bossuts „Recherches sur la construction la plus avantageuse des dignes“. Es ist wahrscheinlich, daß Desmercieres diese und andere Fachliteratur gekannt hat. Auch dürfte er den Rat von Experten eingeholt haben. Und insgesamt wird die Einführung des abgeflachten Deichprofils eine Entwicklung gewesen sein, die um diese Zeit wieder in der Luft lag, wo immer mit dem Meer gekämpft und dem Blanken Hans Land abgetrotzt wurde.

Ein Mann mit den finanziellen Möglichkeiten Desmercieres’ wird sich also Deichbauer im eigentlichen Sinn herangeholt haben, vielleicht aus dem Ausland, vielleicht gar aus seiner französischen Heimat. Ihre Namen sind in der großen Anonymität der Deichbaugeschichte verschwunden, und auch Desmercieres selbst wäre das wohl widerfahren, hätte er nicht in bescheidener Eitelkeit einem seiner Köge den eigenen Namen gegeben. Doch läßt sich wohl zusammenfassend sagen: Der Deich des Jean Henri Desmercieres, Erfüllung der Vision Hauke Haiens, stammt nicht von Desmercieres.

Das mindert seine eigene Leistung überhaupt nicht.

Bestechend bleibt bei diesem Mann sein unbedingtes Augenmaß. Er kommt zum ersten Mal an diese Küste und erkennt gleich ihre Möglichkeiten. Er überhastet dabei nichts und wagt sich nur an das wirklich

Machbare. Stets konzentriert er sich auf schon ‚deichreifes' Vorland, dessen vom Meer angeschwemmter Boden bereits die normale Fluthöhe übersteigt. Hierin gleicht er Hauke Haien, der gleichfalls nicht den in den letzten Jahrhunderten oft genug praktizierten Wahnwitz unternimmt, nacktes Watt oder gar offenes Meer eindeichen zu wollen, sondern sich begrüntem, bereits fruchtbarem Vorland zuwendet: Insofern ist Hauke Haien kein ‚Deichabenteurer', und auch Desmercieres ist es nicht. Seine Sicherheit im Augenmaß erfaßt auch die sozialen Gegebenheiten des Deichbaus. Er führt Akkordarbeit ein, wie sie schon Harro Feddersen gefordert hatte, und braucht weder Soldaten, noch muß er Lohnstreiks hinnehmen wie die Deichunternehmer des 17. Jahrhunderts. Und mit ebenso zuverlässigem Augenmaß geht er nun an das eigentliche Geschäft mit den Deichen.
Nach dem Prinzip, daß man für gute Ware gutes Geld verlangen kann, setzt er einen hohen Preis an, nach heutiger Währung rund zwölftausend Mark pro Hektar. Zugleich stellt er aber auch Pachtverträge und günstige Abzahlungsbedingungen in Aussicht, und in einem Aufruf späterer Jahre, als es um den letzten der drei Köge geht, wird es sogar ausdrücklich heißen, daß sich unbegüterte Interessenten von den hohen Kaufsummen nicht abschrecken lassen sollten. So gerät Desmercieres zuweilen in den Ruf eines frühen Sozialisten, sozusagen auf privatwirtschaftlicher Basis. Doch kann man in diesen Praktiken wohl eher die durchdachte Taktik des gewieften, in großen Bögen denkenden Geschäftsmannes sehen, der zum einen die Aufsplitterung des Landes in zu kleine, unrentable Höfe verhindert und sich zum anderen über Pachtvertrag und Kreditgebung den Einfluß auf die künftige Entwicklung seiner Köge wahren möchte.
Das alles ist sehr klar, genau und praktisch. Das ist vielleicht sogar genial. Doch vergessen wir darüber eines nicht: Anders als das Genie Hauke Haien hat sein Vorbild Desmercieres das nötige Geld.
Desmercieres ist Millionär. Doch seine Millionen verdient er nicht im Deichbau. Dessen Kosten führen selbst diesen reichen Mann an die Grenze seiner Zahlungsfähigkeit, und so wird er vor seinem zweiten, dem eigentlichen „Desmercieres-Koog" sogar den Riesenbesitz von Emkendorf verkaufen müssen, um seine Landgewinnung finanzieren zu können. Wer sonst aber in den Marschen wäre dazu in der Lage? Ein Hauke Haien hat nicht Güter, die er im gegebenen Fall verscherbeln kann. Er darf schon glücklich sein, wenn die Kleie unter seinen Füßen zum Amt des Deichgrafen reicht.

Jean Henri Desmercieres, großer Herr aus Frankreich, ist für das Nordfriesland seiner Zeit ein einmaliger Ausnahme- und Glücksfall. Ihm verdanken die ersten modernen Seedeiche ihr Entstehen. Und damit gerät die historische Wirklichkeit der Deichgeschichte ein weiteres Mal in deutlichen Widerspruch zur Gestaltung in Storms „Schimmelreiter". Dort braucht es nur das Genie eines einzelnen, einen Koog „von zirka tausend Demath" – recht exakt die Größe des Sophie-Magdalenen-Koogs – zu schaffen. Die Frage seiner Finanzierung streift Storm mit bemerkenswerter Flüchtigkeit, wenn er den Deichgrafen auf Elkes erschrockene Frage nach den ‚ungeheuren' Kosten antworten läßt:

„*... was wir dort herausbringen, wird sie bei weitem überholen, auch die Erhaltungskosten des alten Deiches gehen für ein gut Stück in dem neuen unter; wir arbeiten ja selbst und haben über achtzig Gespanne in der Gemeinde, und an jungen Fäusten ist hier auch kein Mangel...*"

Die Rechnung mit ihrem Appell an eigene Arbeit und junge Fäuste wirkt ebenso leichthändig-eilig aufgestellt wie Hauke Haiens spätere Bemerkung gegenüber Ole Peters, „der grüne Klee hinter dem neuen" Deich bringe die Reparaturkosten für den alten Deich „übermäßig ein". Jeweils braucht die Rechnung ihr entschiedenes Fragezeichen.

Ein kulturhistorisch bemerkenswertes Dokument wie Johann Johannsens „Nachrichten vom Kirchspiel Hattstedt" belegt für das 18. Jahrhundert in genau aufgefächerten Zahlenreihen, wie teuer schon die übliche Deicherhaltung die Bewohner einer Kooggemeinschaft kam und in welch' hoffnungslose Verschuldung diese Gemeinschaften gerieten. Und dann sollen sie auch noch neue Köge schaffen, hinter neuen, viel teureren Deichen? Auf diese Weise kann also kein Hauke-Haien-Koog entstanden sein.

Das ist der zweite gewichtige Anachronismus, den sich Storm im „Schimmelreiter" erlaubt: Er zeigt eine Kooggemeinschaft, wie es sie als Deichinteressentengruppe im 18. Jahrhundert nicht gab. Und er läßt sie unter Führung Hauke Haiens, inspiriert von seinem Genius, ein Werk vollbringen, das in dieser Zeit nie eine Kooggemeinschaft hätte schaffen können. Das abgeflachte Deichprofil, Hauke Haiens ureigene Leistung, wird also in Storms Dichtung unter Voraussetzungen eingeführt, die in der Wirklichkeit nie gegeben waren. Warum sich aber Storm auch diesen Anachronismus leistet – und daß er sich dessen bewußt war, darf angesichts der fachmännischen Beratung durch den Desmercieres-Bewunderer Eckermann als sicher gelten –: auch hierüber wird noch zu sprechen sein.

Belassen wir es einstweilen bei dem Phänomen, daß von allen möglichen

Schimmelreiter-Vorbildern diejenige Persönlichkeit, deren Leistung am ehesten der des Hauke Haien gleicht, am wenigsten mit ihm zu tun hat, von ihrem sozialen Zuschnitt her wie von ihrem ganzen Wesen.
Da ist nichts Dämonisches um diesen Mann, kein verbissenes Ringen um seine Ziele, kein Kampf mit einer feindlich abweisenden Umwelt. Ihn hetzen nicht die Furien eines dahinjagenden Ehrgeizes, und an seinem Ende verschlingt ihn und die Seinen auch keine tobende Sturmflut. 1778 stirbt er, 91jährig, in Kopenhagen einen friedvollen Tod, und seine Frau, eine geborene Gräfin Friis de Jütland, folgt ihm nicht nach, sondern verbringt als lustige Witwe noch einige vergnügte Lotterjahre an den Spieltischen Europas, bis sie, fünfundachtzig Jahre alt und völlig verarmt, ihre letzte Ruhe in der gräflichen Familiengruft findet.
So ist Jean Henri Desmercieres eigentlich ein Gegentyp zum Stormschen Hauke Haien. Seine Maxime steht an seinem Sarg: Le droit chemin – der rechte Weg! Er ist ihm ein Leben lang gefolgt. Und nur einmal in Storms Novelle fühlt man sich an diesen Mann und seine Persönlichkeit erinnert, wenn dort Hauke Haien über das noch unbedeichte Vorland sieht:
Seine Blicke schweiften scharf und bedächtig nach allen Seiten über das grüne Vorland; dann ging er zurück, bis wo auch hier ein schmaler Streifen grünen Weidelands die vor ihm liegende breite Landfläche ablöste. Hart an dem Deiche aber schoß ein starker Meeresstrom durch diese, der fast das ganze Vorland von dem Festland trennte und zu einer Hallig machte; eine robuste Holzbrücke führte nach dort hinüber, damit man mit Vieh und Heu- und Getreidewagen hinüber und wieder zurück gelangen könne. Jetzt war Ebbzeit, und die goldene Septembersonne glitzerte auf dem etwa hundert Schritte breiten Schlickstreifen und auf dem tiefen Priel in seiner Mitte, durch den auch jetzt das Meer noch seine Wasser trieb. „Das läßt sich dämmen!" sprach Hauke Haien bei sich selber, nachdem er diesem Spiele eine Zeitlang zugesehen; dann blickte er auf, und von dem Deiche, auf dem er stand, zog er in Gedanken eine Linie längs dem Rande des abgetrennten Landes, nach Süden herum und ostwärts wiederum zurück über die dortige Fortsetzung des Prieles und an den Deich heran. Die Linie aber, welche er unsichtbar gezogen hatte, war ein neuer Deich, neu auch in der Konstruktion seines Profiles, welches bis jetzt nur noch in seinem Kopf vorhanden war.
Hier mag man einen Mann wie Desmercieres erkennen, wie er erstmals in den Marschen steht, rechnend, kühl, genau: „Welch treffliches Weide- und Kornland mußte es geben und von welchem Werte, wenn das alles von

seinem neuen Deich umgeben war..." Hier läßt Storm seinen Hauke Haien fern aller genialischen Besessenheit zunächst einmal Kaufmann sein, wie es Desmercieres, trotz Ritterschlags und Elefantenordens, sein Leben lang gewesen ist.
Doch stiebt dann dieser Mann nicht mit funkelndem Blick auf schweißsprühendem Apfelschimmel über den von ihm beherrschten Boden. Er fährt in aller Ruhe in die Marschen ein, in der Art großer Herren, lässig in die Polster seines Nobelfuhrwerks zurückgelehnt, vielleicht voll Huld zu den staunenden Marschbewohnern am Wegrand hinüberwinkend. Und dort mag dann vielleicht einmal ein Friesenbauer gestanden haben, die Mütze in der Hand. Es ist kein großer Herr aus Frankreich, sondern ein kleiner Mann aus Fahretoft. Doch wird auch er für Hauke Haien Modell stehen, getreulicher noch als Desmercieres, auch wenn er keine Deiche baut: Hans Momsen, Mathematiker, Mechaniker und Urfriese dazu.

Der kleine Mann von Fahretoft

„Ihr... habet wohl auch schon über unsern Hans Mommsen aus Fahretoft reden hören..."
Zu den ersten Worten, mit denen in Storms Novelle der Schulmeister die Geschichte vom Schimmelreiter erzählt, gehört auch dieser Hinweis, und bezieht er sich auch mehr auf den Vater Hauke Haiens, der „ein Stück von solch einem Mann" war, und weniger auf den Deichgrafen selbst, so steht für viele doch nun fest: Der Schimmelreiter – das ist kein anderer als unser Hans Momsen von Fahretoft. Daß dieser Hans Momsen – nur bei Storm mit einem doppelten „m" geschrieben – niemals Deichgraf war und nie einen Koog gewonnen hat, daß er nie ein Pferd besaß, geschweige denn einen arabischen Apfelschimmel, und vermutlich nie auf einem Pferderükken saß: Das alles ändert nichts. Hans Momsen bleibt Hauke Haien.
Sehen wir uns also diesen Mann an, das mögliche Schimmelreiter-Modell: Er war „von mittlerer Statur, jedoch nicht stark gebaut; wenn er aber kerzengerade aufgerichtet und gemessenen Schrittes daherging, so lag etwas Ehrfurchtsgebietendes in seiner Erscheinung..."[115]
1874 schildert ihn so Johann Petersen in seinen „Blättern der Erinnerung an den Mathematiker und Mechaniker Hans Momsen aus Fahretoft in Nordfriesland", und ein Zeitgenosse, Pastor Feddersen, berichtet von

einem Besuch des nun schon alten Mannes: „Es öffnete sich die Tür – und leise, aber mit edler Haltung kam ein Mann mir entgegen gegangen, leise und sanft redete er mich an in der geliebten Landessprache, bescheiden und milde blickte er mich an mit einem Paar hellblauer, lebhafter Augen, die in dem feinen kindlichen Gesichte, wo die tiefste Ruhe, die freundlichste Behaglichkeit wohnte, das Schönste waren; ein Mann trat ein, der in das einfachste Kleid gehüllet war, der überall die alte Einfalt der Sitten gleich offenbarte, und dieser Mann war Momsen ...“[116]

Das ‚einfachste Kleid‘ blieb sich in allen Jahren gleich: grauer Friesenrock, lange, weite Friesenhosen, Holzpantinen an den Füßen und auf dem Kopf eine tief in die Stirn gezogene blaue Zipfelmütze, dazu im Mund die Pfeife. Denn wie bei einem anderen Friesenoriginal dieser Jahre, dem mit dem zweiten Gesicht begabten Seher Boy Spuk, war das der einzige Luxus, den sich Momsen leistete: Er rauchte leidenschaftlich gern. Und nur einmal soll er von seiner Tracht abgewichen sein: als er 1793 nach Kopenhagen reiste. Da hatte er ausnahmsweise die Wollmütze mit einem Hut vertauscht.

Das ist nun eine andere Erscheinung als Jean Henri Desmercieres, der stets tadellos gewandete Weltmann in gelockter Perücke und Seidenschal um den Hals, den Degen des Edelmanns an der Seite, in Escarpins und Schnallenschuhen. Welten trennen diese Männer: bei Desmercieres Wohlstand von Jugend an, sorgfältige Erziehung, über die aus der Ferne ein aufmerksamer Vater wacht, Erfolg von Anfang an vor weltstädtischem Panorama. Dagegen Momsen: schlichteste Herkunft, einfachste Erziehung, eine Schulbildung, die keine ist, die Ärmlichkeit einer friesischen Bauernkate, die Enge des Fleckens Fahretoft.

Erst knapp hundert Jahre vor Momsens Geburt ist dort der erste Deich gebaut worden, nur ein Sommerdeich. Nochmals fünfzig Jahre vergehen, bis dort ein Winterdeich entsteht. Als dann Hans Momsen am 23. Oktober 1735 geboren wird, zweites von sechs Kindern des Kleinbauern und Landmessers Momme Jensen, ist dieser einige Meilen nordwestlich von Bredstedt gelegene Fahretofter Koog rund fünfhundert Hektor groß und umfaßt ein Dutzend Warften, darunter auch die Gabrielswarft. Dort steht Momsens Geburtshaus: die Welt des Hauke Haien, klein und ärmlich. Aber auch sie läßt wenigstens ahnen, daß es jenseits der Deiche auch noch eine andere Welt gibt.

Die Mutter klöppelt Spitzen, eine holländische Kunst. Der Großvater Jens Jacobsen ist sogar selbst noch in Holland gewesen und hat dort Seefahrer in der Steuermannskunst unterwiesen. Von ihm stammen auch die auf

holländisch verfaßten Bücher auf dem Dachboden, darunter ein Werk Euklids. Womit wir schon mitten in der Jugend Hauke Haiens sind:
Der Junge saß meist dabei und sah über seine Fibel oder Bibel weg dem Vater zu, wie er maß und berechnete, und grub sich mit der Hand in seinen blonden Haaren. Und eines Abends frug er den Alten, warum denn das, was er eben hingeschrieben hatte, gerade so sein müsse und nicht anders sein könne, und stellte dann seine Meinung darüber auf. Aber der Vater, der darauf nicht zu antworten wußte, schüttelte den Kopf und sprach: „Das kann ich dir nicht sagen; genug, es ist so, und du selber irrst dich. Willst du mehr wissen, so suche morgens aus der Kiste, die auf unserem Boden steht, ein Buch, einer, der Euklid hieß, hat's geschrieben; das wird's dir sagen!"
Was Hauke Haien denn auch tut. Und das gleiche tut Hans Momsen. So jedenfalls schildern es in verblüffend gleichem Wortlaut jene „Blätter der Erinnerung", die schon vierzehn Jahre vor dem „Schimmelreiter" erschienen sind und Storm bekannt gewesen sein müssen:
„Eines Tages nämlich zeichnete sein Vater die Figur einer gemessenen Fläche Landes. Der kleine Hans Momsen betrachtete die Zeichnung und Berechnung sehr sorgfältig. *Da fragte er den Vater, warum dies und jenes gerade so und nicht anders sein müßte.* Dieser ... erkannte die Richtigkeit der Frage, *war aber nicht im Stande, dieselbe zu beantworten.* Um aber seinem Kleinen doch ein wenig Licht über die Sache zu verschaffen, sagte er ihm: ‚*Suche dir unter meinen auf dem Boden liegenden Büchern Euklids fünfzehn Elemente. Dieselben werden dir die nötige Aufklärung bringen.*'
Mit hochschlagendem Herzen eilte der kleine wißbegierige Momsen auf den Boden, bestürmte die Bücherlade und fand den Euklid. Er schlug ihn auf. Doch, o weh, derselbe war eine holländische Übersetzung von Klaas Janß Vooght, also in einer Sprache geschrieben, die Momsen völlig fremd war. Das konnte ihn aber nicht zurückschrecken ..."
Wiederum tut Hans Momsen das gleiche wie Hauken Haien. Beide bringen sich selbst holländisch bei, das in beiden Fällen der Großvater noch beherrschte (Tede Haien bei Storm: „Das Buch ist noch von meinem Vater, der verstand es ..."). Beide vertiefen sich in den Euklid. Er ist ihr erster Lehrer, bestimmt ihre geistige Welt.
Um diese Zeit mag Hans Momsen zwölf oder dreizehn Jahre alt sein. Vielleicht hat er vom Besuch König Friedrichs V. gehört, der im Frühjahr 1748 Desmercieres' neugeschaffenen Koog besichtigt, eine hohe Ehre selbst für diesen erfolgsgewohnten Mann. Und nicht genug damit: Im Juni besucht der König den inzwischen zur ‚Exzellenz' und Intimen Rat

aufgestiegenen Deichbauer auf seinem Schloß zu Emkendorf: die Welt des Jean Henri Desmercieres.

Erst später, nach dem Verkauf Emkendorfs an die Grafen Reventlow, wird dieses Schloß seine eigentliche Glanzzeit erleben. Dann sind hier Dichter wie Klopstock und Matthias Claudius zu Gast, und Claudius wird in Emkendorf seine schönsten Verse schreiben: „Der Mond ist aufgegangen ..." Doch schon unter Desmercieres präsentiert sich der Besitz in aller Strahlkraft einer aristokratischen Rokoko-Residenz, und in den Tagen dieses königlichen Besuchs wird dort eines jener Feste gefeiert, auf die sich dieses Zeitalter ebenso versteht wie auf die Wonnen kichernd raffinierter Erotik und ausgepichter Grausamkeit.

Da rauscht Musik, schleppt Seide raschelnd über Marmorböden, in Spiegeln und Lüstern bricht sich der Schein tausender Kerzen, und die Fassaden leuchten in erlesenstem Pastell. Aus Paris sind eigens Komödianten angereist, das Ensemble der noch von Ludwig XIV. gegründeten weltberühmten Comédie Française, und sie spielen Molières „Tartuffe", das Lieblingsstück des Sonnenkönigs – eine bewußt mokante Pointe des Gastgebers, dessen Vater von eben diesem König vertrieben und ein halbes Leben lang verfolgt worden war? Oder lächelt der Sohn, nun auf der Höhe seines gesellschaftlichen Aufstiegs, eher wehmütig bei den vertrauten französischen Klängen, die einmal auch seine Sprache gewesen sind statt des Deutschen, das am dänischen Hof gesprochen wird?

Denn der Franzose Desmercieres, der erst zwei Jahre vor seinem Tod die dänische Staatsbürgerschaft annehmen wird, hat nie ganz die Bindung an seine Heimat verloren, und was in diesen Jahrzehnten ein Voltaire oder Diderot schreiben, diese Herolde fortschrittsfroher Aufklärung, dürfte Desmercieres wohlbekannt gewesen sein. Daher, neben seiner Religion, bezieht er seine geistigen Grundlagen. Letztlich bestimmen sie auch seine ganz von Vernunft und Fortschrittsglauben diktierte Deichbau-Politik, und kein Kompliment hätte ihn sicher so gefreut und keines auch so genau dem Geist der Zeit entsprechen können wie die zehn Jahre nach seinem Tod getroffene Feststellung von Johan Nicolai Tetens angesichts der Desmercierschen Deiche: „Es heitert einen denkenden Menschen auf, wenn Vernunft so sichtbar wird"[117].

Hauke Haien dagegen und eben auch Hans Momsen werden für ihre sichtbare Vernunft eher getadelt als gerühmt.

Hauke Haiens Schulzeit wird bei Storm nur gestreift. Diejenige Hans Momsens hingegen ist belegt und entspricht getreulich dem allgemeinen

Niveau des damaligen Schulsystems. Irgendein verkrachtes Subjekt, angeblich ein ehemaliger Lakai, ist sein Lehrer. Schon muß er sich über das altkluge Kind Hans Momsen ärgern, das im Rechenunterricht lästige, da logische Fragen stellt. Und dann entdeckt dieser Lehrer auch noch, daß dieser Junge Figuren des Euklid nachgezeichnet hat, statt den Katechismus zu büffeln. Das ist zuviel. Der Lehrer holt zur angemessenen Strafpredigt aus: „Ich sehe wohl, du gottloser Junge, daß du ritzen und prickeln kannst; aber das wird dir nicht helfen zur Seele Seligkeit. Du willst zwar Ritzen und Prickeln verstehen; aber du wirst auch den Spruch verstehen, daß Christum lieb haben besser ist denn alles Wissen; denn wozu hilft alles andere in der Welt, wenn Leib und Seele verderben mag in der Hölle ..."

Von dieser Art und solcher Qualität ist der Unterricht, der im 18. Jahrhundert einem friesischen Bauernjungen zuteil wird. Noch zweihundert Jahre nach Kopernikus, ein Jahrhundert nach Kepler und Galilei wird dort gelehrt, die Sonne bewege sich um die Erde, und erst Jahre später ahnt Hans Momsen dumpf, dies könne vielleicht doch nicht stimmen. So ist er denn, wie Hauke Haien, der Autodidakt par excellence. Was ihn interessiert, sind jene Künste, die zwischen Geest und Meer als brotlos gelten, und eben das ist es, was den Vater hochscheucht, als ihm der Lehrer von seinem mißratenen Sohn und dessen frevelndem Tun im Katechismusunterricht berichtet.

Daß diesem Sohn vielleicht die Hölle droht, kann einen echten Friesen nicht erschüttern. Aber daß ihm der Junge vielleicht einmal auf der Tasche liegen könne, erschreckt den Vater tief. So reagiert er recht genau wie der Vater Hauke Haiens. Er schickt das schmächtige Bürschchen zur eigentlich für ihn viel zu schweren Deicharbeit hinaus – und wieder lohnt der Vergleich mit dem „Schimmelreiter"-Text:

Und der Junge karrte; aber den Euklid hatte er allzeit in der Tasche, und wenn die Arbeiter ihr Frühstück oder Vesper aßen, saß er auf seinem umgestülpten Schubkarren mit dem Buche in der Hand.

So zeigt uns Storm den in seinen Euklid vertieften Hauke Haien und auch hierbei hat er sich der „Blätter der Erinnerung" recht getreulich erinnert. Denn dort heißt es in geringfügiger Variante: „Wenn durch den Eintritt der Flut die Arbeit unterbrochen ward, so legten die Arbeiter sich schlafen, um bald wieder neugestärkt ans schwere Tagwerk zu gehen. Momsen aber ... waren die Freistunden viel zu wertvoll, als daß er sie hätten verschlafen können ... Sobald er sein Brot verzehrt hatte, griff seine von der Kraftanstrengung noch zitternde Hand nach einem mitgenommenen mathemati-

schen Werke, und, noch schweißtriefend, ging er ein wenig abseits, um hier seinen Lieblingsgegenstand ungestört weiter studieren zu können ..."
Also auch hier wieder Hauke Haien gleich Hans Momsen, zwei Bücherwürmer und Theoretiker inmitten tosender Natur – und jetzt fehlt eigentlich nur noch der scharfe Blick zur Deichkante, gegen die das Wasser schäumt und „mit hartem Schlage immer wieder dieselbe Stelle traf". Dann könnte auch im Euklid-geschulten Momsen die Vision vom abgeflachten Deichprofil heraufdämmern. Doch ganz so dramatisch kommt es nicht. Immerhin „Momsens scharfblickendes Auge erkannte gar bald die Mängel und Fehler, welche man sich im Deichbau zu Schulden kommen ließ. In liebreicher, bescheidener Weise versuchte er seinen Mitarbeitern über diese Wahrnehmungen die Augen zu öffnen; er sagte ihnen, wie sie manches praktischer einrichten und zweckmäßiger ausführen könnten ..."
Wir wissen nicht, was im einzelnen der junge Momsen den Deicharbeitern geraten hat. Wir hören nur, wie sie ihn auslachen. Vielleicht hatten sich tatsächlich Gedanken zu einer neuartigen Deichprofilierung in seine frühreifen Überlegungen gemischt. Vielleicht ist auch hierbei Hans Momsen ein anderer Hauke Haien. Dann wären nun die dramaturgischen Weichen gestellt: junges Genie contra bornierte Umwelt. Der Knabe hat recht, die anderen nicht. Er setzt sich durch. Sein Deich entsteht. Staunende Bewunderung, Mißgunst auch, doch die Leistung können selbst die Ole Peters jeglicher Provenienz nicht leugnen – ein Vivat dem genialen Deichbaumeister aus dem meerumspülten Friesenland ...
So hätte nach allem, was wir von ihm und seiner vielfältigen Begabung wissen, der Weg des Hans Momsen durchaus verlaufen können, und die Frage nach dem Urbild Hauke Haiens wäre gelöst: Kein anderer kann es sein als der kleine Mann aus Fahretoft. Doch wieder einmal: die Verhältnisse, die sind nicht so, mag auch ein Hans Momsen von seiner Begabung her jedes Zeug zum großen Deichbau-Reformer haben.
Derjenige aber, der im Schutzwall seiner wohlerworbenen Millionen genau diese Karriere macht, ist der Franzose Jean Henri Desmercieres. 1765 hat er seinen zweiten, den Desmercieres-Koog eingedeicht, kleiner als der erste, aber mit noch besserem Deichprofil. Desmercieres, schon über achtzig, scheint vollends vom Gedanken an die Landgewinnung gepackt. Struensee ist inzwischen an die Macht gekommen. Seine überhasteten, von ebenso viel edlem Willen wie kläglicher Wirklichkeitsferne gespeisten Reformen gefährden den Staat. Auch die Bank von Kopenhagen, deren Direktor Desmercieres immer noch ist, gerät in eine schwere Krise. Desmercieres

meistert sie. Doch zugleich findet er noch Kraft und Zeit, wieder für einige Monate in die Marschen aufzubrechen. Jetzt deicht er auf Nordstrand einen weiteren Koog ein und benennt ihn nach seiner Frau. Dieser Elisabeth-Sophien-Koog wird sein letztes Werk sein.

Mehr als tausend Hektar hat er insgesamt dem Meer abgewonnen. Die Umwelt nickt Beifall: „Mitten unter den schlechten Deichen in diesen Marschen, die nichts sind als Beweise der noch rohen Kunst, die sie ausführte, stößt man auf die Deiche in dem sogenannten Desmercieres-Koog, die mit vieler Einsicht gemacht und wert sind, als Muster aufgestellt zu werden ...“[118] – so noch einmal Johan Nicolai Tetens im Jahr 1788. Desmercieres ist um diese Zeit schon zehn Jahre tot. Momsen steht in seinem dreiundfünfzigsten Lebensjahr. Sein Weg nimmt sich bescheidener aus.

Er hat den Beruf des Vaters ergriffen und ist Landmesser geworden. Er geht nach Dithmarschen, arbeitet dort einen Sommer lang. Das bringt gutes Geld. Der Vater atmet auf. Ganz so brotlos sind die Künste seines Sohnes also doch nicht. 1770 stirbt Momme Jensen. Er war Deichrichter und Bevollmächtigter gewesen. Der Sohn übernimmt seine Ämter. 1778, im Todesjahr Desmercieres', weist ihn eine Eintragung im Kirchenbuch als königlichen Landmesser aus. Das ist auch schon der Höhepunkt seiner Deichbau-Karriere.

Aber vielleicht will er es gar nicht anders. Denn wenigstens einmal macht ihm ein Mann von Rang und Einfluß, der Graf Reuß und als Schöpfer der sogenannten ‚Reußen-Köge‘ ein Nachfolger Desmercieres', das Angebot, seine nordfriesischen Besitzungen zu verwalten. Der Graf bemüht sich sogar höchstselbst nach Fahretoft. Momsen, geschmeichelt, lehnt dennoch ab. Er scheint seinen Weg gefunden zu haben: „Ich bedarf äußerlich der Enge, um innerlich ins Weite zu gehen ...“[119] – das sagt über sich selbst nicht Hans Momsen, sondern Theodor Storm. Momsen, wenn die ihm zugeschriebene Devise stimmt, drückt es herzhafter, doch nicht viel anders aus: „Louk ast, louk west! Innen es best ...“. Es ist in beiden Fällen ein rechtes Friesenwort.

Theodor Storm kommt sein Leben lang nicht von Husum los. Hans Momsen bleibt stets der kleine Mann von Fahretoft.

Ein Leben lang schwärmt er von England, damals Inbegriff allen Fortschritts. Die dortigen Fabriken, ihre Maschinen und technischen Neuerungen einmal selbst zu sehen, ist Momsens Traum. Er soll es bleiben. Denn es reicht nur bis zur Reise nach Kopenhagen. Dort darf er die Universitätsbibliothek besichtigen und wird in das Observatorium geführt. Er begegnet dem berühmten Uhrmacher Armand, der ihn kühl abfertigt: „In Kopenhagen ist die Zeit sehr teuer..." Aber an einem Sonntag darf Momsen wiederkommen.

Er sieht eine Seeuhr, die Armand selbst hergestellt haben will. Jetzt rächt sich Momsen für dessen Arroganz: „Armand behauptet, die Uhr sei sein Werk; sie ist nichts weniger als das, denn erstens versteht er von derselben nichts; zweitens hat er in seiner Werkstatt kein Instrument, mit dem er dieselbe hätte herstellen können, und drittens erkannte ich in derselben eine Arbeit aus England!"[120] Und dann kehrt er in seine Welt zurück, ein Weiser vielleicht, sicher aber einer, der sich seinen eigenen kleinen Kosmos zu schaffen weiß, unabhängig von Reichtum und Erfolg.

Seine Eltern sind tot. Seine Brüder sterben während ihrer Militärzeit an Tuberkulose. Momsen ist nicht zu den Soldaten eingezogen worden. Er, der schwächlichste von allen, überlebt. Er wohnt nun im elterlichen Haus. Das dazugehörige Land hat er verpachtet. Später eröffnet er noch einen kleinen Kramladen. Von ihm bezieht er seine spärlichen Einkünfte, ein armer Mann, der später Schüler als zahlende Gäste aufnimmt, um einigermaßen bequem leben zu können.

Noch der Vierzigjährige ist Junggeselle wie übrigens auch Desmercieres, der erst mit sechzig Zeit für eine Ehe findet. 1780 heiratet Momsen, und es ist keine Elke, die ihm angetraut wird, keine reiche Erbin, die ihm vielleicht doch noch zu einer auch äußerlich glänzenden Laufbahn verhelfen könnte, sondern die um zwanzig Jahre jüngere Tochter eines Arbeiters. Momsen hat Glück mit seiner Frau. Ein Eheleben lang schirmt sie ihn gegen alle Unbilden des Daseins ab. Der Mann soll ganz ungestört seinen Neigungen leben können. Und so sitzt er denn Tag um Tag an seinem Arbeitstisch in der Wohnstube, denn zu einem eigenen Studierzimmer reicht es im Hause Momsen nicht. Er treibt seine Studien, fast eine Fahretofter Institution, in jedem Fall ein Original, wie es in Friesland typisch und großzügig geduldet ist. Man hat ein Herz für Käuze, die nur sie selber sind.

„Momsen stand sommers und winters um 4 oder 5 Uhr auf und war ununterbrochen fleißig. Wenn die Tagelöhner morgens zu Felde gingen und an seinem Haus vorbeikamen, fanden sie immer den Alten bei der Arbeit; dann nickten sie freundlich hinein und sprachen vielerlei zum Ruhme des Wundermannes. Momsen hatte im Sommer seinen Platz an einem kleinen Tische neben dem Fenster; auf diesem Tische standen ein paar Schränkchen mit mehreren Instrumenten, und immer waren natürlich auch Bücher bei der Hand. Oft las er auch auf dem Bett, besonders im Winter. In dieser Jahreszeit saß er gewöhnlich am Ofen, in eine Ecke bescheiden hineingedrückt. Einen großen Teil des Tages arbeitete er in einem Hause, welches in seinem Garten lag; da wurden seine künstlichen Sachen verfertigt, da wurden sie aufbewahrt, da waren alle Materialien und die meisten Instrumente. Auch sah man da eine Schmiede. In größter Zurückgezogenheit lebte er hier; höchst selten ließ er sich von jemandem, selbst von keinem aus seiner Familie, in diesem Haus auf längere Zeit besuchen; ihm war immer bange, daß durch das Gespräch zu viel Zeit verloren ginge und daß durch die Hereintretenden irgendetwas von seinen Sachen in Unordnung gebracht werden möchte ..."

So also nimmt sich Hauke Haiens Vorbild in der Marschdorf-Wirklichkeit des 18. Jahrhunderts aus: ein Grübler und Träumer, ein Mann der Bücher, der sich mit den Jahren eine Bibliothek von über sechshundert Bänden anschafft; einer, der nur gezwungenermaßen das Haus verläßt und sich an seinem Arbeitstisch am wohlsten fühlt; ein Mann des Wortes, der doch nie veröffentlicht wissen will, was er schreibt. Denn er hört noch das Gelächter der anderen, das schon seine ersten Bemühungen begleitet hatte, er mißtraut wohl auch seinem eigenen ungelenken Stil. Zumindest hält er ihn selbst für ungelenk: Alpträume des Autodidakten, der Momsen sein Leben lang geblieben ist.

Er ist unermüdlich in seinem Fleiß, unersättlich in seiner Wißbegierde. Außer dem Holländischen lernt er auch noch Dänisch und Englisch, Französisch und Latein. Er wird es darin soweit bringen, daß er einen eitlen Pfarrer vielleicht wieder ‚in liebreicher, bescheidener Weise', doch unerbittlich logisch korrigieren kann. Er liest jede nur erdenkliche Fachliteratur über jedes nur erdenkliche Gebiet, zu Geographie und Geschichte, zu jeder Art von Mathematik, zu Mechanik und Optik, zur Astronomie und Navigationslehre.

Er wäre gern Uhrmacher geworden. Das ist sein Traumberuf. Aber er zeichnet auch gern, er ritzt in Kupfer und schneidet in Holz. Er ist Modellbauer und Optiker, Kunstschmied und Mathematiker. Er kann eine Sonnenfinsternis berechnen. Er übersetzt ein Fachbuch für Astronomie. Er baut eine Orgel und schenkt sie der Kirche seines Heimatdorfes. Dabei wird er bitter enttäuscht. Denn der Küster verlangt nun, auch als Organist entlohnt zu werden. Außerdem regnet es durch das Dach, unter dem Momsens Orgel steht. So holt er schließlich sein Kunstwerk zurück, zutiefst ergrimmt.

Es ist nur eine von vielen Zwistigkeiten mit Kirche und Geistlichkeit. Sie begleiten ihn selbst noch an sein Grab, wo ein Pfarrer fast wörtlich wiederholt, was ihm schon in der Schule der Lehrer sagte: „Christus lieb zu haben ist besser denn alles Wissen!" Diese Herren können es nun einmal nicht lassen. Dennoch scheinen sie Momsen nicht sehr beeindruckt zu haben. Und mag auch ein bewundernder Freund wie Pastor Feddersen beteuern und für diese Beteuerung in seinen „Historischen Blättern zur Förderung der Humanität und des Christentums" den Sperrdruck bemühen: „Ja, Hans Momsen war fromm!"[121] – seine Frömmigkeit war wohl doch mehr von der Art Hauke Haiens. Auch Hans Momsen dürfte sich sein eigenes Christentum ‚zusammengerechnet' haben.

So hat Storm nicht nur Momsens Jugendjahre in seine Novelle übernommen. Auch im übrigen blinken immer wieder im Bild Hans Momsens Parallelen zum Schimmelreiter auf.

Hauke Haien und er sind nicht nur vergleichbar als Autodidakten. Sie sind sich auch ähnlich in ihrer monomanen Besessenheit, ihrer Totalhingabe an eine Sache. Beide haben keinen Blick für die Natur. Hauke Haiens Vater sieht, „daß der Junge weder für Kühe und Schafe Sinn hatte, und kaum gewahrte, wenn die Bohnen blühten, was doch die Freude von jedem Marschmann ist". Von Hans Momsen heißt es wiederum, er hätte nicht einmal gewußt, wieviel Kühe er eigentlich besitzt. Allenfalls geht er manchmal zum Deich hinüber und öffnet ansonsten nur das Fenster, wenn er Natur um sich haben will.

Beide sind nicht abergläubisch und verlachen Spuk und Geister. Hauke Haien schüttelt die Gedanken an Tieropfer und gespenstische Sturmflutwarnungen ab, während es dem Kind Momsen wiederum ein Hauptspaß gewesen sein soll, für jeden angeblichen Spuk eine natürliche Erklärung zu liefern. Strikte Verstandesmenschen also alle beide – und auch in einem Punkt sehen sie sich gleich: Sie bleiben ohne Erben.

Momsen, fleißig wie immer, hat neun Kinder. Drei sterben schon in den ersten Jahren. Vier überleben ihn, darunter ein Sohn, Momme, von dem nicht viel mehr berichtet wird, als „daß er sich mit ernstem Sinn den Wissenschaften zuwendete". Nur eines der Kinder, die Tochter Sophia Friederike, scheint etwas vom genialischen Höhenflug des Vaters geerbt zu haben. Sie zeichnet gut, ist eine geschickte Handwerkerin, interessiert sich für Astronomie und stellt dabei erstaunliche Beobachtungen an. Aber, wie es bei Petersen ganz im Geist des 19. Jahrhunderts heißt: „Schade, daß sie ein Mädchen war!"

So ist er eine fast tragische Gestalt, dieser wunderliche alte Mann, der in seinen letzten Jahren fast taub wird und dennoch rastlos weiterschafft, wie im Wettlauf mit seinem einzigen Feind, der Zeit.

Er hat Schüler. Er zwingt sie, sich ihr Wissen ebenso von Grund auf anzueignen, wie er es selber mußte. Sein Ruf macht die Runde. Er empfängt viel Besuch, von Wissenschaftlern ebenso wie von durchreisenden Aristokraten. Er scheint eine Art nordfriesische Sehenswürdigkeit geworden zu sein, die man andächtig und vielleicht auch ein wenig belustigt anstaunt, ohne sie recht zu verstehen. Denn was immer er auch tut, so vieles er schafft, auf wieviel Gebieten er sich auch betätigt: Die eine Leistung, das eine Werk, das nur ihm gehört, das sich für immer an seinen Namen bindet und ihm vielleicht ein wenig Unsterblichkeit bringt, mehr jedenfalls als den Ruf, ein sicher achtenswerter, doch auch etwas seltsamer Sonderling zu sein – ein solches Werk fehlt im Leben dieses Mannes, der schließlich zu Fahretoft am 13. September 1811 stirbt.

Ich habe in Fahretoft nach seinem Grab gefragt. Es ist verschollen. In der Fahretofter Schule soll sein Bild hängen. Was sagt es den Kindern, die zu ihm hinblicken? Doch neben dem Friedhof, am Backsteinrot der Kirchmauer, hängt eine Sonnenuhr. Sie ist Hans Momsens Werk.

Was blieb sonst von ihm, der – so der Schulmeister im „Schimmelreiter“ – „ein Bauer war und doch Bussolen und Seeuhren, Teleskopen und Orgeln machen konnte“?

Seine Schriften wurden nach seinem Ende allesamt verbrannt. Er selbst hatte das so verfügt, bis in den Tod hinein von der Furcht verfolgt, doch noch einmal als der im Grunde unwissende, jedenfalls ungebildete Autodidakt ohne akademische Weihen überführt zu werden. Wir wissen also nicht, ob sich unter diesen Schriften vielleicht wichtige Erkenntnisse, bedeutsame Forschungsergebnisse befanden. Der Rest ist mancherlei Kunsthandwerk: ausnehmend schön gearbeitete kleine Globen mit eingebautem Kompaß, ein Fernrohr, eine Sonnentaschenuhr, ein lederbeklebter mathematischer Würfel, selbstgeschnittene Lettern, eine Brille mit vielleicht von Momsen selbst geschliffenen Gläsern, Werkzeuge, Rechenstäbe mit seinen Initialen, eine Kupferplatte mit der Darstellung Jesu, ein Kleinsthobel, ein Hämmerchen mit Horngriff...

Sie liegen vor mir ausgebreitet im Schloß vor Husum, dessen Museum die Momsen-Nachfahren diese Schätze überlassen haben. Der junge Museumsleiter, der sie aus dem Archiv geholt hat, zuckt leicht mit den Achseln. Er scheint etwas verlegen: „Viel ist es ja nicht...“

Es ist aber auch nicht wenig. Und im übrigen rührt er an, dieser Blick in die kleine, fleißige Welt des Hans Momsen. Und wieder gehen die Gedanken zu Momsens Antipoden Desmercieres. Dessen Erbe war zweifellos imposanter gewesen: Von ihm blieb der Koog und zeugt das Land, das er dem Meer abgerungen hatte, offen daliegendes und gesichertes Monument durch die Jahrhunderte. Und als er starb, hatte er ein Vermögen im Wert von sechzehn Millionen Mark hinterlassen und noch im Tod Augenmaß bewiesen, als er seinen Erben nur die Zinsen zusprach und das Kapital Treuhändern anvertraute. Einer dieser (späteren) Treuhänder wird ein bekannter Husumer Anwalt sein: Johann Casimir Storm, der Vater des „Schimmelreiter"-Dichters. Von ihm wie später dann auch von Eckermann dürfte Storm einiges über Desmercieres erfahren haben. Doch im übrigen scheint schon zu seiner Zeit dieser doch bedeutende Mann weithin vergessen zu sein, und immer seltener wird gefragt, warum denn mitten in Nordfriesland ein Koog einen französischen Namen trägt. Daran hat sich bis heute wenig geändert. Noch zwanzig Jahre nach Geerkens' Biographie reagierten selbst Heimathistoriker verwundert, wenn im Gespräch der Name fiel. Sie selbst kannten ihn gerade noch. Aber daß er auch anderen ein Begriff sein könnte, erstaunte sie denn doch. Und liebenswerte Illusion blieb, was sich Geerkens in seinem Buch gewünscht hatte: wenigstens eine Gedenktafel für diesen Mann, der Nordfriesland die ersten modernen Deiche schenkte.

Momsens Ruf hat jedoch überlebt.

Er ist ‚unser' Hans Momsen geblieben, populär als der Bauernastronom, der Mann, der es vom Deicharbeiter zum Wissenschaftler brachte, als ein friesischer Bauer und Gelehrter, das „Genie von Fahretoft" schlechthin. Schon um 1800 war über ihn eine erste Publikation erschienen, als ein unbekannt gebliebener Reisender in seinen „Fragmenten aus dem Tagebuch eines Fremden" auch Momsen ein ausführliches Kapitel gewidmet hatte, und der Strom der Erinnerungen an Momsen, der Gedenkartikel und Würdigungen reißt nicht ab. Liest man sie aber, meint man zuweilen, hier hätten in der Marsch Lionardo, Gauss und Galilei in einem gewirkt, versetzt mit einem Schuß Dürer, Bach und Kant.

Woran liegt es, daß zwei Männer, jeder bedeutend auf seine Art, so unterschiedlich im Andenken der anderen fortleben, fast anonym der eine, sinnenhaft lebendig, anekdotenumkränzt der andere? Warum so viel Stolz auf Momsen, warum so wenig Achtung vor Desmercieres? Weil der eine Franzose war, der Fremde von der Geest, der andere hingegen ein

Nordfriese aus dem Bilderbuch? Verstört der so ganz unangefochtene, lebenslange Erfolg des einen? Rühren des anderen bescheidene Erfolge unterschwelliges Mitleid an? Heißt es bei dem einen: ‚Er war aber nicht unser', während beim anderen ein trotziges ‚Er war unser – und jetzt erst recht' mitschwingt? Es liegt vielleicht am ehesten an der marmorkühlen Ausstrahlung des Jean Henri Desmercieres, an seiner Persönlichkeit so ohne jede private Farbe und wärmenden Ton, wohingegen Momsens herzhaft-erdennahe Ausstrahlung zu Sympathie, Verklärung und Identifikation geradezu herausfordert.

Im Bild des Hauke Haien schieben sich aber die Züge beider Männer übereinander, die Leistung des einen mit der Persönlichkeit des anderen, auch wenn wir wissen, daß einer wie Hans Momsen damals zu seiner Zeit nicht hätte Deiche bauen können wie Desmercieres und Desmercieres wiederum kein Typ wie Momsen hätte sein dürfen. Fügt man jedoch zu diesem Doppelbild ein Schuß Abenteurertum von der Art Rollwagen/Cootts hinzu, kommt man Storms Helden schon recht nahe, wie ihn sein Dichter, um genaue historische wie geographische Lokalisierung unbekümmert, vor den Hintergrund des von ihm so geliebten 18. Jahrhunderts stellte und ihn eine Erfindung des 17. Jahrhunderts machen ließ. Es bleibt jedoch ein Rest.

Dies ist immer noch nicht der ganze Hauke Haien und wahre Schimmelreiter. Denn der hat seine Zeit und Heimat wenigstens so im 19. Jahrhundert wie in den beiden Jahrhunderten zuvor. Er gehört in die Zeit, die Storm selbst noch erlebt hat, als kleiner Junge zunächst, hingeduckt in die Gespenstertonne seiner Kindheit und dann mit erschrockenem Staunen die erste große Sturmflut seines Lebens sehend, später dann als junger Mann, der irgendwo die Geschichte vom Schimmelreiter las: In diesen Jahren findet für Nordfrieslands Deichbau der große Galopp ins 19. Jahrhundert statt, und manch' gespenstiger Reiter jagt an seiner Spitze.

V. KAPITEL

Gespenstige Reiter

„Aus einem Jungen
ist Hauke Haien
nun auf dieser 92. Seite
zum Deichgrafen geworden;
nun bedarf es der Kunst,
ihn aus einem Deichgrafen
zum Nachtgespenst
zu machen ...“

Theodor Storm an Paul Heyse am 20. Oktober 1887

Galopp ins 19. Jahrhundert

Am 6. Februar 1825 hat das in Husum erscheinende „Königlich privilegierte Wochenblatt“ unter der Rubrik „Vaterländische Nachrichten“ einiges Interessante zu berichten.
Dänemarks König Friedrich VI. hat zum Beispiel Geburtstag gehabt, und auf der Insel Föhr ist aus diesem Anlaß ein großes Fest gefeiert worden, mit einer „unter Musik“ eingenommenen Mahlzeit und Tanz bis tief in die Nacht. Der Korrespondent ist denn auch sicher: Dieses „lange Fest wird nicht vergessen“ werden.
Andere vergessen anderes nicht.
Denn nicht alle Nachrichten dieser Tage sprechen von Fest und Tanz. So wird gleich nach der Nachricht von der königlichen Geburtstagsfeier gemeldet: „In der Nacht zwischen dem 3. und 4. hatten wir hier einen heftigen Orkan aus Nordwest. Die dadurch veranlaßte hohe Flut setzte die Schiffsbrücke, die Wasserreihe und die Krämergasse dermaßen unter Wasser, daß alle Keller ganz und die meisten Unteretagen der Häuser auf mehrere Fuß hoch volliefen ...“
In diesem Februar 1825 ist also wieder einmal die große Flut über Nordfriesland und die gesamte Nordseeküste gekommen, die angeblich höchste aller Zeiten und zugleich die letzte ‚Sintflut‘ in der Art der Großen Manndränken oder der Weihnachtsflut von 1717.
Wieder kommt sie überraschend.
Schon hatten die Menschen an der Küste gemeint, mit einigen heftigen Herbststürmen zu Beginn der kalten Jahreszeit die Unbilden dieses Winters überstanden zu haben. Im Januar hatte es dann viel geregnet. Am 3. Februar hagelt es. An diesem Tag steht die Flut nur mäßig hoch. Die Ebbe tritt ein. Doch das Wasser fällt nicht. Wind kommt auf, Südwest-Sturm. Und schon drei Stunden vor der nächsten Flut steht das Wasser in gleicher Höhe mit den Deichen. Jede Viertelstunde steigt es um wenigstens einen Fuß.
Der Wind hat sich gedreht. Jetzt stürmt er von Nordwest her an und ist zum Orkan geworden. Ein klarer Vollmond zieht auf und beleuchtet, wie sich nun die Fluten über brechende Deiche hinweg in das Land ergießen. Niemand hat die Gefahr geahnt, aber „schrecklich war das Erwachen ..., als die See mit unglaublicher Schnelle anschwoll, die hohen Deiche überstieg, die Mauern niederschlug und mehrere Bewohner zwang, auf den Boden zu flüchten, welche den unteren Teil alsdann dem empörten Meer

preisgeben mußten“, wie es auf Pellworm im Augenzeugenbericht des Ratsmanns Boy Novock Friedrichsen heißt. Und ein anderer erinnert sich, wie um Mitternacht seine Mutter aufstand, eine Kerze anzuzünden: „Kaum aber hatte sie mit den Füßen den Fußboden berührt, als sie aufschrie: ‚Mein Gott, ich bin bis über die Knöchel in eiskaltes Wasser getreten‘...“

Wieder einmal ist die Nordsee zur Mordsee geworden.

Husum kommt glimpflich davon. Gärten werden verwüstet, Häuser beschädigt, ein Mensch ertrinkt. Anderenorts sieht es schlimmer aus, am schlimmsten auf den Halligen, wo fast alle Gebäude zerstört oder schwer beschädigt worden sind. Und die ersten Horror-Geschichten machen die Runde: von den Bewohnern Norderoogs, die im Boot zwei Tage lang auf offener See in schneidender Kälte trieben, bevor sie gerettet werden konnten; von Kindern, die halbnackt an den Strand geschwemmt wurden, wo sie dann erfroren sind; von Häusern, die wieder wie Schiffe über die kochende See trieben, bis sie auseinanderfielen.

In dieser Nacht sterben rund achthundert Menschen. 45 000 Stück Vieh kommen ums Leben. 2400 Gebäude sind zerstört, weitere 8700 schwer beschädigt. Der gesamte Schaden wird auf 16 Millionen Taler geschätzt. Und in Wyk auf Föhr, wo allein zwanzig Menschen ertrunken sind, sieht man einen alten Mann, den weinende Kinder umringen. Er ist ihr Großvater, die Eltern leben nicht mehr. Auch er weint. Denn er kann nicht die Kinder, die Kinder können nicht ihn ernähren. Sie gehören zu jenen, die das Wochenblatt die „durch diesen Sturm ganz arm gewordenen Unglücklichen“ nennt. Allerdings vermerkt die Zeitung auch: „Sie genießen so große Pflege, als wenn sie unsere nächsten Verwandten wären.“

Eine Welle von Hilfsbereitschaft geht in diesen Wochen durch das Land. Ein privater Unterstützungsverein wird gegründet. Er schickt Schiffe auf die Halligen hinaus. Sie bringen Fleisch, Mehl, Butter, Brennmaterial. Und im Juni des Jahres bemüht sich König Friedrich VI. höchstselbst in das geschundene Land, mit Verspätung zwar, doch immerhin: Majestät geben sich Mühe.

Das erkennbarste Resultat des hohen Besuchs ist der Anekdotenkranz, der sich bald schon darum windet.

Da ist kein Boot zur Stelle, als der König an Land gehen will, und ein Matrose muß ihn auf dem Rücken vom Schiff ans Ufer tragen. Da werden ihm auf den Halligen Milch und Speckkuchen serviert, und speziell der Halligkäse mundet dem Monarchen so sehr, daß er sich davon etwas an den

Kopenhagener Hof schicken läßt. Oder da ist der Junge, der, Trinkgeld heischend, so oft vor dem König die Tür aufreißt, daß der schließlich meint: „Du wirst mir zu teuer, mein Sohn!“ Und schließlich die Witwe Hansen auf der Hanswarft, die den König beherbergt: In einem Streit mit dem Pellwormer Landschreiber wird sie später erklären: „Bi mi hett en König wahnt und ik bin mit em torecht kamen. Un nu schall ik mit so'n Stackel von Kerl nich ferdig warn?“

Das sind hübsche Geschichten, und Nordfriesland darf schmunzeln. Sonst hat es nicht viel zu lachen. Denn auch für die Flut von 1825 gilt, was von der Nordstrand-Manndränke gesagt wurde: Die Katastrophe findet zweimal statt, einmal binnen weniger Stunden, das andere Mal über lange Zeit hinweg, als nun die Menschen mit den Folgen fertig werden müssen, mit dem vom Salz zerstörten Boden, mit der Mißernte des nächsten Sommers, mit den Reparaturen der beschädigten Deiche. Für viele Marschbauern ist das der Ruin. Ihre Höfe gehen in Konkurs. Sie finden nicht einmal Käufer. Denn jeden erschreckt die Höhe der Deichabgaben, die auf ihn zukommt: „Man sieht das unerhörte Beispiel, daß sämtliche Bewohner der fruchtbarsten Bezirke an den Bettelstab gebracht sind...“[122], notiert dazu ein Augenzeuge.

Ein anderer Augenzeuge ist in diesen Februartagen sieben Jahre alt: Theodor Storm.

Wir können nur vermuten, wie tief den sensiblen, erlebnisfähigen Jungen jene Ereignisse beeindruckt haben. Vielleicht liest er, was am 13. Februar im Husumer Wochenblatt steht: „Es war ein grauenerregender Anblick, die Flut durch und über die Schleusen und Wälle stürzen zu sehen, und wie der Strom Balken, Bäume usw. mit sich fortriß und die brausenden Wogen im blassen Mondlicht sich spiegelten und dabei alles zu verheeren drohten...“

Vielleicht hört er, was andere in Erinnerung an diese Nacht festhielten: „Am anderen Nachmittage fuhren wir... in einem Kahn nach dem Deichbruch hin. Der Deich war hier gänzlich zerstört, und schlammige Fluten zogen langsam nach außen hin ab. Das Haus aber, das hier gestanden, war mit seinen drei Bewohnern verschwunden...“

Gewiß aber vernimmt auch er die Schreie dieser Nacht, sieht das Hasten der Menschen, die sich in Sicherheit bringen, ist Augenzeuge, wie der Marktplatz unter Wasser steht und die Flut bis in die von seinem Elternhaus nur einen Straßenzug entfernte Wasserreihe vordringt. Zum erstenmal in seinem Leben spürt Theodor Storm die Allgewalt des Blanken

Hans und die permanente Bedrohung, die vom Meer dort hinter den Deichen ausgeht.

Dennoch, bis zum „Schimmelreiter“, wird in seinem Werk nie auf jene Katastrophe angespielt.

Nur einmal, in seinen „Nachgelassenen Blättern“, schreibt er im Gedenken an seinen Vater, den ‚olen Storm‘: „Nach der verderblichen Flut von 1825, bei der viel Gut und Menschenleben zugrunde ging, wurde er der vom König ernannten obergerichtlichen ... Kommission als Mitglied beigegeben, welche die Schäden auf den Nordsee-Inseln und Halligen untersuchen und feststellen sollte. Hierdurch und durch manch andern Gelegenheiten kam viel Leben in mein elterliches Haus ...“[123] – eine eher lakonische Notiz also, weggedrückt, sehr beiläufig, ohne erkennbare Emotion.

Und doch hat dann der alte Storm in seinem letzten Werk die Kraft, eine solche Flut mit einer Intensität und poetischen Vehemenz zu beschwören, als sei er es selbst, der da dem entfesselten Grauen einer umfassenden, alles andere auslöschenden Naturkatastrophe gegenübersteht:

Nur Berge von Wasser sah er vor sich, die dräuend gegen den nächtlichen Himmel stiegen, die in der furchtbaren Dämmerung sich übereinander zu türmen suchten und übereinander gegen das feste Land schlugen. Mit weißen Kronen kamen sie daher, heulend, als sei in ihnen der Schrei alles furchtbaren Raubgetiers der Wildnis. Der Schimmel schlug mit den Vorderhufen und schnob mit seinen Nüstern in den Lärm hinaus; den Reiter aber wollte es überfallen, als sei hier alle Menschenmacht zu Ende; als müsse jetzt die Nacht, der Tod, das Nichts hereinbrechen.

Man spürt den Griff. Hier wird nicht nur ‚gekonnt‘ erzählt. Hier schwingen auch eigene Schreckvisionen mit: Einer scheint sich einen ganz persönlichen Alptraum von der Seele zu schreiben. Und selbst ein technisches Detail der Flut von 1825 kehrt im „Schimmelreiter“ wieder. Dort steht Hauke Haien kurz vor der großen Sturmflut am alten Deich und besichtigt die Schäden, die in der Nacht zuvor „ein stärkerer Sturm“ angerichtet hat. Dabei aber sieht er „in großer Breite die Grasnarbe zerstört und fortgerissen und in dem Körper des Deiches eine von der Flut gewühlte Höhlung, durch welche ein Gewirr von Mäusegängen bloßgelegt war. Hauke stieg vom Pferde und besichtigte den Schaden in der Nähe: Das Mäuseunheil schien unverkennbar noch unsichtbar weiter fortzulaufen.“

Das aber wird auch von den Deichen im Winter 1825 berichtet. Ihre Profile hatten weithin standgehalten. Die Innenböschungen waren jedoch von den darin nistenden Mäusen durchwühlt, und hiergegen schlugen nun die über

den Deich stürzenden Fluten, bis schließlich die Innenböschung fortgesackt und die Kappe des Deichs eingestürzt war.
Schließlich aber: Der Triumphschrei des Hauke Haien „Sein Deich aber – und wie ein Stolz flog es ihm durch die Brust – der Hauke-Haien-Deich, wie ihn die Leute nannten, der mochte jetzt beweisen, wie man Deiche bauen müsse" – dieser auftrumpfende Stolz wird auch nach der Flut von 1825 vernehmbar. Denn „überall und gänzlich abgewehrt"[124] wurde die Flut dort, wo Deiche nach einer neuen Technik gebaut oder ausgebessert worden sind.
Diese neue Technik: das sind sogenannte „Berme"-Deiche, also Deiche mit sanft abgedachtem Deichfuß, der „Berme", an der sich die Wellen zerteilen und totlaufen – im Prinzip der Deich des Hauke Haien. In der Sturmflut von 1825 erlebt er seine Bewährungsprobe. Er besteht sie.
„So aber haben sämtliche Deiche hinlänglichen Widerstand geleistet und jede Überschwemmung abgewehrt. Menschen und Vieh, Habe und Gut jeder Art nebst den Wohnungen haben nicht den geringsten Schaden genommen. Von den Deichen sind ebenfalls alle älteren Profile stark beschädigt, dagegen die neuen Profile sich sehr bewährt haben ..."
Der dies in einem Bericht an den Kopenhagener Hof mit verhaltenem Triumph im Unterton schreibt, heißt Christian Friedrich Salchow, zunächst Deichkondukteur und Landinspektor, dann Deichinspektor über die Inseln und schließlich, seit 1819 und bis zu seinem Tod im Jahr 1843, Deichinspektor des gesamten nördlichen Deichdistrikts, eine Rätselgestalt aus dieser Phase der Deichbau-Geschichte. Immer wieder erscheint sein Name in den Akten und Berichten dieser Zeit, als Anreger, Antreiber auch, als unermüdlicher Initiator neuer Projekte und Landschutzmaßnahmen – also ein weiteres mögliches Schimmelreiter-Modell?
Die letzten sechs Jahre seines Lebens hat er in Husum gewohnt, in der Neustadt 56, im gleichen Haus, das auch Storm von 1845 bis 1853 bewohnte und wo unter anderem „Immensee" und das Kindermärchen vom „Kleinen Häwelmann" entstanden. Es hatte Storms Vater gehört, er hatte es vermietet, unter anderem auch an Salchow, bevor er es dann dem Sohn überließ. Und Storm verdanken wir denn auch das Wenige, das wir von der Persönlichkeit des *Menschen* Salchow, nicht von der Arbeit des hochangesehenen Deichinspektors wissen – und das auf irritierende, man darf wohl sagen: makabre Weise.
Es war in den ersten Wochen von Hademarschen gewesen. Storm hatte zu einer neuen, seiner dort ersten Novelle angesetzt, „Der Herr Etatsrat". Es

wurde eine seiner schwächeren Arbeiten, und man meint zu spüren, wie sich Storm nun erst an den neuen Themenkreis und neue Ausdrucksformen herantasten muß, die dann im „Schimmelreiter" ihren Höhepunkt und Abschluß finden werden. Doch nicht das ist wichtig. Interessant bleibt die Hauptgestalt, der ‚Held', die wahrscheinlich scheußlichste Gestalt, die der Dichter je geschaffen hat, ein trinkseliger, despotischer Familientyrann, an dem seine gesamte Sippe zugrundegeht, ein ins Groteske verzerrter ‚Übervater', neben dem sich alle Horror-Väter Strindbergs wie milde Pantoffelhelden ausnehmen. Wer nun aber dieser Herr Etatsrat Sternow, auch kurz und treffend ‚die Bestie' genannt, eigentlich ist? Storm sagte es selbst: der alte Salchow. Und ohne Zweifel ist damit der Deichinspektor gemeint, „welcher eine höhere Stelle in dem Wasserbauwesen unseres Landes bekleidete", wie es in der Novelle über Etatsrat Sternow heißt.
Man fühlt sich an den Jekyll/Hyde-Effekt der berühmten Stevenson-Erzählung erinnert: hier der schon übertüchtige, dynamische, progressiv auf Reformen drängende Deichbeamte, wie er sich in den Dokumenten darstellt, die in den Archiven von Schleswig und Kopenhagen lagern, etwas überheblich allenfalls und sehr von der eigenen Leistung überzeugt – und dort Storms weinseliges Scheusal, das dem Leichenzug der Tochter ein „Contra vim mortis (gegen die Gewalt des Todes)" nachgröhlt. Und dieser Mann soll nun Muster für den makellosen Familienvater und Ehemann, für den Deichbau-Helden Hauke Haien sein?
Dennoch ist der Gedanke nicht so abwegig.
Auch Hauke Haien ist ja kein Held im konventionellen strahlenden Sinn, sondern eine Gestalt voller Widersprüche, Schründe und Abgründe, oft unendlich unsympathisch: „‚Hunde!' schrie er, und seine Augen sahen grimmig zur Seite, als wolle er sie peitschen lassen." Auch hier wirft ein Tyrann und höchst problematischer ‚Übermensch' seinen furchterregenden Schatten. Und daß Storm am Schluß seiner „Etatsrat"-Novelle die Deichbau-Leistungen Sternow/Salchows hämisch-ironisch abwertet („Seine vielgerühmten Deichprofile sind durch andere ersetzt, die selbstverständlich die einzig richtigen sind"), kann lediglich ein dramaturgischer Kunstgriff sein, zumal von den Leistungen des historischen Salchow nirgendwo ähnliches behauptet wird. In jedem Fall ist dieser Mann als *Typ*, als Deichbaumeister seiner Zeit für den „Schimmelreiter"-Dichter wichtig. Denn als Typ steht er stellvertretend für die gesamte Deichbau-Entwicklung dieser Zeit. Sie aber führt exakt in die „Schimmelreiter"-Dramaturgie hinein.

Denn ein Prozeß hat in diesen Jahren eingesetzt, vor dessen Hintergrund das Novellen-Geschehen, wenn auch von Storm ins vorausgegangene Jahrhundert verlegt, historisch erst denkbar wird.
Vorbote dieser neuen Entwicklung ist weniger Desmercieres als jener ältere, gebildete Herr, der in den achtziger Jahren des 18. Jahrhunderts die Desmercieres-Deiche als ‚sichtbar gewordene Vernunft' bestaunt hatte: Johan Nicolai Tetens, studierter Mathematiker, Physiker und Philosoph in Kiel und um diese Zeit in Nordfrieslands Marschen unterwegs.
Gemächlich läßt sich der Wissenschaftler durch die Marsch kutschieren, nickt höflich, wenn ihn der Kutscher auf besonders schönes Vieh, besonders gut gedeihendes Korn aufmerksam macht, und lächelt nur ein wenig, wenn dieser Kutscher, kerniger Friese ganz und gar, achselzuckend von der ‚Geest' spricht, wo natürlich alles ärmer und viel schlechter ist. Tetens will in Gasthäusern absteigen und findet sie allesamt belegt. So nimmt er privat Quartier, labt sich an Schinken und Weizenbrot und stellt fest, daß es sich bei den Friesen recht gut leben läßt.
Für ihn ist diese Reise eine *sentimental journey*, ein Trip zurück in die eigene Vergangenheit. Denn hier, in Tönning oder Tetenbüll, ist er irgendwann zwischen 1736 und 1738 geboren worden. So verwendet er denn auch viele liebevolle Worte auf diese Landschaft und ihre Menschen, er bewundert Ernst und Engagement bei ihrer Deichbaupolitik: „Die Deichbauangelegenheiten sind bei ihnen beinahe das, was dem Briten seine Parlamentsdebatten sind ..."[125]
Doch der heiter-friedliche Ton täuscht. Hier ist nicht nur ein versonnener Nostalgiker unterwegs.
Tetens' Blicke fliegen zugleich so scharf, spähend und kritisch wie die von Hauke Haien über die Deiche Nordfrieslands. Und zunächst einmal stellt er fest, „daß es so viel zu denken gäbe bei Sachen, die von Leuten gemacht werden, welche so wenig dabei dachten". Seinerseits denkt Tetens gründlich nach. Bald schon schüttelt er den Kopf: „Es ist sonderbar genug, wenn ein Deich einmal nicht gehalten hat, so ist ja kein natürlicherer Schluß als dieser, er sei für die höchsten Fluten zu schwach gewesen und man müsse ihn also höher und stärker bauen. Und dennoch hat es lange gedauert, bis man auf diesen simplen Gedanken gekommen ist ..."
Tetens führt Beispiele an. So ist etwa in der Weihnachtsflut von 1717 ein Deich zerstört worden. 1718 wird er wiederhergestellt, genauso, wie er gewesen ist. Und prompt bricht er denn auch 1721 ein weiteres Mal.
Tetens wendet sich der Deichbautechnik zu. Er notiert: „Ein tüchtiger

Seedeich gibt Schutz, aber zehn untüchtige hintereinander hindern die Überschwemmung nicht..." Wie aber ein ‚tüchtiger' Seedeich einzig auszusehen hat, steht für ihn, vielleicht unter dem Eindruck der Desmercieres-Deiche, fest: „Nichts ist nach Vernunft und Erfahrung wichtiger als dies, daß eine starke Dosierung oder die unter einem sehr spitzen Winkel mit dem Horizont geneigte Lage einer dem Wasser ausgesetzten Fläche eines der wirksamsten Mittel sei, die Angriffe sowohl vom Strome als vom Wellenschlag zu mindern..."

Aber Tetens erkennt nicht nur das technische Problem. Kind einer von Fachidiotie und Spezialistentum noch beneidenswert freien Zeit sieht er auch die sozialen Schwächen im Deichbau-System. Die Menschen an der Küste sind weder dumm noch böswillig, nur gänzlich überfordert. Und schuld daran ist allein das völlig überholte, aber noch immer gültige Spadelandrecht des 16. Jahrhunderts.

Es war, wir erinnern uns, nichts anderes gewesen als die bürokratische Fixierung des alten Gewohnheitsrechts an der Küste. Und mit ihm waren denn auch alle alten Ungerechtigkeiten dieses Gewohnheitsrechts festgeschrieben. Beispielsweise, daß ein jeder im gleichen Ausmaß an der Deichlast beteiligt wird, ob er nun schlechten oder guten Boden besitzt, da doch der Blanke Hans einen jeden Boden gleich welcher Qualität bedroht – das klang logisch und gerecht. In der Praxis hatte es allerdings die völlige Verarmung der ohnehin schon armen Grundeigentümer zur Folge. Und vollends die Mittel, die ein wirklich progressiver Deichbau mit neuen, nun einmal teureren Techniken erfordert, konnte der einzelne, der für sein Stück Deich haftete, nicht aufbringen. Ungerecht – und in den Folgen gleichermaßen katastrophal – war auch die Regel, daß nur die unmittelbar am Meer wohnenden Kooggemeinschaften für ihre Deiche verantwortlich waren.

Tetens blickt klarer als Storms Hauke Haien mit seinen leichthändigen Berechnungen der Deichbau-Kosten, wenn er nun festhält: „Es ist hart, wie sehr einige vor anderen belästigt sind. Solange von dieser alten Barbarei noch etwas übrig ist, ist es auch, wie ich glaube, vergeblich, auf eine feste und zweckmäßige Verfassung des Deichwesens zu denken..."

Er wird deutlich: „Wenn die Frage vorkommt, ob lieber alles auf gemeine Kosten oder alles in den einzelnen Deichsteilen auf Kosten der einzelnen gemacht werden solle, wohin das alte sogenannte Spadelandrecht ging, so glaube ich nicht, daß man den geringsten Anstand nehmen müsse, für das erste zu entscheiden... Die Sicherheit für die einzelnen ist zugleich die

Sicherheit für alle. Nichts ist natürlicher, als daß auch die Sorge für die einzelnen eine Sorge aller sei..."

Das sind nicht nur die beiläufigen Betrachtungen eines eilig vorüberziehenden Schöngeistes. Hier wird mit handfesten Argumenten und messerscharf gezogener Konsequenz auf die Verkarstungen und Verkalkungen im seit Jahrhunderten geltenden Deichrecht gezielt. Und das ist wohl auch eigentliche Aufgabe des Marschreisenden Tetens gewesen. 1788 erscheint der erste Band seiner in Briefform abgefaßten „Reisen in die Marschländer an der Nordsee zur Beobachtung des Deichbaus" und erregt sogleich beträchtliches Aufsehen. Es wird zum eigentlichen Anstoß für die nun einsetzende umfassende Reform des Deichbauwesens. Johan Nicolai Tetens aber gebührt damit sein Platz in der Reihe jener, die in der Gestalt des Hauke Haien ihr Denkmal finden, auch ohne Dämonie, Wunderkind-Ruch und vergrübelte Genie-Stunden am Strand.

1794 trägt Tetens' theoretische Vorarbeit erste praktische Früchte. Eine Kommission wird eingesetzt. Um 1800 liegen ihre Vorschläge vor. Noch im gleichen Jahr wird die Deichaufsicht neu geregelt. Und schließlich kommt es zu jenem „Allgemeinen Deichreglement vom 6. April 1803", das das überholte Spadelandrecht in die Finsternis des Deichbau-Mittelalters zurückverweist, aus der es einst aufgestiegen war.

Deichbau und Landgewinnung stehen von nun an auf neuer sozialer Basis. Und auf dieser Basis entsteht der Deich des Hauke Haien.

Die Deichlast wird jetzt auf die gesamten Marschgebiete verteilt. Drei große Deichbände entstehen. Nun kann einheitlich geplant und vorgegangen werden, unter der Leitung von Männern, wie sie sich schon Tetens als Deichverantwortliche gewünscht hatte: „Jeder ansehnliche Marschdistrikt müßte seinen Mann haben, der auf die Landessicherheit gegen das Wasser Aussicht habe. Wohl zu merken ist es, daß man dazu durchaus keine andere als sehr gute, ich will nicht fordern, außerordentliche Köpfe gebrauchen kann und daß diese mehr als das ABC der Mathematik studiert haben müssen. Es ist die Landessicherheit, die ihnen anvertraut wird..."

„Der Deichgraf ist ein Dummkopf, dumm wie 'ne Saatgans! Er ist nur Deichgraf, weil sein Vater und Großvater es gewesen sind, und wegen seiner neunundzwanzig Fennen. Wenn Martini herankommt und hernach die Deich- und Sielrechnungen abgetan werden müssen, dann füttert er den Schulmeister mit Gansbraten und Met und Weizenkringeln und sitzt dabei und nickt, wenn der mit seiner Feder die Zahlenreihen hinunterläuft, und sagt: ‚Ja, ja, Schulmeister, Gott vergönn's Ihm! Was kann er rechnen?'

Wenn aber einmal der Schulmeister nicht kann oder auch nicht will, dann muß er selber dran und sitzt und schreibt und streicht wieder aus, und der große dumme Kopf wird ihm rot und heiß, und die Augen quellen wie Glaskugeln, als wollte das bißchen Verstand da hinaus.“
So charakterisiert Haukes Vater den Typ des Deichgrafen, der über Besitz und Erbschaft in das Deichgrafenamt gehievt wurde. Seine Zeit ist nun vorbei. Es kommt die Stunde der Salchow oder auch des Deichinspektors Siewert, der in der Wiedingharde zu Jahrhundertbeginn den Bau eines ersten Berme-Deichs durchsetzt. Man kann auch sagen: Dies ist nun die Stunde des Hauke Haien. Die Voraussetzungen sind jetzt erst geschaffen, daß Männer seines Schlags schon längst fällige Vorstellungen von einem modernen Deichbau verwirklichen können.
Das ist aber auch die Stunde seiner Gegner. Auch Salchow und Siewert haben ihre Ole Peters, und sie sind ebenso wenig populär wie Hauke Haien. Die Jahrhunderte vor dem Allgemeinen Deichreglement aber verklären sich nun in der Erinnerung vieler Marschbewohner zur ‚guten alten Zeit‘ im Deichbau, ungeachtet der regelmäßigen Katastrophen, die noch in den neunziger Jahren des 18. Jahrhunderts fast jedes Jahr die Küsten heimgesucht hatten.
Als von den jüngeren Besitzern der Marsch- und Geestgemeinde eines Sonntags nach der Kirche ein etwas unruhiger Trupp im Kruge droben am Trunke festgeblieben war, redeten sie beim vierten oder fünften Glase zwar nicht über König und Regierung – so hoch wurde damals noch nicht gegriffen – wohl aber über Kommunal- und Oberbeamte, vor allem über Gemeindeabgaben und -lasten, und je länger sie redeten, desto weniger fand davon Gnade vor ihren Augen, insonders nicht die neuen Deichlasten; alle Siele und Schleusen, die sonst immer gehalten hätten, seien jetzt reparaturbedürftig; am gleichen Deiche fänden sich immer neue Stellen, die Hunderte von Karren Erde nötig hätten; der Teufel möchte die Geschichte holen!
„Das kommt von eurem klugen Deichgrafen“, rief einer von den Geestleuten, „der immer grübeln geht und seine Finger dann in alles steckt!“
Eine Szene, wie sie zu Storms Zeiten in vielen Wirtshäusern der Marsch stattgefunden haben mag: Die Reformatoren des Deichbaus contra die Masse der dumpf am Hergebrachten Festhaltenden – und böse Worte fallen auf beiden Seiten. Hauke Haien bleibt Ole Peters und Ole Peters Hauke Haien nichts schuldig. „Deichbauruinierer!“ rufen die einen, wenn Neuerungen am Widerstand der anderen scheitern. Diese anderen wiederum

bemühen die Gerichte, wollen aus dem Koogverband am liebsten ausscheiden, wenn ihnen die Lasten unerträglich scheinen. Das ist nun exakt die „Schimmelreiter"-Konstellation: Hier im 19. Jahrhundert, also in seiner eigenen Zeit und nicht im Jahrhundert zuvor, findet der Advokat aus Husum den Hintergrund für die Dramaturgie seiner Novelle. Und so mag er denn, der auch mit Deichstreitereien befaßte Amtsrichter, seine Studien getrieben, mag die Vertreter der einen wie der anderen Partei beobachtet haben, bis sie Geschöpfe seiner dichterischen Phantasie geworden sind: Ole Peters und Hauke Haien, zwei typische Gestalten aus der Geschichte des Deichbaus in der ersten Hälfte des 19. Jahrhunderts.

Es wird denn auch nicht ausbleiben, daß später, nach dem Erfolg des „Schimmelreiter", viele in ihrem Vorfahren das Urbild des Hauke Haien entdecken. So schreibt in einem unveröffentlichten Manuskript des Husumer Storm-Archivs die Urenkelin des Pellwormer Deichgrafen Martin Andresen:

„Ein Nachkomme Storms war mein Klassenkamerad in Husum. Er sagte mir, Storm habe sich die Lebensgeschichten berühmter Deichgrafen erzählen lassen, als er die Sagengestalt des Schimmelreiters zum Leben erwecken wollte. Er habe unseren Urgroßvater gekannt und in seinen Schimmelreiter eingehen lassen ..."

Wie immer es sich nun mit diesem Martin Andresen verhält, Deichgraf im 19. Jahrhundert, der ein Autodidakt war wie Hauke Haien, der die Nichte seines ehemaligen Dienstherrn heiratete und auf Pellworm ein ebenso rigoroses wie erfolgreiches Regiment führte und schließlich, verbittert durch Widerstände und Anfeindungen seiner Umwelt, die Insel verließ – Deichgrafen dieser Zeit müssen letztlich wohl so sein, wie Storm seinen Hauke Haien schildert, überenergisch, mehr gefürchtet als geliebt und stets im Kampf mit dem großen Schlendrian, Aug in Aug mit ihren Ole Peters', die „zwar zu den Wichtigen, aber in Deichsachen nicht zu den Klugen" gehören. Und wenigstens einen dieser Männer hat Storm persönlich gut gekannt.

Dieser Mann, 1798 geboren, heißt Johann Iwersen-Schmidt. Von 1837 an bis zu seinem Tod ist er Deichgraf im Hattstedter Koog, einer von vieren, die diese Familie gestellt hat. Und deren Stammtafel hebt heraus: Iwersen-Schmidt war der bedeutendste von allen. Und er war zugleich auch der gefürchtetste, also vermutlich angefeindet und heimlich auch gehaßt wie Hauke Haien.

Dennoch ist Johann Iwersen-Schmidt kein Hauke Haien gewesen. Er hat

weder eine neue Deichform eingeführt noch einen Koog geschaffen. Sein Porträt zeigt kein in sich gekehrtes, von Visionen heimgesuchtes Genie, sondern läßt in kühle, strenge Züge blicken, weniger Marschbauer als Großbürger im Bewußtsein seiner unangefochtenen Position. Und so mag er denn auch Storm gegenübergesessen haben, wenn ihn der Amtsrichter aus Husum auf seinem Lundenberger Hof besucht hat. Vielleicht hat er gewußt, daß ihm hier ein Dichter die Ehre gab, der zugleich auf ständiger Suche nach neuem Novellenstoff war, und so mag er denn Storm eines Tages die dramatische Geschichte vom Tod seines Vaters erzählt haben.
Schon dieser Vater, Hans Iwert Schmidt, war Deichgraf gewesen, bis 1814. Dann war das Jahr 1824 gekommen. Es war Dezember. Ein scharfer Wind hatte geweht. Hans Iwert Schmidt war dennoch hinausgeritten, angeblich auf einem Schimmel. Er trug einen schwarzflatternden Mantel wie auch Hauke Haien bei seinem Todesritt. Der Wind hatte diesen Mantel gepackt und ihn dem Reiter über den Kopf geweht. Das Pferd hatte gescheut. Der Reiter war gestürzt. Und so kam es dann, daß Iwersen-Schmidts Vater laut der Eintragung im Hattstedter Kirchenbuch am 8. Dezember 1824 „nicht weit von seinem Hause in einem Graben ertrunken“ war.
Hier wäre nun, wenn auch nur von Ferne, ein Muster für den Tod des Hauke Haien. Für die Entstehungsgeschichte der „Schimmelreiter“-Novelle ist aber etwas anderes wichtig.
Wir kennen recht genau Storms Freundeskreis in Husum. Es sind vor allem die Honoratioren, Stadtmenschen also wie der Landrat Graf Reventlow, dem gegenüber Storm einmal nicht Adelsfeind und Preußengegner war. Besuchte er aber Iwersen-Schmidt auf seinem Lundenberger Hof mit der hohen Esche davor, wie sie auch vor dem Haus Hauke Haiens stand, wechselte er gleichsam in eine andere Welt über, eben in die des Hauke Haien in all ihrer geruhsamen Behäbigkeit und festgefügten Selbstsicherheit, die ihm selbst ein Leben lang so fremd war.
Im Deichgrafenhof des Johann Iwersen-Schmidt sieht Storm den gedämpften Luxus, mit dem sich wohlhabende Marschbauern umgeben. Er spürt den Rhythmus ihres von der Natur diktierten Lebens. Er begegnet ihren Sorgen, Vorstellungen, blickt in das Weltbild eines Dorfs „irgendwo hinter den Deichen“. Und schließlich ist er wohl auch dabei, als im Frühjahr 1875 die Hattstedter ihren Deichgrafen mit allem Pomp einer ‚großen Leiche‘ zu Grabe tragen.
Droben auf der Geest auf dem Begräbnisplatz um die Kirche war zu Westen eine mit Schmiedegitter umhegte Grabstätte; ein breiter blauer Grabstein

stand jetzt aufgehoben gegen eine Traueresche, auf welchem das Bild des Todes mit stark gezahnten Kiefern ausgehauen war...
Es war die Begräbnisstätte des früheren Deichgrafen Volkert Tedsen; nun war eine frische Grube gegraben, wo hinein dessen Sohn, der jetzt verstorbene Deichgraf Tede Volkerts, begraben werden sollte. Und schon kam unten aus der Marsch der Leichenzug heran, eine Menge Wagen aus allen Kirchspieldörfern; auf dem vordersten stand der schwere Sarg, die beiden blanken Rappen des deichgräflichen Stalles zogen ihn schon den sandigen Auberg zur Geest hinauf; Schweife und Mähnen der Pferde wehten in dem scharfen Frühjahrswind. Der Gottesacker um die Kirche war bis an die Wälle mit Menschen angefüllt, selbst auf dem gemauerten Tore hockten Buben mit kleinen Kindern in den Armen; sie wollten alle das Begraben ansehn.
Es ist diese Schilderung der Beerdigung von Elkes Vater, die 1960 Andreas Busch in seinem Essay „Neuer Beitrag zum Schauplatz der Schimmelreiternovelle" zum Anlaß seines Lokalisierungsversuchs nimmt. Und tatsächlich: Es hat um die Begräbnisstätte der Familie bis zu den Altmetallsammlungen des Zweiten Weltkriegs die von Storm beschriebenen schmiedeeisernen Gitter gegeben. In der Nähe ist der auffallend blaue Grabstein zu sehen, eine Anregung auch er. Zum Begräbnismonat März paßt der „scharfe Frühjahrswind". Und selbst der von Storm skizzierte Weg vom Deichgrafensitz zum Friedhof entspricht der Strecke zwischen Lundenberger Hof und Kirchhof. Hier also spielt „Der Schimmelreiter".
Er spielt dort nicht.
Wiederum erfaßt eine im Detail stimmende Lokalisierung den eigentlichen Schauplatz der Novelle nur im Ausschnitt, und dieser Schauplatz bleibt nun einmal ein imaginärer Raum, ‚die Marsch' schlechthin, so wie es auch eine imaginäre Zeit ist, in der die Novelle spielt, eine ‚Kunst-Zeit' ohne historisch exakte Definition.
Denn blicken wir noch einmal zurück:
Storm zeigt ein bäuerliches Deichbau-Kollektiv, wie es sie bis zum 17. Jahrhundert gab, vor der Zeit der Oktrois und Partizipanten. Er läßt einen Bauernjungen eine Erfindung des 17. Jahrhunderts machen und sie im 18. Jahrhundert durchführen. Und als dann dieser Bauernjunge Deichgraf wird, tragen er wie die von ihm befehligte Kooggemeinschaft Züge, wie sie typisch für die Deichbaugeschichte des 19. Jahrhunderts sind. Drei Zeitalter, wenigstens vier mögliche Modelle für Hauke Haien, der weder Holländer noch Franzose ist, sondern Friese ganz und gar, schon äußer-

lich: „Dort steht er... die lange Friesengestalt mit den klugen grauen Augen neben der hageren Nase und den zwei Schädelwölbungen darüber", beschreibt ihn einmal der Pastor gegenüber dem Oberdeichgrafen, als es um die Wahl des neuen Deichgrafen geht.
Dieser Schimmelreiter also gehört anders als jener, nach dessen Spur Theodor Storm in den vierziger Jahren als Sagen- und Märchensammler ebenso ausführlich wie vergeblich forscht, ganz gewiß ‚zu unserm Vaterland'.
Die Frage stellt sich dabei nur: Was ist eigentlich des Friesen Vaterland?

Was ist des Friesen Vaterland?

„Kein Mann gedeihet ohne Vaterland..."
Als Theodor Storm im Juli 1853 diese Zeile schreibt, hat er, der Unpolitische, gerade seine erste massive politische Erfahrung hinter sich. Er hat den Kampf seiner Landsleute gegen die dänische Oberherrschaft miterlebt, er hat das Scheitern dieses Kampfes gesehen. Nun wartet das Potsdamer Exil auf ihn, „die Stunde drängt, gerüstet steht der Wagen". Und: „Es ist die Fahrt der Heimat abgekehrt". In dieser Stimmung schreibt er seine Verse „Abschied":

Ich aber kann des Landes nicht, des eignen,
In Schmerz verstummte Klage mißverstehn;
Ich kann die stillen Gräber nicht verleugnen,
Wie tief sie jetzt in Unkraut auch vergehn...

Zeilen der Wehmut, der Resignation, doch zugleich auch ein Bekenntnis: Das Land, das er verläßt, ist jetzt sein „Vaterland". Das ist mehr als eine schöne Floskel. Es ist eine politische Konfession.
Dabei ist nicht nur Storm selber ‚unpolitisch' oder will es wenigstens sein. Auch seine Heimat, dieses „sein Vaterland", ist es. Storm hat das genau erkannt, als er zum Husum seiner Jugendjahre anmerkt: „Es war eine praktisch unpolitische Zeit; die Französische Revolution und das Kaiserreich nahmen auf Jahrzehnte die Gedanken der Menschen in Anspruch; aber meistenteils nur als Vergangenheit, wie eine ungeheure Tragödie..."[126] Das politisch-historische Selbstverständnis seiner Landsleute dürfte damit exakt umrissen sein: Geschichte als dumpf zu erduldendes,

stumm zu durchleidendes Fatum, Politik „eine ungeheure Tragödie", unausweichlich, unveränderbar, der Einzelne Werkzeug und Opfer einer unbegreiflichen Maschinerie.
Dabei ist das Europa gerade dieser Jahre von Veränderungen durchschüttelt wie noch nie, und längst wirken sich diese Veränderungen auch schon auf die Welt eines Theodor Storm und Hauke Haien aus.
Zum Beispiel die Französische Revolution: Sie ist keineswegs Vergangenheit, sondern wirkt beharrlich fort als Fanal einer aufgekommenen republikanischen Gesinnung. Es geht auch ohne Monarchie: Diese Vorstellung wird nun im Bewußtsein der Völker nicht mehr auszuradieren sein.
Oder eben das Kaiserreich Napoleons, getragen von einem ins Gigantische übersteigerten Nationalismus: Er hat bei den übrigen Völkern Europas ihrerseits ein ganz neues, emotionales Nationalbewußtsein geweckt. In Deutschland ist es dann vor allem die Jugend, die nach neuen Werten und Maßstäben ruft. Die etablierten Mächtigen reagieren mit einem erschrokkenen Restaurationsprogramm eigentlich schon überholter, zumindest fragwürdig gewordener Vorstellungen von Staat und Monarchie. Der Deutsche Bund, 1815 entstanden, ist kaum anderes als Instrument eben dieser Restauration.
Zum Deutschen Bund gehört, als Herzog von Holstein, der dänische König. Sein anderes Herzogtum, Schleswig, und damit auch die Marschen bleiben hingegen ausgespart. Ein Denkprozeß setzt ein: wohin nun Schleswig eigentlich gehört im sich schon abzeichnenden Europa der Vaterländer. Die erste Antwort: Zunächst einmal gehören die beiden Herzogtümer zusammen, als Schleswig-Holstein, „up ewig ungedeelt". Ein spezifisch schleswig-holsteinisches Nationalgefühl, noch nicht identisch mit dem deutschen, ist damit geboren, und Schleswig-Holstein, in gesicherten Zeiten die große Völkerbrücke zwischen Nord- und Mitteleuropa, wird zunehmend zum Spannungsfeld.
Diese Entwicklung wäre weniger brisant, würde um diese Zeit Dänemark noch wie im 18. Jahrhundert Zentrum einer aufgeklärten, leidlich liberalen Staatsgewalt sein. Aber auch die dänische Monarchie besinnt sich auf sich selbst, allerdings im absolutistischen Sinne. Sie will jetzt die beiden Herzogtümer immer enger an sich binden. Nun geht es schon um die innere Unabhängigkeit von Schleswig und Holstein. Der kommende Konflikt zeichnet sich ab.
All diese Spannungskreise überlappen sich in den Marschen: nationale Selbstbesinnung, republikanische Neigungen, der Zugriff Dänemarks, das

Aufbegehren in den Herzogtümern. In Husum aber und in den Marschdörfern sitzen die Leute – noch einmal Storm – „am Sonntag nach der Kirche im Weinhaus, kannegießerten eine Weile und gingen dann zum Sonntagsbraten“[127]. Sie mögen ihre Köpfe schütteln: Was bedeuten nur all diese Entwicklungen? Wo führen sie noch hin?

Sie führen unter anderem zu einer Frage, die sich nun so mancher Friese stellt: Wer bin ich eigentlich? Was ist mein Volk, was dessen Geschichte? Was bedeutet es denn, Nordfriese zu sein? Niemand im Jahrhundert zuvor hätte das gefragt. Es ist eine Entwicklung eben dieses 19. Jahrhunderts. Und so heißt es denn auch in einem der jetzt entstehenden Friesenlieder: Was ist des Friesen Vaterland?

Da ist zum Beispiel die Sprache.

„Die friesische Sprache ist die wahre Familiensprache, wie die ungekünstelte Wahrheit sie spricht, die deutsche ist die Umgangssprache, wie der Herr des Hotels sie zu seinen Gästen redet, um fein und lieblich zu seinem Vorteil zu sprechen“, heißt es 1845 in K. J. Clements „Lebens- und Leidensgeschichte der Friesen“ und ist nicht der einzige Unsinn, der dort steht. Denn dieser polemisch konstruierte Gegensatz zwischen dem kernig-urigen Friesisch und einem künstlich aufgesetzten Deutsch zielt völlig am Problem vorbei.

Vielmehr gibt es ‚das Friesische‘ gar nicht und hat es auch nie gegeben. Es gibt stattdessen ein Bündel voneinander abweichender Dialekte, die manchmal von Hallig zu Hallig, von Harde zu Harde wechseln. Das Problem lautet aber nun: Läßt sich aus diesem regionalen Sprachengewirr ein verbindliches Friesisch filtern, das jeder Friese versteht und eine Sprache ist wie andere auch?

Hier wird ein Anfang gesetzt.

Zunächst mag er wie ein eher rührender Versuch am wenig tauglichen Objekt wirken. Doch was dahinter steht, ist hochpolitisch. „Höret nicht auf, Friesen zu sein!“, ermahnt 1842 der Pastor Christian Feddersen in seinen „Fünf Worten an die Nordfriesen“ seine Landsleute. Er fleht: „Ihr habt von Gott ein eigen Land, eine eigene Natur des Geistes und Gemütes, eine eigene Geschichte, also eine eigentümliche Bildung durch Natur, Bestrebung und Schicksale, ihr habt auch eine eigene Sprache ...“[128]

Schon 1824 hatte ein Bende Bensen ein Buch über „Die nordfriesische Sprache nach Moringer Mundart“ geschrieben. Dann taucht der hartnäckig verfolgte Plan einer verbindlichen friesischen Grammatik und eines Wörterbuchs auf. Die Schriften mehren sich. Es werden regelrechte Plädoyers für Erhaltung, Abgrenzung und Pflege des Friesischen gehalten, und sogar eine Zeitung wird geplant, in der von Beitrag zu Beitrag eine andere Friesengruppe zu Wort kommen soll. Und in diesen Zusammenhang gehört auch, daß nun alte Friesenchroniken neu herausgegeben werden, Heimreichs Chronik voran. Dies aber berührt nun schon eine weitere Dimension friesischer Selbstfindung: Der Nordfriese entdeckt seine Vergangenheit.

Eine bemerkenswerte Parallele zeichnet sich ab.

Die Generation großer Chronisten hatte zur Feder gegriffen, als das Lebenselement der Nordfriesen, Deichbau und Landgewinnung, in die Macht einer landfremden Obrigkeit geraten war, und es hatte wie der Abschied von einer nun vergangenen Epoche gewirkt, als Männer wie Heimreich oder Peter Sax die Geschichte ihrer Heimat aufzeichneten. Ihre Chroniken werden aber nun in einer Zeit wiederentdeckt, als die ‚Verstaatlichung' des Deichbaus im Zeichen des gerade eingeführten Allgemeinen Deichreglements wiederum einen Schritt weiter vorangetrieben wird. Denn so wichtig und eigentlich unumgänglich dieses Reglement auch war: Es hatte den Friesen ein weiteres Mal seiner ureigenen Welt entfremdet. Und so ist es gar nicht so erstaunlich, wenn sich nun im Bewußtsein der Friesen die Zeit vor dem Deichreglement zur ‚guten alten Zeit' verklärt. Auch das ist ein hochpolitisches Moment: Der Gegenwart gegenüber zutiefst unsicher geworden, sucht der Mensch Halt im Bild einer angeblich besseren, da noch gesicherten Vergangenheit und meint, im Spiegel der verklärten Geschichte die Utopie einer glücklicheren Zukunft zu entdecken.

Was aber sieht der Nordfriese, wenn er nun rückwärtsblickt, wobei wir nicht vergessen dürfen, daß dies das 19. Jahrhundert ist, eine Zeit, da sich das allgemeine Geschichtsverständnis noch ganz an den großen Heroen und Taten, an den grellfarbenen Haupt- und Staatsaktionen orientiert?

In dieser Hinsicht hat die nordfriesische Geschichte in der Tat nicht viel zu bieten: Ein Pidder Lyng ist nun einmal kein Barbarossa, ein gewonnener Gotteskoog läßt sich schlecht zu einem Sieg auf dem Lechfeld hochstilisieren, über die näheren Umstände der Ermordung König Abels schweigt man lieber, und das jahrhundertelange Gerangel um Privilegien beim Deichbau war gleichfalls so heroisch nicht. Kurz: es fehlt an Helden und Taten. Also muß *der* Held her und mit ihm *die* Tat, *der* Nordfriese schlechthin und *sein* ewigwährender trutzig-stolzer Kampf mit dem Blanken Hans. Das liest sich dann bei Clement so:

„Die Geschichte der Friesen ist vorzugsweise das große Trauerspiel in dem Leben der deutschen Völker, denn sie ist der gleichzeitige Doppelkampf mit der See, dem allermächtigsten Element, und mit der Übermacht und Habsucht fremder Fürsten, mit der See um den heimatlichen Boden, die Bedingung des Lebens, mit fremder Fürsten Macht um die heimatliche Freiheit, die Bedingung des Volkstums und Menschentums..."

Dieses Buch ist ebenso problematisch wie sein Verfasser, ein auf Amrum geborener Seefahrersohn, der zum Doktor phil. avanciert und in seinen zahlreichen Schriften gleich auch die Kehrseite des neugewonnenen Nordfriesenstolzes zeigt: einen chauvinistischen Rassismus, der in seinen Bemerkungen zu Slawen und Kelten schlimmste „Stürmer"-Töne vorwegnimmt. Dennoch ist es ein wichtiges Dokument: ein Psychogramm für das sich damals heranformende Geschichtsbild, umwabert vom Nebel einer heroisch überhöhten Vergangenheit, wie sie so heldisch nie gewesen ist – und auch nicht ganz so jammervoll. Denn so übel war es den Friesen in all den Jahrhunderten unter Dänen, Gottorpern und Schauenburgern nicht ergangen, und sie hätten sehr gestaunt, nunmehr als Akteure eines angeblich großen Trauerspiels „in dem Leben der deutschen Völker" dazustehen. Doch auch dies Selbstmitleid, das schon im Titel des Clement-Buchs mitschwingt, ist bezeichnend. Wiederum werden Ideologien und Vorstellungen des eigenen Zeitalters in die Vergangenheit projiziert.

So haftet an den Versuchen nordfriesischer Selbstfindung stets auch ein Hauch von Künstlichkeit. Friesenlieder werden geschrieben, in denen es raunt: „Es war in alten Zeiten ein edler deutscher Stamm..." Ein Wappen wird geschaffen, Adler, Krone und, in Anspielung auf eine alte Friesensage, ein Grütztopf. Und über allem leuchtet als angeblicher Ausspruch Pidder Lyngs, in Wahrheit von Clement in dieser Zuspitzung formuliert, das neue Friesenmotto: „Lever düd as Slav..." – lieber tot als Sklave.

Das wird denn auch Leitspruch beim großen Fest der Nordfriesen sein, das im Juni 1844 in Bredstedt gefeiert wird. Es ist ein ebenso schönes wie merkwürdiges Fest. In einem Garten findet es statt, mit stimmungsvoll weitem Blick über Marsch und Meer, in rasch aufgeschlagenen Zelten, mit viel Gesang und Kanonendonner. Hoch wallt hier das Nationalgefühl, markige Parolen werden ausgerufen, die Friesen geben sich als einig Volk von Brüdern. Und doch ist dieser vermeintliche Höhepunkt neugewonnenen Nordfriesentums eigentlich auch schon sein Abgesang.

Denn so ernsthaft in den Jahrzehnten zuvor an einem eigenen friesischen Selbstverständnis gearbeitet worden war: Es hatte seine Grenze bei der

Frage nach seiner politischen Realität gefunden. War eine eigene, unabhängige Friesenrepublik möglich?
Dieser Gedanke war ebenso rasch aufgeschienen wie auch gleich wieder verschwunden. Zu einer politischen Einheit fand die Welt der Marschen auch jetzt nicht. Wohin gehörte sie aber dann? Nach Deutschland? Zu Dänemark?
So gleicht Nordfrieslands politisches Schicksal dem Geschick seines größten Dichters: Wie Theodor Storm sieht sich auch dieses Land zu einer Position stets zwischen den Kategorien verurteilt. Harro Harring zum Beispiel, die wohl abenteuerlichste Gestalt der friesischen Geschichte, Deichgrafensohn, Freiheitsdichter, Griechenland-Kämpfer, ruheloser Weltreisender und schließlich Amerika-Fahrer, wo er zuletzt in geistiger Umnachtung Selbstmord begeht, erlebt eine bitterböse Enttäuschung, als er 1832 beim Hambacher Fest erscheint, der ersten großen deutschen Nationalfeier: Man bedeutet ihm, er gehöre nicht dazu, als Friese sei er schließlich kein Deutscher. Außerdem wird der Kampf der Nordfriesen zunächst keineswegs unter dem Motto „Los von Dänemark" geführt.
K. J. Clement zum Beispiel war in seinen ersten Jahren geradezu deutschfeindlich gewesen. Er wie andere hatten von einem unverfälschten Germanentum geträumt, wie es nur im Norden, also Skandinavien, möglich und gegeben schien, und speziell Clement hatte sich schließlich den Vorwurf geistiger ‚Danisierung' gefallen lassen müssen, wogegen er sich mit den Worten wehrte, er sei in „Sprache, Abkunft und Gesinnung ein Nordfriese", also Angehöriger eines eigenen Volkes nordisch-germanischer Ausrichtung – eine Vorstellung, für diese Zeit ebenso bezeichnend wie politisch ungenau. Denn ein solches Volk im Sinne einer eigenen unabhängigen Nation hat es nie gegeben, und es wird auch nicht im 19. Jahrhundert entstehen. Zwangsläufig mündet der Prozeß nordfriesischer Selbstfindung in anderen Prozessen dieser Zeit.
Dafür setzt 1844 das Fest zu Bredstedt das Zeichen.
Nun erklärt beispielsweise Clement öffentlich: „Wenn die Friesen, wo sie auch wohnen, nie recht Ursache gehabt haben, die Geest- und Landmenschen mit Liebe zu umfassen, so seid ihr doch gehalten, euch immer an die deutschen Herzogtümer anzuschließen, um mit ihnen die Schicksale der Zukunft zu teilen ..."[129] Und eine noch klarere Sprache spricht in seinem Kommentar zum Nordfriesenfest das Husumer Wochenblatt: „Es war ... nicht Nordfriesland die Losung, sondern Schleswig-Holstein, deutsches Streben, deutsches Wesen ..."

Das ist deutlich. Das markiert die Zielrichtung, die nun die nordfriesische Bewegung genommen hatte und wohl auch mit einiger Zwangsläufigkeit nehmen mußte: Sie ist ein Teil der Schleswig-Holsteiner Frage geworden und Schleswig-Holstein wiederum ein deutsches Problem. Und so wird denn in Bredstedt nicht nur „Was ist des Friesen Vaterland?" gesungen, sondern auch Ernst Moritz Arndts „Was ist des Deutschen Vaterland?" So wehen über dem Festplatz Schleswig-Holsteins Farben, und von einem Deutschland wird geträumt, das um diese Zeit noch jene Utopie ist, der drei Jahre zuvor auf dem einst friesischen Helgoland Hoffmann von Fallersleben sein Sehnsuchtslied von einem „Deutschland über alles" gesungen hatte, später die meistmißverstandene Nationalhymne aller Zeiten. Der nordfriesische Gedanke aber versinkt im Grau jener melancholisch-fatalistischen Geschichtsauffassung, wie sie Clement schon im Titel seines Buchs signalisiert. Daneben schäumt ein neugewonnener deutschnationaler Patriotismus und wird von manch' besonnenen Betrachtern mit Kopfschütteln bedacht, so vom ‚olen Storm'. Manch' anderer hingegen sieht eher belustigt zu, so des ‚olen Storms' Sohn Theodor.

Auch Theodor Storm hat zu den rund sechstausend Gästen des Bredstedter Festes gehört. Er ist sogar einer von jenen gewesen, die von den Initiatoren eigens zur Unterstützung und Teilnahme aufgefordert worden sind. Dennoch gibt er sich eher unernst gegenüber dem feierlichen Anlaß, wenn er später seiner Braut Constanze schreibt:

„Eben komme ich heim vom großen Nordfriesen-Feste. Fürchte keine große Beschreibung der Dinge, die da geschehen, obgleich sich manches Interessante erzählen ließe, zum Beispiel von dem gefühlvollen Dänenfresser Johannes Todsen aus Tondern, der an diesem Tag fünfzig Reden hielt, von denen keine einzige einen Sinn hatte, und der nach Beendigung der fünfzigsten meinem Kollegen Lorenzen um den Hals fiel und ihm mit Freudentränen in den Augen zuflüsterte: ‚Es gelingt!' oder von dem Advokaten Bruhn und dem Dr. Nagel, die im Glanze der Lampen und Pechpfannen hoch oben auf dem Balkon des Pavillons standen und sich in seliger Betrunkenheit umschlungen hielten und über die zu ihren Füßen tanzenden Bauernbengel hinaus deklamierten: ‚Brüder, überm Sternenzelt muß ein guter Vater wohnen' – oder von dem Primaner Wilhelm Harring, der sich über die Festanstalten mokierte und dafür von einem geborenen Bredstedter Studenten im Anblick aller geohrfeigt und aus dem Zelt geworfen wurde und daher um 6 Uhr ganz stille heimwärts fuhr, oder von dem Advokaten Beseler, der die Leute von der Tribüne herab politisch konfirmierte, so daß sie ihm ordentlich antworten und sich alles herauskatechisieren lassen und ihm ordentlich alle ihr politisches Glaubensbekenntnis hersagen mußten, was diesmal das alte Friesenwort war: ‚Liever düt as Slav' – oder von den anderen Volkspopanzen – oder von dem Advokaten Woldsen St., der freilich gar keine Reden hielt, aber viele Lieder mitsang und dirigierte und mit dem Advokatensohn Beccau einen Buchhändlervertrieb in Liedern hielt, worauf sie 12 Mark Schaden machten, weshalb seine Liebste diesmal keinen Louisdors erhält – oder noch einmal von demselben, wie er ganz allein stundenlang nächtliche Spaziergänge mit der jungen reizenden Frau des Aktuars Marcon vollführte ...“[130]

Und dann ist Storm auch gleich schon bei viel interessanteren, da privaten Dingen. Wir aber wissen Bescheid: Er hat also nur mitgesungen, nicht mitgeredet und wahrscheinlich auch nur in Maßen mitgefühlt, und das Volksfest der Nordfriesen scheint ihm kaum mehr als ein Anlaß zu einigen launig-ironischen Streiflichtern gewesen zu sein. Und wir haben wieder jenen Storm vor uns, der sich nie recht entscheiden kann, wer er nun ist und wo er steht, einen, der sich in der Fremde nach der Heimat sehnt und sich doch in der Heimat als ein Fremder fühlt, einen Mann, der in diesen Jahren genau jene Art von Heimatliebe mokant belächelt, die ihm dann später als „Husumerei“ selber angelastet wird, dem Dichter wie dem Menschen. Muß er aber dieses Land der ‚Bauernbengel', der ‚gefühlvollen Dänenfresser' und ‚Volkspopanzen' verlassen, fallen alle Ironie und Häme von ihm ab. Storm wird ganz ernst, und sein Dichterblick erfaßt in schmerzend schönen Bildern, was er jetzt aufgibt:

Es strömt die Luft – die Knaben stehn und lauschen
Vom Strand herüber dringt ein Möwenschrei;
Das ist die Flut! Das ist des Meeres Rauschen!

Ihr kennt es wohl; wir waren oft dabei.
Von meinem Arm in dieser letzten Stunde
Blickt einmal noch ins weite Land hinaus,
Und merkt es wohl, es steht auf diesem Grunde,
Wo wir auch weilen, unser Vaterhaus.

So noch einmal das Gedicht „Abschied“: Storm hat es für seine Kinder geschrieben, die jetzt mit ihm in die Emigration ziehen. Er hatte sich für seine Schleswiger Landsleute und gegen die Dänen engagiert, zwar nicht mit der Waffe, aber mit Versen und in bissigen Zeitungsartikeln. Jetzt ist er für die noch einmal siegreichen Herren aus Dänemark ein Sicherheitsrisiko geworden, ein Radikaler, und niemand staunt darüber mehr als Storm selbst: „Wie sehr mich wenig politischen Menschen denn doch diese Zeit aufgeregt hat, mögen Sie daraus entnehmen, daß es unter den Dänen hier heißt, ich rase vor Patriotismus ..."[131]

Die Zeiten sollen noch aufregender werden, auch für den ‚wenig politischen Menschen' Storm.

Dänemark siegt also in der ersten Runde dieses nationalen Waffengangs. Die zweite geht an Schleswig-Holstein. Es hat nun seinen Schutzherrn in jenem Otto von Bismarck, der jetzt schon gezielt an einer deutschen Einigung in seinem Sinn, also unter preußisch-monarchischem Vorzeichen arbeitet. Schleswig-Holstein ist dabei nur eine Farbe in seinem großen Spiel. Der eisenharte Zyniker nimmt Anlässe und Bündnispartner, wie sie sich ihm gerade anbieten. Österreich steht an Preußens Seite, als es um Schleswig-Holstein geht. Dann wieder geht es gegen Österreich, und mit dem Axthieb von Königgrätz trennt der „Blut und Eisen"-Staatsmann die morsche Monarchie der Habsburger vom Deutschland seiner Vorstellung. Und nach den Feuerstürmen der Jahre 1870/71 kann sich sein Norddeutscher Bund zum Deutschen Reich weiten. In dessen Grenzen findet sich Nordfriesland wieder. Und auf unserer imaginären Landkarte führt jetzt eine Querverbindung nach Berlin. Von dort aus wird nun über die Marschen bestimmt und damit auch über Deichbau und Landgewinnung.

Von Nordfriesland als möglicher politischer Größe redet aber niemand mehr. Darüber war bereits in Bredstedt der Vorhang gesunken. Und als 1848 Harro Harring, nordfriesischer Ahasver, in Tönning erscheint und eine unabhängige Nordfriesen-Republik fordert, empfängt ihn zwar noch jubelnde Begeisterung. Doch was er als politisches Programm ausgibt, ist schon ein Anachronismus – oder Utopie.

So endet Nordfrieslands historisch-kultureller Selbstfindungsprozeß in halber Resignation.

Was bleibt, ist eine ‚Entdeckung' Nordfrieslands durch einige Künstler des 19. Jahrhunderts, Maler vor allem. Es bleibt noch eine andere Entdeckung, durch den Tourismus, der schon im letzten Jahrhundert zunächst auf den Inseln einsetzt, beklagt von manchen, unentbehrlich für alle. Und es bleibt das Nationalepos der Friesen.

Es bleibt „Der Schimmelreiter".

Denn auch Storms Novelle wurzelt in der historisch-geistigen Grundhaltung dieses Selbstfindungsprozesses. Und zudem, scheinbar ebenso ‚unpolitisch‘ wie sein Dichter, ist es ein hochpolitisches Werk. Getreulich transportiert es das Geschichtsbild vom Friesen, wie es sich das 19. Jahrhundert geschaffen hat: Allen Widerständen zum Trotz, denen der Menschen wie der Natur, schafft sich der Friese sein Land selbst im einsam-düsteren Alleingang gegen Welt und Gott, ohne jede fremde Hilfe. Und dies erst macht Storms Anachronismen begreiflich: daß die Partizipanten bei Hauke Haiens Landgewinnung eine friesisch-bäuerliche Kooggemeinschaft sein müssen; daß Hauke Haien selber Friese ist und nicht ein Holländer oder Franzose wie Rollwagen/Coott oder Desmercieres; daß er in seinem Wesen und seiner Herkunft die urfriesischen Züge eines Hans Momsen hat; daß er als Friese die Entdeckung des abgeflachten Deichprofils macht; und daß schließlich seine Geschichte, die so deutlich auf die Konstellationen im Deichbau des 19. Jahrhunderts verweist, im 18. Jahrhundert spielt, der ‚guten alten Zeit‘ der Landgewinnung, auch wenn damals Landgewinnung in der Art Hauke Haiens den Friesen gar nicht möglich war. All das wird ausgespart: Es bleibt das Bild vom Friesen, allein mit sich in seinem Kampf gegen den einen großen Gegner, das Meer, über das er triumphiert und an dem er zugleich zugrunde geht.

Nun ist Storm kein Clement. Seine Manipulationen sind um einiges feiner gestrickt als dessen grobmaschige Vereinfachungen. Er idealisiert nicht im vordergründigen Sinn. Auf die Wiedergabe einer friesischen Kooggemeinschaft verwendet er mehr düstere als helle Farben, und auch sein Hauke Haien bleibt ein Mensch, widersprüchlich, oft unleidlich, „und Elke ging mitunter leise bessern“. Doch besteht Storms Idealisierung allein schon darin, daß er Deichbau und Landgewinnung als eine allein friesische Angelegenheit hinstellt.

Die Außenwelt bleibt ausgespart. Die Marschen dürfen wieder die ‚Utlande‘ sein. Die Obrigkeit, ein abstrakter Schatten, bleibt, gerade noch in Halbsätzen erkennbar, im Hintergrund. Zweimal darf ihr eigentlicher Repräsentant, der Oberdeichgraf, in Person auftreten: Einmal wird ihm gesagt, wer der nächste Deichgraf werden soll. Das andere Mal, bei der Einweihung des neuen Koogs, kutschiert er „die kluge Frau seines Deichgrafen“ höchstselbst zum Deich. Dann ist er wieder verschwunden. Den Rest machen die Friesen unter sich aus.

Man muß nach den Gründen fragen, die Storm, den Belächler Bredstedter Nationalprotzerei, so getreulich in seinem letzten Werk auf diese Linie einschwenken ließ. Ignoranz kann es kaum sein. Storm kennt schließlich die wahre Geschichte des Deichbaus. Auch die Legitimität frei entfalteter

dichterischer Phantasie besagt noch nichts. Denn hinter der Freiheit Stormscher Deichbau-Dichtung steht erkennbar Methode.
Andererseits ist Storm kein blinder Barde friesischer Selbstverherrlichung. Das politische Moment in seiner letzten Dichtung – und eben das besteht aus dieser Manipulation – hat einen anderen Unterton.
Mag er sich selbst als ‚wenig politisch' empfinden und es auch in nationaler und parteipolitischer Hinsicht sein: Seine Zeit hat in ihm dennoch einen bemerkenswert scharf blickenden Beobachter, der gerade in seinen letzten Jahren klarsichtig erkennt, was andere um diese Zeit allenfalls dumpf ahnen. Sein in privaten Ressentiments wurzelnder Preußenhaß mag dazu beigetragen haben. Aber er hat seinen Blick nicht nur vernebelt. Er hat ihn auch erhellt. Wieder sehen wir ihn zwischen den Positionen schwanken. Er muß bejahen, was er zugleich auch ablehnt.
Er bejaht den deutsch-französischen Krieg als notwendiges Übel. Aber er haßt jeden Militarismus. Er steht Bismarcks Reichsgründung ohne Begeisterung gegenüber und erkennt sie doch als politische Notwendigkeit an. Er weigert sich, eine Bismarck-Hymne zu verfassen, und dürfte sich doch auch zugleich – wie die meisten seiner Zeitgenossen – kaum der Faszination dieser Jahrhundert-Persönlichkeit entzogen haben. Er sieht die Hektik dieser ‚Gründerjahre' nach 1870/71 und mag erkennen, was damals geleistet wird. So geht auch in den „Schimmelreiter" dieser Zwiespalt ein. Denn mag auch dessen Deutung als eine Art Parabel auf Bismarck und sein Deutsches Reich übertrieben sein: Solche Anklänge sind immerhin herauszuhören, wenn Hauke Haien zwar Neues und Gutes schafft, das noch hundert Jahre lang Bestand hat, das Alte darüber vernachlässigt und eben hieran scheitert, ein ‚Übermensch', der menschlich tief versagt.
Vor allem aber sieht Storm, angewidert und erschüttert, wie das ursprüngliche Ideal einer freien Heimat im Zugriff des so gehaßten Preußen untergeht und diese seine Heimat nicht friesisch, sondern preußisch wird. Hiergegen setzt der alte Mann von Hademarschen mit dem gewohnten und wiederum sehr friesischen „Dennoch" im Unterton sein Nationalepos wider Willen, seine Geschichte vom einsam sich behauptenden Friesenjungen Hauke Haien mitsamt ihren historischen Anachronismen und Manipulationen: Sie ist ein Traumland, diese Marsch, durch die sein Schimmelreiter jagt – des Friesen imaginäres Vaterland.
Storm hat sich dafür der unterschiedlichsten Muster bedient. Er bedient sich eines Musters auch schon beim Auftakt der Geschichte, bei der Begegnung des Reisenden mit dem Schimmelreiter-Gespenst, dieser

scheinbar so urfriesischen Vision. Es bleibt jedoch nicht frei von Ironie, daß er gerade dieses Muster nicht in der nordfriesischen Geschichte gefunden hat. Von weither trabt das Schimmelreiter-Urbild an, und mit ihm erhält Nordfrieslands Nationalepos Besuch von der Weichsel: „Es war in den ersten Tagen des Monats April..., als Geschäfte von Wichtigkeit mein persönliches Erscheinen in Marienburg erforderlich machten; ich mußte mich also zu einer Reise dahin entschließen, so gern ich sie auch bis zur schönern Jahreszeit aufgeschoben hätte, denn wer selten reiset, macht so eine Partie lieber bei schönem Wetter..."

Der Gast von der Weichsel

„Da plötzlich höre ich dicht hinter mir das rasche Trappeln eines Pferdes, und freudig, in dem Wahne, einen Gesellschafter nahe zu haben, blicke ich mich erwartungsvoll um und sehe – Nichts..."
Dieser Satz könnte im „Schimmelreiter" stehen, in einem frühen Entwurf vielleicht, der dann zur endgültigen Fassung hinführt. „Jetzt aber kam auf dem Deiche etwas gegen mich heran; ich hörte nichts; aber immer deutlicher... glaubte ich eine dunkle Gestalt zu erkennen..."
Aber der Satz steht nicht im „Schimmelreiter". Er stammt überhaupt nicht von Storm, sondern ist jener ominösen Quelle entnommen, an die sich der Dichter schon in den vierziger Jahren nur noch dunkel erinnert. Wir wissen auch nicht, ob Storm noch einmal, nun schon in Hinblick auf die anstehende „Schimmelreiter"-Arbeit, danach gesucht hat. Eine Bemerkung gegenüber Eckermann im Februar 1885 könnte darauf schließen lassen: „Es ist die, ich glaube, ostfriesische Sage vom ‚Schimmelreiter', die jetzt in mir spukt, die ich in meinem achten oder neunten Jahr, Gott weiß wo, las, und nicht habe wiederfinden können..."[132] Doch sollte es eine solche zweite Suche gegeben haben: Auch sie ist erfolglos.
Der Fall bleibt ein Geheimnis.
Schon wenige Jahre, nachdem Storm nachweislich die Geschichte las, kennt er die Quelle nicht mehr. Wiederum vierzig Jahre später scheint sie ihm gänzlich entschwunden zu sein. Er spricht von einer Sage und Ostfriesland als möglichem Schauplatz. Andererseits steht sie ihm noch im hohen Alter so deutlich vor Augen, daß es zwischen dem Original und Storms Text zu fast wörtlichen Übereinstimmungen kommen kann – ein

Rätsel, das nur dann vollends gelöst sein könnte, wenn sich in irgendeinem Winkel des Storm-Nachlasses eben jener originale Text finden und damit deutlich werden würde, daß Storm aus welchen Gründen auch immer seine Umwelt hatte täuschen wollen.

Belassen wir es beim Geheimnis: Storm selbst scheint während und nach der „Schimmelreiter"-Arbeit das Interesse an der Herkunft seines Stoffs verloren zu haben. Jedenfalls kommt er nicht mehr darauf zurück. Andere bleiben jedoch auf dieser Spur. Und sechzig Jahre nach Storms Tod haben sie Erfolg.

1949 erscheint in „Westermanns Monatsheften" ein Beitrag mit dem Titel „Der gespenstige Reiter. Eine unbekannte Quelle Storms". Sein Autor ist Karl Hoppe. Und er deckt nun auf, welchen Stoffs sich Storm bedient hat. Die „Schimmelreiter"-Quelle ist gefunden.

Ihr Titel lautet also „Der gespenstige Reiter". Der Autor bleibt unbekannt. Sein Text ist lediglich mit dem Kürzel „...n." gezeichnet. 1838 wird sie auf den Seiten 125 bis 128 des zweiten Bandes der in Hamburg erscheinenden „Lesefrüchte vom Felde der neuesten Literatur des In- und Auslands" von J. J. C. Pappe abgedruckt, also in eben jenen „Pappes Hamburger Lesefrüchten", die auch Storm erwähnt. Dort muß er sie gelesen haben, nicht als Knabe und nicht zu Lebzeiten seiner schon 1829 verstorbenen Urgroßmutter, sondern als junger Mann von einundzwanzig.

Nun sind aber diese „Lesefrüchte" eine Art Digest ihrer Zeit. Sie bringen nicht Originaltexte, sondern drucken Beiträge aus anderen Publikationen nach. Und deshalb endet die Suche nach der Originalquelle mit Hoppes Entdeckung nicht. Schon er erwähnt die Zeitung „Danziger Dampfboot", woraus der „Gespenstige Reiter" entnommen worden ist. Doch erst Karl Ernst Laage, von Hoppe unterstützt, gelingt es, die Ausgabe aufzuspüren, die Nummer 45 des Jahres 1838, erschienen am Sonnabend, dem 14. April. Ihren Lesern bietet sie laut Titelblatt „Geist, Humor, Satire, Poesie, Welt- und Volksleben, Korrespondenz, Kunst, Literatur und Theater". Und sie bietet auch die Geschichte vom ‚gespenstigen Reiter'.

Eigentlich fehlt dort nichts, was nicht auch die Rahmenhandlung im „Schimmelreiter" enthält; nicht der gleichfalls unbenannt bleibende Reisende, das Unwetter, die gespenstische Erscheinung eines zwar nicht lautlos, dafür fast unsichtbar vorbeigaloppierenden Reiters auf weißem Pferd. Nur der Ausdruck „Schimmelreiter" fällt nicht wörtlich, jene Formulierung, für die sich Storm dann so überraschend schnell als Titel seiner Erzählung entschloß.

Wie bei Storm kehrt der Reisende in einen Gasthof ein und begegnet dort Einheimischen, „die hier auf Eiswache waren". Und dann: „Da war's, als rauschte irgendetwas an dem Fenster vorbei. Mit einem Schreckensausruf sprangen mehrere Männer auf und einer von ihnen sagte: ‚Es muß irgendwo große Gefahr sein, denn der Reiter auf dem Schimmel läßt sich sehen'; und der größte Teil eilte hinaus..."

Wie bei Storm läßt sich nun der Reisende die Spukgeschichte erzählen: „Vor vielen Jahren, da sich auch unsere Vorfahren hier einst versammelt hatten, um auf den Gefahr drohenden Eisgang genau Acht zu haben, bekleidete ein entschlossener, einsichtsvoller und allgemein beliebter Mann aus ihrer Mitte das Amt des Deichgeschworenen. An einem jener verhängnisvollen Tage entstand eine Stopfung des Eises, mit jeder Minute stieg das Wasser und die Gefahr; der erwähnte Deichgeschworene, der einen prächtigen Schimmel ritt, sprengte auf und nieder, überzeugte sich überall selbst von der Gefahr und gab zu deren Abwehr die richtigsten und angemessensten Befehle; dennoch unterlagen die Kräfte der schwachen Menschen der schrecklichen Gewalt der Natur, das Wasser fand durch den Damm einen Durchweg, und schrecklich war die Verheerung, die es anrichtete. Mit niedergeschlagenem Mute kam der Deichgeschworene in gestrecktem Galopp beim Durchbruche an, durch den sich das Wasser mit furchtbarer Gewalt und brausendem Getöse auf die so ergiebigen Fluren ergoß; laut klagte er sich an, auf diese Stelle nicht genug Acht gegeben zu haben, sah darauf still und unbewegt dieses Schrecken der Natur einige Augenblicke an; dann schien ihn die Verzweiflung im vollen Maße zu ergreifen, er drückt seinem Schimmel die Sporen in die Seiten, ein Sprung – und Roß und Reiter verschwinden in den Abgrund. – Noch scheinen beide nicht Ruhe gefunden zu haben, denn sobald Gefahr vorhanden ist, lassen sie sich noch immer sehen."

Hier haben wir also nicht nur den Rahmen, sondern in wesentlichen Zügen auch den *plot* der eigentlichen „Schimmelreiter"-Erzählung: die Katastrophe, das Versagen des ansonsten tüchtigen (hier allerdings beliebten) Mannes, seine Verzweiflung, sein Opfer und die gespenstische Wiederkehr als Vorbote drohender Gefahr. Selbst ein prächtiger Schimmel steht bereit und braucht für Hauke Haien nur noch gesattelt zu werden.

Soweit sind die Parallelen exakt bis ins Detail.

Nur in einem, allerdings wesentlichen Punkt unterscheidet sich der Stoff von Storms Novelle: Er spielt weder in Nordfriesland noch sonstwo an der Nordseeküste. Er spielt an der Weichsel, nahe Danzig.

Das wiederum ist so erstaunlich nicht. Denn anders als in Nordfriesland ist der Schimmelreiter-Mythos fester Bestandteil im Volksglauben der Pommern und Ostpreußen. Und dort braucht man auch nicht lange nach Schimmelreiter-Sagen Ausschau zu halten.

In der dortigen Mythologie wuchern solche Sagen üppig: Einmal ist es ein Gespensterschimmel, der sich am Saatziger Meer herumtreibt. Dann wieder fürchten sich die Leute vor einem Schimmelreiter ohne Kopf, der um Mitternacht an Wegkreuzungen erscheint. Oder es ist gar der Teufel selbst, der nächtens die Gestalt eines weißen Pferdes annimmt. Zuweilen trägt der Spuk auch freundliche Züge: Ein Schimmelreiter, wie Hans-Ulrich Stamm in dem Band „Frag mich nach Ostpreußen" erzählt, vermag ein Feuer ‚auszureiten', wenn er das brennende Gehöft dreimal umkreist und dann in eine Richtung davonstiebt, in der kein anderes Gebäude steht. Noch im Jahr 1809 soll es auf diese Weise einem Grafen von der Trenck-Schackaulack gelungen sein, den Brand einer Labiauer Vorstadt zu löschen.

So gehen die Sagen. Ihr Ursprung ist ungewiß.

Das weiße Pferd war den alten Preußen heilig. Auch hatten sie in heidnischer Zeit ihren Gott Perkunas, der dann, Wotan vergleichbar, im Zeichen der Christianisierung zur Spukgestalt degradiert wurde. Er mag es sein, der als ‚Schimmelreiter' fortlebt. Und bis in unser Jahrhundert hatte er denn auch in den Dörfern Ostpreußens seinen alljährlichen Auftritt, mit lautem Getöse und großem Gefolge, begleitet von Bär und Storch, deutlich erkennbaren Fruchtbarkeitssymbolen.

Am Titi-See im Schwarzwald sitze ich einem älterem Herrn gegenüber. Im schweren Akzent seiner ostpreußischen Heimat erzählt er, wie es war, wenn ins Dorf seiner Kinderjahre der Schimmelreiter kam. Laut schlug er gegen die Tür, drang dann in die Wohnstube ein und sprang dort über Tisch und Bänke, während sein Begleiter, der Storch, „bei verschiedenen jungen Marjellchen mit seinem Biß die Ankunft eines Babys vorprogrammierte, wie man wohl heute sagen würde":

„Als kleiner Borchert hatte ich dolle Angst, wenn es hieß: Der Schimmelreiter kommt! Das geschah immer acht Tage vor Weihnachten. Wie ein Lauffeuer ging dann die Nachricht durch unser Dorf. Vor allen Dingen das weibliche Jungvolk wurde in höllische Aufregung versetzt ... Zum Bären, dem Bärenführer und dem Storch kam dann noch der Mann mit der Teufelsgeige, einer Stange mit einer Blechbüchse daran, über die mehrere Drähte gezogen waren. Mit einem bogenähnlichen Gegenstand wurde auf die Saiten geschlagen und abwechselnd mit der Stange auf den Boden gestampft. Das war natürlich ein dolles Geräusch und begleitete wie ein Schlagzeug die Handharmonika, die von einem weiteren Mitglied der Runde gespielt wurde. Im Mittelpunkt stand natürlich der Schimmelreiter, ein junger Mann, meist ein Knecht aus dem ersten Gespann, der in einem leichten Holzgestell mit einem Pferdekopf stand. Darüber war ein weißes Laken gezogen. Ein Prachtstück war die Peitsche, und ihren Knall glaube ich noch heute zu hören. Junge Männer, als Frauen verkleidet, sammelten die Spenden in Form von Wurst, Kuchen und auch Alkohol ein. Diese Dinge wurden anschließend vertilgt..."

Soweit also der östliche Schimmelreiter-Kult, vorweihnachtlicher Schabernack und Ritual aus dem Grenzbereich zwischen Aberglauben und altheidnischer Mythologie – und noch heute sind im Stettiner Völkerkunde-Museum seine Requisiten zu sehen: Pferdekopf, Holzgestell, Peitsche, Teufelsgeige, das weiße Tuch, das von einer alten Frau verwahrt und, mit dem Schimmelreiter-Segen versehen, einmal im Jahr herausgegeben wurde.

So hatte denn Storm seinem Freund Mommsen gegenüber wahrlich recht gehabt: Der Schimmelreiter gehört nicht zu seinem Vaterland. Er hat seine Heimat einige hundert Kilometer weiter ostwärts.

Dennoch: So fern sind sich Nordfriesland und Weichsel-Delta nicht.

„Dörfer, Deiche, Wegeanlagen und die unendliche Anzahl der kleinen, meist schnurgeraden Gräben..." – so könnte ohne weiteres eine Beschreibung Nordfrieslands anheben. Tatsächlich steht sie aber in dem Band „Das Weichsel-Nogat-Delta", der streckenweise nordfriesische Geschichte zu schildern scheint: auch hier Besiedlung und Bedeichung, auch hier eine Deichverwaltung mit Deichgeschworenen. Mennoniten sind auch an die Weichsel gezogen. Der Kampf mit der Natur fand auch hier statt, allerdings nicht gegen Sturmfluten, sondern gegen das alljährliche Eis. Und auch hier kam es zu Deichbrüchen, zu Katastrophen und menschlichen Tragödien, wie sie „Der gespenstige Reiter" schildert. Für das Weichselland ist diese Geschichte nicht weniger typisch als „Der Schimmelreiter" für Nordfriesland.

So erweist sich nicht nur Nordfriesland selbst, sondern auch sein Nationalepos als der vertraut robuste Schmelztiegel. In seinen Rahmen kann sich bruchlos eine Geschichte von der Weichsel einfügen, und Millionen „Schimmelreiter"-Leser werden bei der Lektüre nicken: So also war das einmal an der Nordsee-Küste. Und es wäre billig, Storm nun gleichsam ein Plagiat anzulasten. Denn abgesehen von den literarischen Welten, die seine

Meisternovelle von der holzschnitthaft auf raschen Lesekonsum hin abgestimmten Magazinstory im „Danziger Dampfboot“ trennen, abgesehen vom psychologischen Feinschliff, den Storm auf seine Gestalten und Situationen verwendet, sowie von der Fülle eigener, originaler Erfindungen – das eigentlich Geniale am „Schimmelreiter“ bleibt die selbstverständliche Meisterschaft, mit der sein Dichter eine beliebige Spuk- und Wiedergänger-Geschichte mit der zentralen Erfindung des modernen Deichbaus verbindet. Hier hat einer nicht nur Akten und Dokumente genau studiert. Hier darf von einer der großen Visionen der Weltliteratur gesprochen werden.

Es bleibt ein seltsames, seinerseits nahezu poetisches Bild: wie sich da ein alter Mann über seinen Hademarschener Schreibtisch beugt, wie sein Blick hinausgeht über das sanfte Grün seiner Umgebung, das so anders, um so vieles milder leuchtet als die strengen Farben jener Landschaft, in der sich nun des Dichters Phantasie bewegt; wie nun unter seinen Händen diese Landschaft noch einmal entsteht, in all ihrer Härte und Widersprüchlichkeit, mitsamt ihren gleichermaßen harten und widersprüchlichen Menschen; wie sich Personen, Zeiten, historische Konstellationen übereinanderschieben, Fetzen der friesischen Geschichte sich mit Geschehnissen von der Weichsel mischen, bis sich aus der Fülle aller Ingredienzien das *Frisia* Stormscher Vision heraushebt, ein Traum wie das im Meer versunkene Rungholt und doch auch Spiegel des realen Frieslands, seiner Menschen, Probleme und seiner Geschichte.

Doch schreibt Storm nicht im Rausch rascher Eingebung. Er tut sich immer noch unendlich schwer mit diesem Stoff.

Im Sommer 1886 geht er endlich an die Niederschrift. Jetzt hofft er, schnell fertig zu werden und spricht bereits von seinem nächsten Plan, einer Familiengeschichte, die er im Winter schreiben will.

Es kommt anders.

Storm erkrankt schwer: Lungenentzündung, Rippenfellentzündung. Es kommt zur Krebs-Diagnose, zu Storms schweren Depressionen, die seine Arbeit völlig zum Erliegen bringen, zur frommen Lüge des ärztlichen Widerrufs, der Storm halbwegs wieder aufrichtet. Doch bis in den Februar hinein ist der Dichter weitgehend bettlägerig gewesen. Und im Dezember war ein weiterer Schicksalsschlag gefolgt. An Storms Bett war sein Sohn Ernst getreten. Er hatte melden müssen: „Vater, dein genialster Sohn ist nun nicht mehr.“[133]

Es geht um Hans, den Ältesten, das lebenslange Sorgenkind. Wie hatte sich

Storm über seine Geburt gefreut, wie stolz war er gerade auf dieses Kind gewesen, vielleicht ein wenig zu stolz. Hans wird der Liebling, der erklärte Kronprinz. Er soll einmal Großes leisten, mehr als der sein Leben lang von Selbstzweifeln geplagte Vater. Er soll Arzt werden, nicht irgendein kleiner Advokat, der nebenbei dichtet – und in der Folge sehen wir einen jungen Mann, den der übergroße Anspruch seines Vaters und dessen übertriebene Erwartungen permanent überfordern. Das mag denn ein Grund sein, warum bei ihm eine familiäre Veranlagung ausbricht, die den Vater verschont hat. Hans wird Alkoholiker.
Er führt das Leben eines ewig verbummelten Studenten. Seine Examina schafft er nicht oder nur mit Mühe. Er macht Schulden. Storm begleicht sie immer wieder, auch ein Grund für seine lebenslange finanzielle Misere. Dennoch: Storm klagt nicht. Und er klagt nicht an. In den Briefen an seinen Sohn findet sich kaum ein Vorwurf, allenfalls die Mahnung: „Spare, spare, spare ...“[134] Auch anderen gegenüber fällt kein böses Wort über den mißratenen Liebling. Es ist manchmal, als sehe Storm Möglichkeiten der eigenen Biographie, die ihm selbst erspart geblieben sind und sich nun im Schicksal des eigenen Kindes spiegeln. Hans tut ihm nur „unsagbar leid“[135]. Er weiß wohl, daß hier einer ist, dem auf Erden nicht geholfen werden kann. Und am 3. Dezember 1886 stirbt Hans Storm in Süddeutschland.
Nicht alle Unterbrechungen der „Schimmelreiter“-Arbeit sind so düster. Am 14. September 1887 wird Storm siebzig. Die Familienfeier wird ein Volksfest. Über sechzig Gäste sind geladen, und am Wegrand staunen die Hademarschener Bauern: „Da mut ja'n heel wichtigen Mann wesen, uns Herr Rat, dat so veel um em dahn ward!“ Es wird in der Tat ‚viel um ihn getan‘: Ständchen am Morgen, riesige Gratulationscour, blumengeschmückte Ehrenpforte, Festmahl im größten Saal des Gasthauses und Fackelzug zum Abschluß. An die hundert Briefe und noch einmal so viel Telegramme treffen ein, für Storm noch lange ein Grund, wegen ihrer Beantwortung die Arbeit am „Schimmelreiter“ hinauszuschieben. Zudem sieht er sich einer wahren Flut von Geschenken gegenüber. Das prächtigste: ein neuer Schreibtisch, von enthusiasmierten Kieler Damen geschenkt, einem Storm-Fan-Club sozusagen. Storm bestaunt die Arbeit des Flensburger Tischlermeisters Sauermann, das kostbare Holz, die geschnitzten Eulen. Sie hat allerdings nicht Sauermann selbst gearbeitet, sondern sein Lehrling, ein gewisser Hansen. Unter dem Namen Emil Nolde wird dann eines Tages dieser Hansen als Maler für Nordfriesland ähnlich berühmt sein wie Storm als Dichter.

Rundum: Es ist ein schönes Fest, und Storm fühlt sich wohl inmitten seiner Gäste. Dichterkollegen sind allerdings nicht gekommen, auch Fontane nicht, der verspätet und mit vertraut leiser Mokanz gratuliert. Das Geburtstagskind bleibt im gewohnt bürgerlichen Kreis. Dennoch ist Storm ganz zufrieden: „Der Geburtstag war ganz schön, wäre es nur nicht der siebenzigste gewesen ...“[136] Er nimmt es gelassen, daß ihm eigentlich die Ehrendoktorwürde der Universität Kiel zugesprochen werden soll, dies aber am Einspruch eines notorischen Querulanten scheitert. Und am meisten dürfte ihn gefreut haben, daß aus Husum eine Abordnung eintrifft und ihn zum Ehrenbürger seiner Vaterstadt ernennt. Er wird denn auch erwägen, wieder nach Husum zu ziehen, zumal er dort nun als Ehrenbürger keine Steuern zu zahlen braucht. Die ‚graue Stadt am Meer' ist jetzt der „Traum Husum“ geworden, wie Storm nach seinem letzten Besuch der Stadt im Januar 1888 seiner Freundin Gräfin Reventlow schreibt.

Den einzigen Mißklang inmitten allen Jubels schafft der Jubilar selbst. Das Geburtstagskind will eine Rede halten. Sorgsam bereitet er sie vor. In seinem Nachlaß finden sich mehrere Entwürfe: lächelnder Rückblick auf seine Kindheit, auch kräftiges Selbstlob, nicht eben zurückhaltender Vergleich mit Goethe, Heine, Mörike – doch hat das alles noch sein Maß. Erst als er dann zur Rede anhebt, „im Frack, mit Orden um den Hals und auf der Brust“, scheint es mit ihm durchzugehen.

Sein Freund Wilhelm Jensen, der zuvor die Laudatio gehalten hatte, erinnert sich: „Sein Eigenstes, die einfache Natürlichkeit, war von ihm abgefallen, seine Haltung feierlich ... Jeder der Hörer erwartete wohl etwas Besonderes, und dies klang auch durch den Saal auf, aber jeder ward auch wohl in gleicher Weise davon enttäuscht ...“[137]

Storm spricht länger als eine halbe Stunde. Sein Konzept scheint er vergessen zu haben, und „anstatt einem freudig-gehobenen Gefühl Ausdruck zu geben, ließ er seinem Innersten eine tiefe Verbitterung entströmen. Der ganze Inhalt seiner Rede drehte sich um einen anderen Dichter, dessen Namen er nicht nannte, doch konnte sofort keiner im Zweifel bleiben, daß Emanuel Geibel gemeint sei. Mit dessen dichterischen Leistungen verglich er seine eignen und beschwerte sich mit tiefer Empörung darüber, wie er gegen jenen sein Lebelang zurückgestellt worden sei ...“

Storm hatte Geibel in seinen ersten Lübecker Jahren kennengelernt, als halbes Kind noch. Geibel war bereits der literarische Jung-Star gewesen, das verhätschelte Wunderkind und Liebling der Salons, Storm dagegen der Anfänger und ungelenke Außenseiter. Und obgleich sich Geibel liebens-

würdig gab, wohlversetzt mit einer Prise begönnernder Herablassung, hatte es nicht viel Sympathie zwischen den beiden jungen Leuten gegeben. Der Stachel muß in Storm ein Leben lang gesteckt haben. Denn nun ist Geibel schon eine Weile tot, und der alte Hader müßte mit ihm eigentlich begraben sein. Doch nicht für Storm: Da steht nun der Siebzigjährige, umgeben von Bewunderern, da bewegt er sich auf unbestrittener Höhe, und dennoch trotzt und kotzt es aus ihm heraus: Er sei doch der größte, der letzte, überhaupt der einzige Dichter. Peinlich für die Zuhörer, nicht so peinlich für Storm, der in gewohnt ‚goldener Rücksichtslosigkeit' die Peinlichkeit seines Tuns gar nicht bemerkt zu haben scheint: „Wir Zuhörenden harrten und hofften mit beengter Brust immer auf das Ende, aber wenn das zu kommen schien, hob der Sprecher stets dasselbe aufs neue wieder an ... In jener Stunde war Theodor Storm von den guten Göttern seines Lebens verlassen. Das ist beklagenswert, denn wohl die meisten der Anwesenden haben ihn in ihr zum letzten Mal gesehen und gehört ..."
Noch vor diesem Geburtstag, im August 1887, ist Storm nach Sylt gereist. Ein Urlaub soll es sein, eine Motivsuche wird es, und sie wirkt nahezu wie eine Flucht vor dem „Schimmelreiter", der immer noch halbfertig auf dem Hademarschener Schreibtisch liegt. Und tatsächlich: Ein neuer Stoff fällt Storm zu. Er notiert sogleich das Exposé einer „Sylter Novelle", die ihm so gut gefällt, „daß ich schon gleich ans Schreiben will"[138]. Doch erst 1969 wird dieses Exposé im Archiv der Kieler Landesbibliothek aufgefunden, und was dort auf fünf engbeschriebenen Seiten steht, liest sich in seiner Mischung aus Mord, Spuk, Rache und aufgedonnerter Ekstase („Rasende Leidenschaft von beiden Seiten. Brautnacht in den Dünen. Das Meer.") wie die schlechte Inhaltsangabe zu einem nordfriesischen „Troubadour": schlimm, wenn Storm statt des „Schimmelreiters" diese „Sylter Novelle" geschrieben hätte, schlimmer noch, wenn ihretwegen „Der Schimmelreiter" nicht geschrieben worden wäre.
Doch gleich nach seiner Rückkehr scheint Storm das Interesse an diesem anderen Stoff wieder verloren zu haben. Er kommt nie mehr darauf zurück und arbeitet nun am „Schimmelreiter" weiter.
Jetzt scheint es ihn doch gepackt zu haben. Denn Tochter Elsabe erfährt Ende Oktober 1887, daß das Manuskript „nun doch auf 92 S. Reinschrift angewachsen"[139] ist. Schon bald darauf, Anfang November, werden es bereits „126 S. Oktavpostpapier à 21 Reihen"[140] sein. Im Dezember ist er wieder einmal zum Berater Eckermann unterwegs, kann aber schon seinem Verleger Paetel einen möglichen Erscheinungstermin nennen. Und auch

sonst geizt der Dichter nicht mit Auskünften über seinen „vielgenannten Schimmelreiter“[141].
Heyse, Keller, Erich Schmidt – sie alle werden auf dem laufenden gehalten, seltsamerweise nur einer nicht: Freundfeind Fontane. Im 1981 herausgegebenen Briefwechsel der beiden findet sich jedenfalls nicht die leiseste Andeutung Storms – Angst vor dem erneuten Vorwurf ewiger „Husumerei“? Alptraum des ‚Provinzlers‘, der sich seines vermeintlich provinziellen Stoffs geniert?
Storm selbst scheint von ihm nicht völlig überzeugt zu sein. Noch nach seiner Fertigstellung erfährt die Gräfin Reventlow, dies sei kein Meisterstück („Die sind wohl nicht mehr für mich“), doch immerhin: „Bei Durchsicht des Ganzen habe ich den Glauben gewonnen, daß mein ‚Schimmelreiter‘... doch Ihnen ein gewisses Interesse abgewinnen wird.“[142]. So bleibt seine in jeder Hinsicht größte Novelle bis zum Schluß der ‚böse Block‘, als den er sie Heyse gegenüber schon zu Beginn seiner Arbeit bezeichnet hatte, und der schwerkranke Mann, der nur vormittags einige Stunden daran arbeiten kann, schiebt diesen ‚bösen Block‘ nur mit allergrößter Mühe vor sich her.
Das Seltsame wird aber sein, daß gerade dieser Arbeit die Mühe ihres Dichters nicht anzumerken ist. So lässig und selbstbewußt, so frei von jeder aufgesetzten Historisierung, so völlig souverän im Umgang mit Stoff und Sprache ist Storm noch nie gewesen. Und gerade die schwierigsten, weil ihm doch völlig wesensfremden Szenen – die Jugend Haukes, der Streit mit den anderen, der Alltag beim Deichbau und auf einem Marschhof – lesen sich, als hätte Storm nie eine andere Welt gekannt.
Nicht weniger bewundernswert ist seine erzählerische Ökonomie.
Wie wird in früheren Novellen der Leser zuweilen mit ausgedehnten Landschaftsschilderungen aufgehalten, wie wird da ‚Stimmung‘ gemalt und ‚poetisiert‘. Im „Schimmelreiter“ setzt Storm solche Schilderungen ohnehin nur sparsam ein. Doch wo sie eingeblendet werden, halten sie die Handlung nicht auf, sondern treiben sie weiter, bis zum Höhepunkt. Jede noch so beiläufige Beobachtung hat ihren präzisen dramaturgischen Stellenwert. Symbolik ergibt sich unbemüht aus der konsequent sich steigernden Handlung. Und doch ist kein anderes episches Werk von Storm so ‚stimmungsvoll‘ wie gerade dies. Nirgends gelingt ihm so vollkommen die ‚Verdichtung‘ einer Landschaft wie hier. Man meint sie schließlich vor sich zu haben, schmeckt ihre Stille ebenso wie das Toben des Sturms, das Kochen der See. Und erst bei genauerer Lektüre fällt auf, daß sich der von

Storm geschilderte Vorgang über viele Jahre hinzieht. So genau ist er konzipiert, so dicht geschrieben, daß der Eindruck eines auf wenige Wochen zusammengedrängten Geschehens entsteht.

Am 9. Februar 1888 ist das Werk abgeschlossen. „Heute vormittag elf Uhr“[143] hat Storm den „Schimmelreiter“ beendet.

Er wird noch einen Nachtrag schreiben, und die Korrekturen, „78 S. ohne Nachtrag“[144], am 22. Februar erhalten. Doch seine Premiere hat Storms größtes Werk in jenem Kreis, der einzig seine Heimat ist: vor seiner Familie, um einige Freunde aus der Hademarschener Nachbarschaft ergänzt.

Es ist bedauerlich, daß zu ihnen nicht Fontane gehört. Wie hätte er diesen neuerlichen und letzten Auftritt des Kollegen ausgekostet: Storm verhängt die Fenster, entzündet die Hängelampe über dem Tisch. Es ist ein kalter Winter, der kälteste seit langem. Im Ofen brennt ein helles Feuer. Eine Uhr tickt. Der Dichter nimmt im Lehnstuhl Platz. Alles ist wohlvorbereitet für einige Stunden genüßlicher „Husumerei“.

Er hebt zu lesen an. Die Stimme hat den vertrauten, singend-feierlichen Ton, mit vielen scharfen „s“ dazwischen. Storm kommt zum Satz des Schulmeisters, zu dessen Bemerkung über einen tüchtigen Kerl, den zum Nachtgespenst zu machen noch alle Tage gelingt. Dann fährt er fort:

Es soll nämlich, und ich darf das nicht vergessen, damals doch noch einer auf dem neuen Deich zurückgeblieben sein, während die übrigen südwärts nach der Stadt und von dort nach ihrem Kirchdorf auf der Geest zurückgeflohen waren, wo sie außer ihrem Deichgrafen nebst Weib und Kind die ganze Marsch beisammenfanden.

Der Zurückgebliebene aber sollte jener Carsten, der frühere Dienstjunge des Deichgrafen gewesen sein, ein ebenso abergläubiger, als, wenn seine Neugierde ins Spiel kam, waghalsiger Geselle, und derzeit noch im Dienst des Ole Peters. Er wollte an der Binnenkante des Deiches dem letzten Ritt seines früheren Herrn gefolgt sein; und einen ganzen Sack voll hatte er bei seiner Rückkehr auszukramen. „Hu aber, Frau Vollina“, sagte er zu seiner Wirtin, und das Weib kreuzte schon in behaglichem Schauder die Hände über ihren Leib; „da begab sich etwas! Ich lag dicht hinter ihm am Deich; da stieß er dem Schimmel die Sporen in die Seiten und riß das Maul auf und schrie; verstehen konnt' ich's nicht, der Lärm umher war gar zu grauslich! Aber es wird wohl sein dummes ‚Vorwärts!‘ gewesen sein, womit er allezeit sein Tier zu treiben pflegte. Ja, vorwärts! Was meint Ihr, Frau Vollina?“ „Ja, was mein' ich?“ plapperte das Weib. „So sprich doch, Carsten!“

„Da ist nicht gut zu sprechen, Frau!" fuhr Carsten fort: „So arg ich meine Augen aufriß, ich sah itzt weder den Schimmel, noch ein ander Pferd; nur den Reiter sah ich, und es war noch, als ritte er mit seinen Beinen in der Luft; aber ein schwarzes Unding war über ihm und hielt ihn in seinen Krallen. Dann begann ein fürchterliches Hülfsgeschrei, das lauter war als Sturm und Wasser; aber, Frau, wen der Teufel in den Krallen hat, dem kann nur Gott zu Hülfe kommen!"
„Und dann? Und dann?" rief Frau Vollina. „Ja, Frau; dann sah ich weiter nichts; ich hörte nur die großen Wasser, die in unseren Koog hinabstürzten und lief – denn mir war plötzlich die Angst ins Gemüt gefahren – auf dem Deich zur Stadt hinunter, um nur mein eigen bißchen Leben aus dieser schreckbaren Einsamkeit zu retten. Aber – und er dämpfte seine Stimme, und Frau Vollina neigte ihren runden Kopf zu seinen Lippen – das Schrecklichste sah ich gestern abend; ich war bei hellem Mondschein auf den Deich hinaus, bis gerad' vor Jeverssand – das weiße Pferdsgerippe, das fort war, so lang der Schimmel in des Deichgrafs Stall gestanden – es liegt wieder dort! Geht nur hin und sehet selbst!"
Aber Frau Vollina stieß einen Schrei aus: „Herr Gott und Jesus, seid uns gnädig!"
– „Das", sagte nach einer Weile der Schulmeister, „ist das Ende von Hauke Haiens Geschichte, wenn Sie sich dieselbe im Dorf erzählen lassen. Und so ist es immer weiter gegangen, und der arme Deichgraf, der tüchtigsten einer, die wir gehabt haben, ist allmählich zu einer Schreckgestalt erniedrigt worden: Bei Hochfluten müssen seine verstäubten Atome sich zu einem Scheinbild wiederum zusammenfinden; das muß auf seinem Schimmel über die Deiche galoppieren und, wenn Unheil kommen soll, sich in den alten Bruch hinabstürzen. Credat judaeus Apella! pflegten wir auf der Universität zu sagen."
Meines eigenen Abenteuers gedenkend wollte ich für den Gespensterglauben einen bescheidenen Vorbehalt erbitten; aber mein Gastfreund fiel mir in die Rede: „Ja, ja, werter Herr", sagte er; „Sie wollen einwenden, Sie haben ihn selbst gesehen! Was Sie gesehen haben, weiß ich nicht: Es könnte auch ein Leibhaftiger, das heißt, ein Mensch gewesen sein; dort draußen auf dem Sophienhof, der Besitzer hat einen Bruder bei sich, einen alten wunderlichen Junggesellen; die Leute halten ihn für einen großen Wetterkundigen. Der hat ein hager Angesicht und ein paar tiefliegende Augen und reitet am liebsten im fliegenden Sturm auf den Deichen hin und wieder; ob er einen Schimmel hat, weiß ich nicht zu sagen; unmöglich ist das nicht.

Aber – einerlei, mag reiten wer da will, nur den Deichgrafen Hauke Haien läßt mir aus dem Spiel; der hat wie kaum ein anderer seine Ruh' verdient!"
Danach geht es weiter wie vertraut, bis zum Ritt des Reisenden über den Hauke-Haien-Deich, „beim goldenen Sonnenlicht". So hört es am Abend dieses 9. Februar die Familie Storm. So werden es aber weder die Leser der „Deutschen Rundschau" erfahren, wo im April und Mai des gleichen Jahres „Der Schimmelreiter" im Vorabdruck erscheint, noch die Gemeinde der Buchausgabe, die erst im Herbst vorliegt.

Denn in der Korrektur streicht Storm die Episode wieder, bis auf den knappen Hinweis, nach Hauke Haiens Tod hätte man auf der Hallig wieder das Gerippe gesehen. Diesen anderen Schluß entdeckt erst Karl Ernst Laage 1981 in der Kieler Landesbibliothek, an die der Storm-Enkel Hans 1936 die „Schimmelreiter"-Originalhandschrift verkauft hatte, zwölf zusammengebundene Hefte mit insgesamt 232 Seiten.

Was Storm mit diesem ursprünglichen Schluß bezwecken wollte, dürfte klar sein: Der in der Tat nicht ganz logische Umstand, daß der Schulmeister überhaupt etwas von Hauke Haiens letztem Augenblick gewußt hat, wird nun durch die Augenzeugenschaft Carstens motiviert. Außerdem bekommt der gespenstische Auftakt der Rahmenhandlung ihre ‚natürliche' Erklärung, und schließlich wird nochmals für Hauke Haien und die Vernunft, gegen Spuk und Aberglauben Partei genommen.

Dennoch ist es sicher ein schwächerer Schluß, und Storm muß gespürt haben, wie sehr Hauke Haiens ‚Höllenfahrt' die grandiose Lakonik seines Endes aufweicht und wie gesucht, nahezu peinlich des Schulmeisters Erklärung für den Deichspuk wirkt. Auch dessen letztes Plädoyer für Hauke Haien wiederholt nur, was der Leser ohnehin schon weiß.

So bewährt sich ein weiteres und letztes Mal Storms Gespür für erzählerische Ökonomie. Sein entschiedener Strich wahrt der Novelle ihre kostbare Schwebe zwischen Spuk und Realität, die nun fast bis zum Schluß durchgehalten wird. Den Leser entläßt ein spröder Klang, der in ihm lange nachhallt – Schlußakkord für Storms Marschenwelt „irgendwo hinter den Deichen".

Ein Dichter steht an seiner künstlerischen Endstation. Er hat sein Werk vorgelesen. Er fragt: „War es nicht langweilig?" Er wartet die Antwort nicht ab. Wenigstens in diesem Kreis darf er vor Enttäuschung sicher sein. Seine Hand streicht über das Manuskript. Er stellt fest: „Das ist ja auch dann ein schöner Schluß ..."[145]

Ein schöner Schluß auch für seinen Dichter: Er, der Lyriker, hat sich erstmals ganz und gar als Epiker erwiesen. Die Lyrismen, die auch noch seine Spätnovellen durchsetzen, sind diesmal überwunden. Im „Schimmelreiter“ ‚singt‘ Storm nicht. Er erzählt. Er rührt nicht nur. Er erschüttert. Eben das hat er immer gewollt. Und dieses eine Mal hat er es auch erreicht. Er wird nicht als der „Immensee“-Autor in die Literaturgeschichte eingehen.

Es ist aber nicht nur ein schöner, es bleibt letztlich auch ein offener Schluß: Denn wer hat nun eigentlich gesiegt bei Aufstieg und Untergang des Hauke Haien? Wohin führen die Zeichen, die Storm dort setzt? Und schließlich auch, noch immer trotz aller aus der Deichgeschichte gewonnenen Modelle: Wer ist der wahre Schimmelreiter? Wer ist nun wirklich Hauke Haien?

VI. KAPITEL

Der wahre Schimmelreiter

„Ich hab ihnen früher erzählt,
wie es abends an unsern Deichen
und am Strande ist;
ich möchte sagen,
immer, wenn ich abends
und allein dagewesen,
hat es in mir
zu diesen unheimlichen Gestalten angesetzt,
die in den mir
über alles unheimlichen Deich- und Strandsagen
ihre volle Verkörperung erhalten ...“

Theodor Storm an Theodor Mommsen
am 13. Februar 1843

„Ich hätte ihn besser vor 10 Jahren geschrieben ...“[146]
Die Arbeit am „Schimmelreiter“ liegt hinter Storm, als er seiner Tochter Lisbeth gegenüber diese Bemerkung macht. Es ist nicht das erstemal. Fast schon wie ein Leitmotiv klingt es in den Briefen dieser Jahre an, und immer wieder seufzt der Dichter dieses sein „Zu spät“.
Es wirkt nicht kokett.
Storm hat wohl tatsächlich das Gefühl, diesem Thema eigentlich nicht mehr gewachsen zu sein. Andererseits mag er ahnen, daß dies ‚sein Thema‘ ist wie schon seit langem nicht mehr. Er mißtraut dem Stoff und scheut zugleich den Gedanken an Änderungen, „denn zu einer Umarbeitung würde ich schwerlich kommen; meine Greisenmüdigkeit erschrickt davor, und – die Sache ist sehr heikel, was ich während der Arbeit deutlich genug empfunden habe ...“[147]
Das schreibt er noch im Mai 1888 an den Freund Ferdinand Tönnies, der ihn im Sommer zuvor nach Sylt begleitet hatte. Um diese Zeit treffen schon die ersten Reaktionen auf den „Schimmelreiter“-Vorabdruck in der „Deutschen Rundschau“ ein. Storms Freunde äußern sich zum neuen Werk. Am kräftigsten lobt Paul Heyse: „Ein gewaltiges Stück, das mich durch und durch geschüttelt, gerührt und erbaut hat! Wer macht dir das nach!“ Und: „Ich lese es wieder in ruhigerer Zeit, heut’ hab ichs nur atemlos durchgejagt, als säße ich selbst auf dem Gespenstergaul ...“[148]
Erich Schmidt meldet sich, der den Text schon in den Korrekturfahnen gelesen hatte. Auch er findet schöne Worte: „Alles Meer- und Strandhafte des Gegenstandes ist so sehr ersten Ranges, daß ich ihm nichts überzuordnen wüßte: und in der Seele des Mannes brandet’s gleich leidenschaftlich. Wundervoll die Verbindung des Abergläubisch-Geheimnisvollen mit dem sachkundigen Realismus, der da weiß, wie man Deiche baut usw. wie die Flut frißt usw. ...“[149]
Schmidt, der Profi, bringt allerdings auch Einwände. Die Exposition ist ihm zu breit. Er zweifelt, ob Binnenländer mit der Fülle an Fachausdrükken zurechtkommen. Doch insgesamt: „Ich staune über Wucht und Größe, die Sie als Siebziger für den ‚Schimmelreiter‘ aufbieten konnten ...“
Storm schluckt dies alles begierig.
Merklich tun ihm die Lobesworte wohl, und er ist bei ihrer Verbreitung nicht kleinlich. Heyse erfährt, was Schmidt gesagt hat, und Schmidt wird

über Heyses Meinung informiert, beider Lob wird wiederum ausführlich Tönnies mitgeteilt, und eine Abschrift des Schmidt-Briefs geht an den Verleger Paetel. Nun ist Storm auch so weit, daß er den eigenen Stoff und zumal dessen Helden ausführlich kommentieren kann.
Er hatte zwar immer wieder diesen Stoff erwähnt. Doch auf seine eigentliche Problematik war er dabei kaum eingegangen. Nun aber holt er zu präziseren Deutungen aus, wenn er beispielsweise an Tönnies schreibt: „Wenn die Katastrophe aus der Niederlage des Deichgrafen im Kampf der Meinungen stärker hervorgehoben werden würde, so würde seine Schuld wohl zu sehr zurücktreten. Bei mir ist er körperlich geschwächt, des ewigen Kampfes müde, und so läßt er einmal gehen, wofür er sonst stets im Kampf gestanden; es kommt hinzu, daß seine zweite Besichtigung bei heller Sonne die Sache weniger bedenklich erscheinen läßt. Da aber, während Zweifel und Gewissensangst ihn umtreiben, kommt das Verderben. Er trägt eine Schuld, aber eine menschlich verzeihliche ..."[150]
Diese Interpretation läßt aufhorchen.
Einmal wird hier deutlich, daß auch Storm selbst mit seinem Hauke Haien keine hehre Lichtgestalt, keinen überdimensionalen Helden schaffen wollte, sondern eine gebrochene, schuldig gewordene Gestalt. Und dann ist da zum anderen diese Bemerkung über Hauke Haiens körperliche Schwäche. Er läßt gehen, „wofür er sonst stets im Kampf gestanden ..."
Es war ein halbes Jahr zuvor gewesen, also mitten in der „Schimmelreiter"-Arbeit. Da hatte sich Storm Erich Schmidt gegenüber zu seiner Novelle „Ein Bekenntnis" geäußert, die ihm wohl selbst nicht recht gelungen schien. Entschuldigend merkte er nun an: „Man ist müde, man läßt etwas weiter laufen, obgleich man sieht, daß es verkehrt ist, und zuletzt ist alles so verfilzt, daß es nicht mehr heraus zu operieren ist ..."[151]
Es mag noch Zufall sein, daß Storm hier von sich selbst sagt, was er dann auch seinem Hauke Haien zuschreibt. Doch nicht mehr zufällig will die Parallele zwischen Storms Zustand und dem seines Helden scheinen.
Wir wissen: Storm hat Krebs – und zu dessen Symptomen gehört auch, daß längere Phasen der Apathie mit Momenten jäh aufflackernden Lebenswillens abwechseln, lethargisch dämmernde Gleichgültigkeit mit Augenblikken von Überenergie, scheinbar unmotiviertem Tatendrang und plötzlicher Entschlußkraft. Auch der Storm dieser seiner zwei letzten Jahre zeigt diese Verhaltensweisen.
Über Wochen liegt sein Werk brach, und der Verleger erfährt beispielsweise im Juni 1887, daß am „Schimmelreiter" „alle Wochen vier- oder fünfmal

ein Stückchen geschrieben"[152] wird. Dann wieder packt den Dichter hektischer Schaffensrausch. Er will auf einmal um jeden Preis die eben gefundene „Sylter Novelle" schreiben. Aber gleich wieder ist sie vergessen. Storm quält sich mit dem „Schimmelreiter". Erneute Verzögerung der Arbeit: Storm entschuldigt sich mit dem Hinweis auf die Geburtstagspost, die er beantworten muß. Doch folgt dann wieder eine Phase intensivster Arbeit: Man vergleiche dazu einmal die von Storm selbst angegebene Zahl der Seiten, die er nun auf einmal binnen weniger Tage schreibt.

Nicht anders aber verhält sich Hauke Haien – und nicht erst nach seiner Erkrankung, als er laut Storm „des ewigen Kampfes müde" ist.

An seinem gesamten Leben, wie es der Dichter ausbreitet, fällt dieser Wechsel auf: äußerste Dynamik und dann wieder äußerste Abkapselung. Einmal sprudelt er über von Projekten und Ideen. Dann wieder lebt er „still" auf seinem Hof. Seine Entschlüsse kommen jäh und plötzlich, wie aus einer unvermutet andrängenden Energie heraus: schon in seiner Jugend der Kampf mit dem Kater, dann die Entscheidung, den Deich zu bauen, schließlich der Sturz in den Tod. Dies soll nicht überbewertet werden. Doch sind es zweifellos Verhaltensweisen, die Storm von seinem eigenen Zustand her vertraut sind.

Hiermit scheint aber schon die Parallele Storm/Hauke Haien zu enden. Denn was hätte sonst der Mensch Storm mit seiner Gestalt gemeinsam? Dieser in seinem Wesen doch milde Mann mit dem berserkerhaft ehrgeizigen Deichgrafen, der Poet und Blumenfreund mit dem kalten Verstandesmenschen und Verächter aller Natur, der Meister zart verhaltener, wie hingehauchter Töne und Stimmungen mit dem Schöpfer des abgeflachten Deichprofils, der schon zu Lebzeiten wie ein schwarzhageres Gespenst zwischen den Deicharbeitern auf- und abgaloppiert, herrisch, befehlend, unnahbar?

Welten scheinen diese beiden Männer zu trennen. Der eine erscheint geradezu wie ein Kontrapunkt zum anderen. Und doch ...

Ein Junge, allein mit sich und seinen Träumen, entdeckt in sich eine außerordentliche, zunächst von keinem anderen erkannte Gabe. Seine Umwelt lächelt über ihn. Doch setzt er sich durch. Er hat Erfolg. Glücklich wird er dabei nicht. Er bleibt allein, mit sich, mit seinem Werk, allein noch im Tod. Nur eines tröstet ihn: Sein Werk wird bleiben. Und er selbst ist einer der Größten seiner Art.

Dies ist weniger die Geschichte Hauke Haiens. Es ist, in wichtigen Zügen, die Geschichte Theodor Storms.

Doch wo bleiben die vergnügten Kinderjahre in der Tonne, wo die Freundesschar, die Familie? Storm ist nicht einsam. Zumindest scheint es nicht so, wenn sich in seinen Briefen Familienfest an Familienfest reiht, in manchmal schon aufdringlicher Reihenfolge und Betulichkeit. Er ist beliebt. Er wird geachtet. Selbst noch in schlechten Zeiten umfängt ihn das heitere Idyll einer im Kern heil gebliebenen Welt. Nirgends scheint da der gespenstische Hufschlag seines Geisterrosses zu dröhnen.

Wir müssen fragen: War es wirklich so?

Sein letztes Werk erlaubte Zweifel an dieser heimelig wärmenden Lebensfassade, die sich Storm so emsig, so hausväterisch bemüht errichtet hat. Im fahlen Licht der Deich- und Spukgeschichte werden in dieser Fassade Sprünge sichtbar und Widersprüche deutlich. Auf einmal erscheinen weder Storm noch seine Welt so heil, wie es sich zunächst ausgenommen hat. Schon mit der Kindheit fängt das an.

Wir sehen den gerade Halbwüchsigen erste Verse schmieden, allein mit sich wie Hauke Haien am Strand. Er zeigt sie keinem, behält seine Kunst für sich, denn wer in Husum hätte dafür Verständnis gehabt, die Eltern, die Lehrer, die Spielkameraden? „Mit denen zu verkehren, die mit ihm auf der Schulbank gesessen, fiel ihm nicht ein; auch schien es, als ob ihnen an dem Träumer nichts gelegen sei“, heißt es über Hauke Haien, scheinbar wiederum im Gegensatz zum jungen Storm, der doch Freunde in Hülle hatte.

Wir fragen wieder: Hat er sie wirklich gehabt, trotz seines manchmal schon fiebrigen Werbens um Freundschaft und Kontakt? „Die alten Freunde waren nicht mehr in der Zeitlichkeit, neue zu erwerben, war er nicht geeignet“, schreibt Storm lakonisch im „Schimmelreiter“ und läßt offen, wer je, außer dem alten Jewe Manners, Hauke Haiens Freund gewesen sein könnte. Von denen seiner eigenen Kindheit aber, obwohl sie kaum allesamt gestorben sein dürften, erfährt man in seinen eigenen Aufzeichnungen nur noch etwas von Lena Wies, zu der er bis zu ihrem Tod freundschaftliche Verbindung hielt.

Dann die Väter: hier Tede Haien, dort ‚de ole Storm‘.

Beide sind überdurchschnittlich begabte Männer. Beide aber mucken gegen ihre Welt nicht auf. Sie ruhen in ihr, und sie ruhen in sich, anders als die Söhne mit ihren ehrgeizigen Träumen. Entsprechend reagieren sie. Beide verstehen ihre Söhne nicht. Tede Haien verlacht den einzigen, als er von seinen Plänen hört, und Johann Casimir Storm wird nie lesen, was sein dichtender Sproß schreibt. Aber beide halten auch zu ihren Söhnen. Tede

Haien unternimmt den verzweifelten Versuch, dem Erben zur nötigen ‚Kleie unter den Füßen' zu verhelfen. Der alte Storm wiederum unterstützt den Sohn in jeder Notlage und hilft ihm finanziell noch in den Jahren von Heiligenstadt. Seltsam bleibt in beiden Fällen die Rolle, die jeweils die Mutter spielt. Hauke wächst offenbar als Halbwaise heran. Von Storm wissen wir, wie spröde, kaum vorhanden seine Beziehung zur Mutter war: Selbst noch an ihrem Totenbett steht er in kühl beobachtender Distanz.

Sowohl Hauke Haien wie Theodor Storm sind in ihrer Beziehung zur Umwelt gestört. Der Deichgraf bleibt der große Einsame inmitten seiner Kooggemeinschaft. Storm hingegen sehen wir ein Leben lang auf der Suche nach einem Lebenskreis, mit dem er im Einklang lebt. Er wird ihn niemals finden. Stets bleibt er im Innern seines Wesens von den anderen so isoliert wie Hauke Haien, und das liegt nicht nur an diesen anderen. Es liegt vor allem an ihnen selbst, am Ehrgeiz, der in beiden wühlt.

Da ist denn im „Schimmelreiter" jene Passage, die Hauke Haiens tiefste und böse Gedanken beschreibt, wenn er – noch nicht Deichgraf – sich von den anderen um sein vermeintlich angeborenes Recht betrogen fühlt:

Eine Reihe von Gesichtern gingen vor seinem innern Blick vorüber, und sie sahen ihn alle mit bösen Augen an; da faßte ihn ein Groll gegen diese Menschen: Er streckte die Arme aus, als griffe er nach ihnen, denn sie wollten ihn vom Amte drängen, zu dem von allen nur er berufen war. – Und die Gedanken ließen ihn nicht; sie waren immer wieder da, und so wuchsen in seinem jungen Herzen neben der Ehrenhaftigkeit und Liebe auch die Ehrsucht und der Haß. Aber diese beiden verschloß er tief in seinem Innern; selbst Elke ahnte nichts davon.

Wieder scheint das nichts mit Storm zu tun zu haben – was für Gesichter hätten an seinem Innern vorüberziehen sollen? Wer hätte ihn, Husums geschätzten Ehrenbürger, mit bösen Augen angesehen und ihn von einem Amt drängen wollen, „zu dem von allen nur er berufen war"?

Doch ist da immer noch jener seltsame, so peinliche Ausbruch bei seinem siebzigsten Geburtstag, Ausdruck seines lebenslangen, zutiefst wohl ungerechten Hasses auf Emanuel Geibel. „Ole Peters, sein alter Widersacher, hatte jüngsthin eine Erbschaft getan und begann ein wohlhabender Mann zu werden ..." – auch Storm hat seinen – eingebildeten – Ole Peters gehabt. Auch er sah sich, vielleicht nur in seiner Phantasie, einer Front gegenüber, die das Mittelmaß dem eigentlichen Genie vorzog. So stampft er denn mit dem Fuß auf: „Wie gut, daß ich nicht im vorigen Jahr dahingerafft wurde, um endlich auch von anderen zu hören, was ich seit

vierzig Jahren bei mir selbst gewußt habe..."[153] Da poltert er denn in seiner Geburtstagsrede: „Da freilich wußte ich es und bin nie davon gewichen, obgleich die Welt es noch jetzt kaum weiß: daß ich zu jenen wenigen Lyrikern gehöre, die die neue deutsche Literatur besitzt..."[154] Und Erich Schmidt muß sich in Geibels Todesjahr vom greisen Dichterfreund anöden lassen: „Man klagt über den Tod des letzte Lyrikers, u. weiß nicht, oder ignoriert, daß einer lebt, der wirklich der letzte war..."[155]
Es sind wenig erfreuliche Züge, die sich hier in Storms Bild auftun, eigentlich schon „die Ehrsucht und der Haß", die er dann hellsichtig seinem Hauke Haien zuschreibt. Aber sie gehören nun einmal zu diesem Mann, den in all seinen kräftigen Schrullen als „eine volle Figur"[156] zu nehmen schon Fontane riet. Und zur Fülle dieser Figur gehört auch der Hang zur Verachtung der anderen, die sozial unter ihm stehen.
Der alte Storm wird sein Herz für „kleine Leute" entdecken. Zwei seiner späten Novellen, „Ein Doppelgänger" und „Böttjer Basch", tragen sogar den Sammeltitel „Bei kleinen Leuten", und im „Doppelgänger" nimmt er den arbeitslosen Proletarier John Hansen gegen dessen „liebe Mitwelt" in Schutz, die ihn zu Tode hetzt. Die Frage bleibt: Hat nun Storm den ‚kleinen Mann' entdeckt oder nicht eher das „Novellenmotivnest", das sich mit diesen Themen auftut? Denn in den vierziger Jahren war es gewesen, als den begeisterten Amateursänger die frisch gegründete Husumer Liedertafel zu einem Ball laden wollte. Storm hatte in naserümpfender Entrüstung abgelehnt. Denn wie peinlich: Auf der Liste der Eingeladenen stand gleich an zweiter Stelle der Name des „Briefboten und Schuhputzers", und sich mit solchen Leuten gemein zu machen, war natürlich dem Advokaten, Dichter und Patriziersproß ganz unmöglich. Er hatte sich denn auch weidlich über andere mokiert, die sich durch solchen Dünkel in ihren Vergnügungen nicht stören ließen.
Das mochte noch jungendliche Arroganz gewesen sein. Der alte Mann mag da milder denken, und zu seinem siebzigsten Geburtstag stiftet er sogar einen Fonds zur Unterstützung bedürftiger Proletarier. Auch die aufkommende Arbeiterbewegung interessiert ihn immerhin, auch wenn er in seinem persönlichen Standpunkt wieder einmal schwankt, zwischen entschiedener Zuwendung und abwartender, mehr privater Sympathie. Der „Schimmelreiter"-Autor schwankt hingegen nicht: Hier wird der Proletarier ganz deutlich abgelehnt.
Denn wie sind hier die Deicharbeiter gesehen: als stumpfe, dumpfe Masse, gründlich zu verachten in ihrem Aberglauben und trägem Widerstand

gegen den hochgemut dahintrabenden ‚Aristokraten' Hauke Haien, vor dem sie in „abergläubischer Furcht" verharren. Der aber fühlt sich nicht nur ihnen, sondern auch allen anderen Friesen um Kopfeslänge überlegen, „und seine Blicke flogen scharf und mitleidig über sie hin" – nur die von Hauke Haien? Nicht auch die seines Dichters, wenn er den Umkreis von Husum oder Hademarschen musterte?

Es sind weniger die erkennbaren autobiographischen Reminiszenzen im „Schimmelreiter", Erinnerungen an die Sturmflut von 1825 oder Lena Wies als mögliches Trin' Jans-Modell, die gerade dieses Werk für das Verständnis des Menschen Storm so wichtig machen. Bedeutsamer noch werden die geheimen Ängste und Hoffnungen seines Dichters, die sich hier ausdrükken, und sie machen letztlich auch begreiflich, warum hier Storm so getreulich das frischgewonnene Geschichtsverständnis seiner friesischen Landsleute adaptiert, diese Mischung aus auftrumpfendem Stolz und leicht weinerlichem Selbstmitleid, dieses „Wir gegen die anderen, gegen die Natur", gegen alles eigentlich. Das entspricht Storms eigener Haltung: er ein Leben lang im Kampf mit den anderen, er allein mit sich und seinem Werk.

Doch nicht nur Hauke Haien selbst verrät Sehnsüchte und Traumata des Menschen und Dichters Theodor Storm.

Da ist auch Elke, eine Ausnahmeerscheinung wie ihr Mann, erstaunlich selbständig und doch ganz dem Manne untertan, geduldiger Engel und wache Mentorin in einem. Sie wird als klug ausgewiesen, eine gute Rechnerin und nicht nur das: Sie erspürt auch gleich das Besondere in Hauke, stellt sich ganz in den Dienst seines Genies. Jedoch bleibt es eine eigentlich recht seltsame Beziehung, merkwürdig leidenschaftslos: Elke ist da, wann immer der Mann sie braucht, sie findet stets das rechte Wort. So stehen zwei gleiche Naturen einander im Einklang einer paktähnlichen Verbindung gegenüber, doch der eine Partner, obgleich dem anderen ebenbürtig und zuweilen überlegen, stellt jeden eigenen Anspruch hinter dem des anderen zurück und geht ihm sogar, ohne daß die Gründe völlig klarliegen, als ewiger Gefährte in die Einsamkeit seines Sturmfluttodes voraus: ‚Treue', die Elke ihrem Mann so selbstverständlich hält, wird zur mythischen Vereinigung auf dem Meeresgrund überhöht – Ende einer Ehe, die schon zu ideal ist, als daß selbst Storm sie völlig glaubhaft machen kann. Und seine eigenen Ehen?

Es waren nicht ideale, doch gute Ehen, jedenfalls für ihn. Beide Male ging er Bündnisse mit toleranten, geduldigen Frauen ein, die sich mit ihrer hausmütterlich bewahrenden Rolle ganz im Schatten des genialen Mannes zufriedengaben. Soweit zeichnet sich das Elke-Muster ab. Doch an der letzten Steigerung hat es gefehlt. Denn nun auch noch Mentorinnen, wirkliche Gefährtinnen bei allem Verzicht auf eigenen Anspruch konnten beide Frauen nicht sein, weder Constanze noch Dorothea. Ein Elke-Mythos umrankt beide nicht, und eine Frau von hohem geistigem Format gab es in Storms Leben nicht.

Doch gerade das scheint Storm ersehnt zu haben: die kluge Frau, ihrem Mann insofern ebenbürtig, „daß gegenseitige Anregung und leichtes Verständnis daraus erwachsen“[157], wie er in seiner ersten Verlobungszeit seinem künftigen Schwiegervater Esmarch schreibt. Constanzes Antwort auf des Verlobten ständige, schon penetrante Ermahnungen zur Weiterbildung und Geistesschulung war dann zwar vor dem Hintergrund ihrer Zeit schlagend: Ihr bliebe dann wenig Zeit, „um sich nützlich zu machen und einen bürgerlichen Haushalt führen zu lernen“[158], und Storm hatte sich, zu seinem eigenen Wohl, darein zu fügen. Doch die Sehnsucht nach einer ihm geistig gewachsenen Frau, die dennoch ganz im Dienst von Mann und Werk steht, scheint geblieben zu sein, und seinem letzten Helden Hauke Haien gesellt er sie denn bei, bis in den Tod.

Neben der Heilsvision einer idealen Ehe steht aber das Schreckbild einer letztlich unfruchtbar bleibenden Verbindung. „Wie freuten wir uns, als er geboren war“[159], schreibt Storm über den ewig mißratenen Sohn Hans. Wie freut sich Hauke Haien über die Geburt seiner Tochter, wie liebt er sie, auch als er ihren wahren Zustand erkennen muß. Nun ist zwar die geistesschwache Wienke Hauke Haiens einziges Kind. Storm hingegen hat noch sieben weitere Kinder, darunter den bürgerlich geratenen, bürgerlich erfolgreichen Sohn Ernst. Doch gerade das Genie in ihm, den Künstler in sich selbst muß Storm in seinem so kläglich scheiternden Lieblingssohn gespiegelt sehen, der so lebensuntüchtig ist wie die Tochter des Deichgrafen. Und auch dieser Deichgraf ist, wie Storm, ein zutiefst unbürgerlicher, ein Ausnahmemensch.

Zutiefst ist Hauke Haien ein Künstler. Er ist das typisch romantische „Genie“.

Seltsamerweise ist bislang noch keinem „Schimmelreiter“-Interpreten aufgefallen, wie genau in dieser Novelle Storm dem Muster des typischen Künstlerromans folgt und die vertraute Geschichte vom einsam sich wehrenden Genie im Konflikt mit einer bürgerlich verständnislosen Umwelt erzählt, über Aufstieg, Triumph und tragisch verlassenem Ende

hinweg. Eben dies sind die Vorstellungen seiner Zeit von einer angemessenen Künstlerexistenz – und wohl auch die seinen.
Nur dichtet Hauke Haien nicht. Er ist kein Maler oder Komponist. Er baut einen Deich. Der „steht noch jetzt nach hundert Jahren". In der heimatlichen Landschaft Storms aber, wo die Menschen „die Poesie nicht" brauchen und auch nicht danach „graben"[160], ist der Deich das einzige, was zählt. So tut sich hier eine weitere Dimension auf: die verzweifelte Sehnsucht des Künstlers nach einem Werk, das Bestand hat und als beständig von der Umwelt anerkannt wird. Poesie kann es nicht sein. So läßt es eben Storm seinen Künstler-Helden mit seiner Landgewinnung schaffen. Das Werk des Hauke Haien ist auch der Traum des Theodor Storm, in seinem Künstlertum ernst genommen zu werden.
Theodor Storm und Hauke Haien: Wir wollen sie Brüder nennen. Im Bild des Schimmelreiters treten schlackenlos und zugespitzt, wie in gemeißelter Härte, Züge hervor, die der Mensch Storm allenfalls ahnen läßt hinter milder Menschenfreundlichkeit: „Wenn der Pöbel aller Sorte / Tanzet um die goldnen Kälber / Halte fest: du hast vom Leben / Doch am Ende nur dich selber..."[161], schreibt er einmal „für meine Söhne". Auch das ist Storm, metallisch, hart – und hat am Ende nur sich selbst, wie Hauke Haien. Ihre Bilder gehören zusammen, und aus dem friedfertigen Blick des Siebzigjährigen schaut uns auch kalt und klug der Schimmelreiter an, über den Storm ähnlich wie Flaubert, der auf die ständigen Fragen nach seinem Bovary-Modell „Madame Bovary – c'est moi" geantwortet hatte, hätte sagen können: „Hauke Haien – das bin ich selbst!"
Für seinen Stoff hat der Dichter in jeder Hinsicht sehr viel Zeit gebraucht, eigentlich sein ganzes Leben, bis er dann zur Welt des „Schimmelreiter" findet. Danach sind es nur noch Monate, die der Schwerkranke zu leben hat.
Noch einmal wartet eine gute Zeit auf ihn.
Dem harten Winter des beginnenden „Drei-Kaiser-Jahres" 1888 folgt ein leuchtend schönes Frühjahr. Storm scheint aufzuleben. Schon ‚spukt' ein neuer Stoff in ihm. Diesmal geht es um eine Episode aus der Husumer Vergangenheit, „Das Armesünder-Glöcklein", und nur sieben Tage nach Beendigung des „Schimmelreiter" erfährt Erich Schmidt: „Es sind auch schon die ersten zwei Seiten zu einem Stück... niedergeschrieben, zu dem der Keim während meiner Krankheit in meine Seele fiel..."[162] Er bittet: „Wissen Sie etwas, können Sie irgendetwas darüber irgendwo erlangen, so halten Sie sich nicht zurück, sondern kommen mit der Wissenschaft der

Kunst zu Hilfe! Und baldmöglich!" Panik scheint ihn zu fassen. Die Tochter Elsabe wird angefleht: „Hör dich in Weimar einmal um, ob Du etwas über solch Glöcklein hören kannst..."[163] Und der Tochter Lisbeth, wohl aber auch sich selbst, beteuert er: „Ich werde schon damit fertig..."[164]

Er wird es nicht. Es ist sein letztes Aufbäumen. Und spätestens im Mai weiß Storm, daß es vergeblich war. An Tönnies schreibt er: „Die Arbeit ruht wie für immer..."[165] Im gleichen Monat, da nun die Lobsprüche der Freunde zum „Schimmelreiter" eintreffen, zieht er Tönnies gegenüber das Fazit: „Dann ist es ja auch ganz gedeihlich, daß einer aus der alten Schule einmal wieder etwas geleistet hat, das den Besten das Herz bewegt..." Und, in der Erkenntnis des nahen Todes, mit dem sich Storm in diesen Wochen immer häufiger und intensiver beschäftigt: „So wäre der Zeitpunkt des Abtretens jetzt nicht ungünstig..."[166]

Am 4. Juli 1888, kurz vor fünf Uhr nachmittags, stirbt Storm in seinem Haus zu Hademarschen.

Drei Tage später wird der Leichnam nach Husum überführt. Das Husumer Wochenblatt findet auf seiner zweiten Seite Raum für eine respektvolle Notiz: „Vorgestern Nachmittag um 4 Uhr trafen mit dem von Heide kommenden Zug die sterblichen Überreste des heimgegangenen vaterländischen Dichters und hiesigen Ehrenbürgers Th. Storm auf dem Marschenbahnhof hier ein..."

Sie berichtet von mancherlei lokaler Prominenz, die den Sarg erwartet hatte. Sie schließt mit einem „Friede seiner Asche". Und sie zitiert die Inschriften auf den üppigen Kranzgebinden: „Ihrem hochverdienten Ehrenbürger Theodor Storm die Stadt Husum – Seinem Gründer und Pfleger, dem begnadeten Dichter, dem begeisterten Förderer deutschen Sanges in Verehrung und Dankbarkeit gewidmet von Theodor Storms Gesangverein – Dem gottbegnadeten Dichter, dem edlen Menschen, dem Stolz seiner Vaterstadt, Theodor Storm. Das Lehrerkollegium des Gymnasiums zu Husum."

Die Stadt hat ihren Dichter wieder. Und diesmal nun für alle Zeit. Storms lebenslange Wanderschaft endet, wo sie begonnen hatte.

Es ist eine spröde Rückkehr. Ein Gewitter geht zur Stunde des Begräbnisses auf Husum nieder wie damals im Augenblick seiner Geburt. Die Zeremonie beschränkt sich auf stilles Gebet. Kein Priester ist zugegen: „Auch bleib' der Priester meinem Grabe fern..." Gertrud, die jüngste Tochter, will noch einen jungen Freund des Dichters gesehen haben, wie er

eine Rose dem Sarg hinterherwarf. Dann schließt sich auf dem St. Jürgen-Friedhof die Woldsensche Familiengruft über einem, von dem in dieser Stunde niemand weiß, was nun von ihm bleiben wird.
Es bleibt die Erinnerung an einen Dichter, von der noch hundert Jahre später die ‚graue Stadt am Meer' zehren wird. Es bleibt ein Werk, in manchem problematisch, das doch zu jener Literatur gehört, die beinahe jede Generation, unter jeweiligem Blickwinkel, für sich selbst neu entdekken wird. Und es bleibt „Der Schimmelreiter". Vor allem er ist es, der bei seinem Ritt den Namen ‚Storm' um die halbe Welt führt.

Der Ritt um die Welt

Im Herbst 1888 erscheint die Buchausgabe.
Storm ist nun schon einige Monate tot. Doch hat er noch Einzelheiten aushandeln können. Also erscheinen, wie festgelegt, zunächst einmal zweitausend geheftete Exemplare. Der Preis, auch noch von Storm vorgeschlagen, liegt zwischen vier und fünf Mark. Im Innern glänzt die Widmung „Meinem Sohn Ernst Storm, Rechtsanwalt und Notar in Husum" – es war in seinem letzten Jahr Storms ganzer Stolz gewesen, daß sein Sohn nun in der Vaterstadt die Tradition des ‚olen Storm', weniger die eigene, fortführt. Storm ist auch noch dem Rat Schmidts und eines anderen Freundes gefolgt und hat einige Begriffserklärungen „für binnenländische Leser" nachgereicht. Nun kann sich also jeder zwischen Marsch und Geest, zwischen Kögen und Prielen zurechtfinden.
Dennoch ist „Der Schimmelreiter" keineswegs auf Anhieb ein Erfolg.
Zwar kann schon zwei Jahre nach der Erstausgabe die zweite Auflage erscheinen, und neue Auflagen werden von nun an regelmäßig nachgedruckt, bis 1911 die bereits zwanzigste Auflage vorliegt. Doch noch 1922 hat die Originalausgabe die nicht eben schwindelerregende Zahl von 38 000 verkauften Exemplaren erreicht, und lange noch gilt „Immensee" als Storms weiterhin größter Erfolg.
Das ändert sich erst von 1919 an.
In diesem Jahr werden die Rechte am Storm-Werk frei. „Der Schimmelreiter" kann beliebig nachgedruckt werden, und viele Verlage nutzen die Gelegenheit. Jetzt schnellen auch die Auflagenziffern in die Höhe. Sie steigen Jahr um Jahr, und schließlich ist „Der Schimmelreiter" geworden,

was modern ein „Bestseller" heißt – und ein Longseller dazu, ein über die Jahre hin gleichermaßen gut verkauftes Buch.
Auch bei der Kritik wird es erst eine Weile dauern, bis sich bei ihr das Werk durchsetzt.
Die ersten Meinungsäußerungen fallen mehr höflich als begeistert aus. So lobt der Rezensent Wilhelm Brandes den Gesamteindruck, rügt aber doch die Einbindung in eine doppelte Rahmenhandlung und meint festzustellen: „Die ganze Darstellung aber ... ist so wenig mundgerecht, so durchaus literarisches Kunstwerk, daß wir dabei die Einkleidung ganz vergessen und jene gelegentlichen Erinnerungen nur als störende Unterbrechung empfinden ..."[167] Und noch Albert Köster, 1919 Herausgeber einer Storm-Gesamtausgabe, warnt davor, gerade dieses Werk „um einzelner Szenen willen" zu überschätzen: „Die Verkünstelung einer dreifachen Rahmenerzählung hat der Dichter nicht mehr glaubhaft durchführen können ..."[168]
Einzig Moritz Necker, Rezensent der Zeitschrift „Der Grenzbote", begrüßt schon 1889 ohne Abstriche den „Schimmelreiter" als diejenige Storm-Arbeit, die „die Reihe seiner unvergänglichen Novellen als das bedeutendste Werk abschließt", und schlechthin als eine „nach jeder Richtung hin bewunderungswürdige Schöpfung". Hellsichtig meint er: „Man darf sagen, daß dies Storm in einer Weise gelungen ist, daß ‚Der Schimmelreiter' zu den Juwelen unsrer Nationalliteratur gerechnet wird." Schließlich staunt er: „Ich kann nicht umhin, mich darüber zu verwundern, daß dies so wenig von der Kritik erkannt worden ist."[169]

Und dann meldet sich Fontane zu Wort.
Zunächst war er still geblieben, und auch Storm scheint sich gerade um seine Meinung nicht eben bemüht zu haben. 1896 aber, acht Jahre nach Storms Tod, holt Fontane zu „Erinnerungen an Storm" aus, und es ist ein höchst merkwürdiger, ein bemerkenswert leidenschaftlicher Text, weniger Huldigung für einen Toten als Abrechnung mit einem immer im Geist Lebendigen.
Storm gerät hier zum Prototyp des provinziellen Spießers ohne Sinn für Preußens Gloria, dessen „das richtige Maß überschreitende lokalpatriotische Husumerei" sich angeblich „durch seine ganze Produktion ... hindurchzieht". Und dann wird Theodor Mommsen, ohne recht logischen Zusammenhang, gegen Storm ausgespielt, der Verfasser der Geschichte Roms, der wenigstens „einen palatinischen Cäsar von einem eiderstedtischen Deichgrafen unterscheiden"[170] könne. – Soweit Fontane.

Er schreibt das nicht als Kritiker. Er, den seinerseits ein lebenslanger, nämlich preußischer Provinzialkomplex plagt, ist hier ganz der erbitterte Berliner, der nicht ohne neidische Untertöne auf jenen anderen blickt, der da so fest und unerschütterlich in seiner „Husumerei“ ruht. Fontane überläßt sich dem Ruch einer vermeintlich großen Welt, die dem Freund nicht grundlos suspekt war in ihrer aufgetakelten Weltstädterei. Das trennt die beiden voneinander.

Und das trübt nun Fontanes Blick.

Denn der sonst so scharfsinnige Kritiker müßte eigentlich wissen, daß in der Literatur sehr wohl ein Eiderstedter Deichgraf interessanter sein kann als ein palatinischer Caesar. Dies ist schließlich das Jahrhundert, in dem „Madame Bovary“, Tolstoijs „Anna Karenina“, Fontanes eigene „Effi Briest“ erscheinen – und wen brauchten eigentlich diese kleinen Ehebruchsgeschichten von belanglosen Frauen aus der französischen, russischen oder eben auch preußischen Provinz zu interessieren? Dennoch gehen die Werke in die Weltliteratur ein – wie auch Storms „Schimmelreiter“. Allein die Machart entscheidet. Und das hatte Fontane übersehen.

Dennoch bleibt der anhaltende Erfolg des „Schimmelreiter“ ein Phänomen. Sicher liegt es daran, daß die Geschichte schlichtweg ‚spannend‘ ist. Sicher liegt es auch an der so attraktiv vieldeutigen ‚Bezugsfigur‘ des Hauke Haien. Es bleibt jedoch ein Rest, der kaum erklärt werden kann. Nicht ein Germanist oder Literaturkritiker, sondern ein biederer Schauermann aus dem Hamburger Hafen gab die vielleicht noch treffendste Erklärung, als er im Fernsehen, im Zusammenhang mit einer „Schimmelreiter“-Verfilmung, schlicht erklärte: „Das sind eben Menschen und Probleme, die versteht man...“ – Menschen dieses so spröd in sich verschlossenen Volksstammes der Nordfriesen? Probleme aus einem Land, dessen Landschutzprobleme nur in seiner unmittelbaren Nähe ganz begreiflich sind? Doch offenbar hat Storm ihnen eine Form geben können, die überall verstanden wird.

Auch im Ausland ist zunächst noch „Immensee“ das bekannteste Storm-Werk. 1908 wird dann „Der Schimmelreiter“ ein erstes Mal übersetzt, in den USA. Weitere amerikanische Ausgaben folgen, englische schließen sich an, allein fünf zwischen 1953 und 1966. Inzwischen gibt es Übersetzungen ins Niederländische und Belgische, ins Norwegische, Finnische und Dänische, in Afrikaans, ins Französische, Italienische und Spanische. „Schimmelreiter“-Ausgaben liegen in der Tschechoslowakei vor, in Ungarn und Jugoslawien. Eine russische Übersetzung entsteht. Und besonders auffällig ist die Resonanz in Japan.

Dort ist bis heute der „Schimmelreiter“ wenigstens sechsmal übersetzt worden. Und schon sieben Jahre vor der ersten japanischen Übertragung, im Jahr 1930, sind die Chinesen mit einer ersten Übersetzung zur Stelle. Wenn man aber Fachleuten glauben darf, hat in China das Interesse Revolution und Kulturrevolution, Mao, Viererbande und jüngste Entwicklungen überdauert. Eifriger denn je liest man im Reich der Mitte gerade den „Schimmelreiter“, denn auch dort – so die Sinologin Annemarie Dahm – kennt man die Probleme bei Deichbau, Landerhaltung und -gewinnung. Storms Novelle singt in China ein vertrautes Lied.

Ein Wort wie „Welterfolg“ liegt nahe.

Doch ist Vorsicht geboten. Trotz internationaler Resonanz ist mit Storms „Schimmelreiter“ kein deutsches „Gone with the wind“ in die Welt hinausgegangen, und seine Lektüre jenseits der deutschen Sprachgrenzen, wie intensiv auch immer, bleibt wohl die Angelegenheit eines kleinen Kreises spezieller Interessenten. Wirklich populär ist das Werk nur im deutschen Sprachraum geworden. Dort allerdings behauptet es sich in ungebrochener Frische von Generation zu Generation, so daß inzwischen die Zahl aller Leser und Auflagen nicht einmal mehr geschätzt werden kann. Es muß bei der Feststellung bleiben, die auch eine Umfrage vor der zweiten Verfilmung bestätigt hat: „Der Schimmelreiter“ ist die bekannteste und meistgelesene deutschsprachige Novelle.

Immer noch erscheinen neue Ausgaben. Immer wieder gibt es Varianten: den „Schimmelreiter“ auf West- wie Nordfriesisch, auf Plattdeutsch, in Kurzschrift, in der ‚Weltsprache‘ Esperanto. Und 1981 taten sich in der von Storm so wenig geschätzten Husumer Gelehrtenschule, dem heutigen Hermann-Tast-Gymnasium, Schüler zusammen und schrieben einen „Schimmelreiter“ in ihrer eigenen, in einer ganz einfachen und auch für Kinder verständlichen Sprache – und am beeindruckendsten bei diesem Unternehmen blieb, wie haltbar sich Storms Novelle selbst bei ihrer Reduzierung auf pure ‚Story‘ erweist und daß selbst dabei nicht alle leisen Untertöne verlorengehen. Eindrucksvoll ist auch der Erfolg dieser privat finanzierten Ausgabe. Zunächst sollte sie, mehr als Kuriosum, in nur tausend Exemplaren erscheinen. Inzwischen liegt der „Schimmelreiter für Kinder“ in einer zweiten Auflage von fünftausend Stück vor.

Der Dauererfolg hat andere Medien nicht ruhen lassen. Es gibt ein „Schimmelreiter“-Puppenspiel und – in Jugoslawien – ein „Schimmelreiter“-Bühnenstück. Bei Radio Bern wurde im Oktober 1960 eine „Schimmelreiter“-Radiofantasie uraufgeführt. Wirklichen Erfolg hat das Werk jedoch immer nur als Buch gehabt. Allenfalls der Film macht da eine Ausnahme. Zweimal ist die Geschichte bisher verfilmt worden, und beide Male war es ein Erfolg. Doch sollten es Erfolge nicht ohne Widerhaken sein.

In den dreißiger Jahren wurde die erste Verfilmung geplant. 1934 hatte sie Premiere, ein eher unaufwendiges Unternehmen, denn „es war nicht viel Geld da“[171], wie sich die Schauspielerin Marianne Hoppe erinnert. Sie hatte die Elke gespielt. Der Hauke Haien war Matthias Wiemann, gleichfalls ein noch junger Darsteller am Beginn seiner Karriere. Und ein Neuling, der bis dahin nur mit Kulturfilmen hervorgetretene Curt Oertel, teilte sich mit Hans Deppe in Kameraführung und Regie.

Ein Film der Anfänger also – und dennoch waren Erfolg und Beifall groß, in In- wie Ausland: „Dieser Film ist sehr zeitgemäß, ‚Blut und Boden‘ heißt sein Inhalt, der Führergedanke lebt darin, die Frage der Landgewinnung klingt an, das hohe Lied vom todesmutigen Opfer des einzelnen für das Gemeinwohl bildet den heldischen Ausklang“[172], hieß es denn auch in einer Kritik. Und dies bezeichnet zugleich das Umfeld, in dem dieser Film vor dem ideologischen Hintergrund seiner Zeit gesehen wurde.

Tatsächlich durchwabert faustdicke Blut-und-Boden-Mystik seine Szenerie, und nicht nur aus Gründen filmischer Dramaturgie muß sich der Storm-Stoff einige robuste Eingriffe und Umdeutungen gefallen lassen. Vor allem das Ende Hauke Haiens ist nun nicht mehr die Verzweiflungstat eines einsamen einzelnen, sondern ein Opfer für die anderen, für die Koog-(sprich: Volks-)Gemeinschaft. Der Part der geistesschwachen Wienke ist gestrichen worden, wohl weniger aus ideologischen Gründen, eher schon, weil im Kintopp behinderte Kinder nicht ‚ziehen‘, wie es in der Branche so schön und rüde heißt (die Rolle fehlt denn auch in der ganz unideologischen zweiten Verfilmung). Und wenigstens einmal weht der Wind dem Hauptdarsteller eine Strähne ins Gesicht, als stünde Adolf Hitler vor den Menschen in der Marsch.

Dennoch ist der Film besser als sein Ruf.

Sicher nicht thematisch, wohl aber formal nimmt er manches vorweg, womit dann die Neorealisten des italienischen Nachkriegsfilms die Welt verblüffen sollten. Fort von Schminke, Pappmaché, Kulissenglitzer – nach diesem Muster wurde dieser Film gedreht. Man filmte in Friesenstuben und Warftställen, am Meer und in den Dünen. Hauptdarstellerin Marianne Hoppe mußte im November in original eisigen Nordsee-Wellen ihrem Mann entgegenwaten (was technisch allerdings mißlang, so daß gerade

diese Szene im Berliner Atelier nachgestellt wurde). Die Kostüme, der Silberschmuck: alles war echt, geborgt aus Museen und Privatbeständen. Marianne Hoppe: „Es war mehr ein Experiment – in der Art der Herstellung." Und so wurde letztlich doch originaler Storm-Klang hörbar, in der spröden Kameraführung und ihren lakonisch herben Einstellungen, in der Art, mit der hier eine Landschaft und ihre unverwechselbare Atmosphäre zwar nicht Wort, doch Bild wurden.
Von der zweiten Verfilmung läßt sich das nicht sagen.
Die Idee zu dieser Neuverfilmung soll während der Flutkatastrophe von 1962 aufgekommen sein, und der Alt-UFA-Regisseur Frank Wisbar war zunächst für die Inszenierung vorgesehen. Es dauerte dann allerdings noch fünfzehn Jahre, bis mit einem 2,5-Millionen-Budget und Rückversicherungen beim Fernsehen und im Ausland die Arbeit begonnen werden konnte. Regisseur war jetzt Alfred Weidenmann, ein Routinier der Branche, die schon ihre Spottnamen bereithielt.
Vom ‚Simmel-Reiter' war die Rede, in Anspielung auf den bekannten Trivialautor, oder auch, in Anlehnung an den Titel des Agentenfilms „Der große Blonde mit dem schwarzen Schuh", vom ‚Großen Blonden mit dem weißen Gaul'. Regisseur Weidenmann, Produzent Alf Teichs setzten sich redlich zur Wehr. Große Worte fielen: von der Zeitlosigkeit eines Stoffs, die man sichtbar machen wolle, allerdings auch von den Marktzwängen, die eine internationale Besetzung nötig gemacht hätten. Und dann wurde gedreht, an Originalschauplätzen, mit beträchtlichem Aufgebot an Menschen und Material.
Was jedoch herauskam, mutete fast wie eine späte Rache Fontanes an. Unbewußt schienen die Beteiligten gut machen zu wollen, was er einst der Storm-Novelle angelastet hatte. Nicht, daß bei ihnen nun Hauke Haien gleich zum palatinischen Caesaren wurde, wohl aber zu einem dekorativen Allerweltshelden, der über die Marschen preschte, als sei es die Steppe oder die Prärie. Und so brillant, vielleicht *zu* brillant fotografiert wurde, so fotogen die Flut rauschte und der Wind die Bäume peitschte: Die Geschichte mutete an, als könne sie überall spielen, in Jugoslawien, Canada – oder im Filmstudio zu Bendesdorf in der Heide, wo denn auch tatsächlich die Innenaufnahmen entstanden waren. So bleibt weiterhin auf eine (durchaus denkbare) „Schimmelreiter"-Verfilmung zu warten, die das in seinem Wechsel zwischen ruhevoller Epik und zugespitzter Dramatik unerhört ‚Filmische' des Originals in adäquate Bilder umsetzt, ohne Blut-und-Boden-Kult, aber auch ohne den Glanzlack Hollywoods.

Dennoch war die im Frühjahr 1978 mit großem Aufwand aufgezogene Husumer Premiere ein schönes Fest: mit viel Schulterklopfen auf allen Seiten, mit einer Kutschenfahrt quer durch die Stadt und einem echten, recht betagten Schimmel, auf dem zum Entzücken der Fotografen der eigens aus den USA importierte Hauke-Haien-Darsteller John Philipp Law einige nicht allzu aufgeregte Runden trabte. Auch sonst war der strahlend blonde Amerikaner, dem vergrübelten friesischen Deichgrafen so wesensnah wie der gesamte Film Nordfriesland, recht rührig und erzählte nicht nur von diversen Reitunfällen bei den Dreharbeiten, sondern auch von seiner Sicht des Hauke Haien: als eine Art Gary Cooper aus „High noon", ein ‚lonely cowboy', der allein gegen alle antritt.

Man mag die Naivität belächeln. Doch symptomatisch ist auch sie: für die Interpretationsbreite, die eine Gestalt wie Hauke Haien zuläßt. Denn mit ihr ist Storm gelungen, was eigentlich nur sehr wenigen Schriftstellern vorbehalten bleibt: eine Figur zu schaffen, die ein vom Anlaß gelöstes Eigenleben gewinnt und frei wird als Projektionsfläche für unterschiedlichste Anschauungen und Deutungen.

In der Zeit unmittelbar nach Storm, in der wilhelminischen Ära also, scheint das noch kein Problem zu sein. Storms Deichgraf reiht sich nahtlos ein bei den pompösen Heroengestalten einer pompös daherschreitenden Ära, und 1899 bekommt eine gewisse Clara Lent nasse Augen, als vor ihrem inneren Blick der Friesenheld „wie aus Erz gegossen" steht: „Ein Mann, ganz brennende Tatkraft, ganz Gemeinsinn, ganz geschaffen für den Kampf; kraftvoll bis zur Härte..."[173] Und so geht es denn im Stechschritt weiter bis zum Monument des Herrenmenschen aus Germania: „Eine zweifache Linie führt durch das Leben des Schimmelreiters, aber da diese Linie gegründet ist auf Eigenschaften, die der nordischen Rasse typisch zu eigen sind, so ist es das Leben des nordischen Rassenmenschen, das hier erzählt wird..."[174]

Dies wird nicht etwa 1937, sondern schon 1927 in der Zeitschrift „Volk und Rasse" geschrieben. Es mußte also gar kein Nationalsozialismus kommen, um Storms Helden nordisch einzubräunen. Schon lange vorher war der Weg vorgezeichnet, an dessen Ende wir – wie in der erwähnten Szene der „Schimmelreiter"-Verfilmung von 1933 – Hauke Haien als einen Marschen-Hitler agitieren sehen.

Doch geht es auch ganz anders.

Bei angemessenem Blickwinkel kann Herrenmensch Hauke Haien zum erbarmenswerten Produkt seiner Klasse werden, dem es allem guten Willen zum Trotz am richtigen sozialistischen Bewußtsein mangelt. Kein Wunder, daß er sich dann ins Meer stürzt: „Sein Schicksal zeigt, daß die Loslösung vom Volk am Ende zum Untergang führt. Darin sehen wir weniger eine persönliche Schuld als den Widerspruch einer Gesellschaftsordnung, die an der Bildung der bäuerlichen Menschen nicht das geringste Interesse hatte, die es nicht fertigbrachte, die innere Teilnahme an einem großen Gemeinschaftswerk zu wecken, und die die Intelligenz in eine volksfremde Isolierung trieb ...“[175] – so 1958 Fritz Böttger in einem Storm-Buch des (Ost-)Berliner ‚Verlag der Nation‘.

Doch ob rot, ob braun: Storm selbst ist an der Ambivalenz der „Schimmelreiter“-Rezeption nicht unschuldig. Insgesamt verhält es sich wohl so, wie dann Jost Hermand in seiner Definition Hauke Haiens als eines typischen Gründerzeitmenschen der Bismarck-Ära schreibt: „Für jedes Phänomen werden dem Leser zwei Erklärungen nahegelegt: eine idealistisch-heroisierende und eine realistisch-analytische, wodurch Hauke Haien und das in ihm verkörperte Heldenbild in ein eigenartiges Zwielicht gerät ...“[176]

Man kann auch sagen – und dies der Storm-Novelle als ihre höchste Qualität anrechnen: Mit Hauke Haien hat Storm einen Menschen geschaffen, nicht eine Kunstfigur. Er glättet Widersprüche nicht. Er stellt sich ihnen. Er stellt sie dar. Und diese Widersprüche machen erst den Menschen aus. Die vielzitierten ‚zwei Seelen‘ Goethes: Sie wohnen, ach, auch in Hauke Haiens Brust. Man fühlt sich an Faust erinnert.

Tatsächlich hat „Faust“ Storm schon von frühen Jahren an beschäftigt. Goethes Schicksalsgedicht ist eines seiner ersten und prägenden Bildungserlebnisse gewesen. Und wenigstens die Grablegungsszene des II. Teils zeigt eine verblüffend genaue Parallele zum „Schimmelreiter“-Ende.

Wie Hauke Haien will der alt und blind gewordene Faust Land gewinnen, für Goethe ein Synonym für die produktive Kraft im Menschen schlechthin. Fausts Visionen, poetisch stilisiert, gleichen den konkreten Vorstellungen des Stormschen Deichgrafen. Und wenn der Sterbende meint, „auf freiem Grund mit freiem Volk“ zu stehen, während in Wahrheit die Lemuren schon sein Grab schaufeln, hören wir auch das Jauchzen Hauke Haiens über seinen Deich, während sich die Wassermassen in den alten Koog wälzen und auch ihn verschlingen werden.

So heißt es denn bei dem amerikanischen Germanisten Walter Silz: „Es besteht eine gewisse Ähnlichkeit zwischen Hauke und dem Faust des zweiten Teils ... Auch er ist ein Wohltäter der Menschheit, obwohl sein Verfahren manchmal tyrannisch ist. Auch er ist sicher, daß die Spur von seinen Erdentagen nicht in Äonen untergehen kann. Im Gegensatz zu Faust ... gibt es keine letztliche Erlösung und Aufnahme in den Himmel, trotz aller Arbeit und Liebe; sein Ende ist nach Storms Ansicht gleich dem aller Wesen ein völliges Ausgelöschtwerden ...“[177] Und der Germanist Ernst Loeb geht über Silz' Faust-Deutung noch hinaus, wenn er unter dem vielzitierten Etikett „Faust ohne Transzendenz“ schreibt: „Storms ‚Schimmelreiter‘ als eine in spätere Zeit projizierte, um ein halbes Jahrhundert hinausgeschobene ‚Faust‘-Thematik! Dabei ist es nur natürlich, daß die äußeren Dimensionen – auch der Faustgestalt selbst – ‚zeitgemäße‘ Einbußen erleiden mußten. Aber eben nur die äußeren Dimensionen, nicht die eigentlichen Konturen dieser Gestalt, die dann auch deutlich bleiben, wenn Hauke Haiens Wissens- und Erfahrungsdrang nicht auf Wesen und inneren Zusammenhang der Welt, sondern eben nur ‚seiner‘ Welt gerichtet, seine Erlebnissphäre statt der ‚groß und kleinen Welt‘ auf jene kleinste Welt eines friesischen Dorfs beschränkt bleibt ...“[178]

In jener ‚kleinsten Welt“ allerdings, im ‚friesischen Dorf‘, wie es sich seit Schimmelreiter-Zeiten entwickelt hat, interessieren scharfsinnige Interpretationen wenig. Dort steht Hauke Haiens Rolle fest: Er ist unser.

Eine Landschaft hat ihren Helden gefunden – und das so gründlich, daß manche schon warnen, eine Gestalt der Literatur, in ihrem historischen Umriß eher fragwürdig, zum Alibi eines mythisch verschwommenen Geschichtsverständnisses zu machen und daraus gar Forderungen an die Gegenwart zu folgern. Der Deichbau, aktuell wie eh, sei nicht das Werk genialisch großer Einzelgänger, in denen sich ‚der Friese‘ selbstgefällig spiegeln könne. Und wenn schon Hauke Haien der ideale Friese sei, so vergesse man doch bitte nicht: Auch Ole Peters, auch die anderen sind schließlich Friesen – und dabei keine Lichtgestalten.

Dennoch: Storms Held bleibt unverrückt auf seinem Sockel.

Als in den siebziger Jahren der Schriftsteller Dietmar Grieser auf Storms Spur nach Nordfriesland kommt, fährt ihn ein „Schleswiger Lohnchauffeur“ durch das Deichland Hauke Haiens: „Es ist ihm nicht auszureden, daß es einen Deichgrafen dieses Namens nie gegeben hat ...“[179] Diese Geschichte will allerdings mehr gut erfunden als wahr erscheinen. In langen Jahren ist mir nie jemand begegnet, der tatsächlich an einen historischen Hauke Haien geglaubt oder ihm gar den Koog gleichen Namens zugeschrieben hat. Wohl aber hält sich das Gerücht, es hätte einen ganz bestimmten Deichgrafen als Modell gegeben. Und es halten sich Gespräche um die Herkunft dieses Storm-Stoffs.

In der Tat bleiben, trotz der Forschungen von Hoppe, Laage und Holander, einige Punkte rätselhaft.
Vor das größte Rätsel stellt noch immer ein Buch mit dem Titel „Bilder aus Eiderstedt und den angrenzenden Gegenden", verfaßt von einem Heinrich Mommsen, der nicht mit Storms Historikerfreund Theodor Mommsen zu verwechseln ist. Wir wissen nicht, ob er, ein Zeitgenosse Storms, den „Schimmelreiter"-Dichter selbst gekannt hat und was ihn mit seinem Werk verbindet. Doch in seinem Buch erzählt er, nun schon unter dem Titel „Der Schimmelreiter", weitgehend die gleiche Geschichte wie der unbekannte Verfasser des „Gespenstigen Reiters" im „Danziger Dampfboot", nur eben nun als Eiderstedter Sage.
Dieses Buch erscheint zwei Jahre nach Storms „Schimmelreiter", als die Novelle, zumal in Nordfriesland, noch kaum bekannt ist. Ob sich nun der Autor kurzerhand bei Storm bedient hat (oder gar Storm bei ihm, da diese Geschichte schon früher in einer Zeitung veröffentlicht worden sein könnte), ob auch Mommsen – dann gleichfalls vor mehr als einem halben Jahrhundert! – die Geschichte im „Dampfboot" oder in den „Lesefrüchten" las oder es eben doch im nordfriesischen Raum eine solche Sage gab, die er nun für dieses Heimatbuch umsetzte: das bleibt das Geheimnis um diesen anderen „Schimmelreiter". Jedenfalls geht nun diese Geschichte ganz offiziell in den nordfriesischen Sagenschatz ein und erscheint danach noch an verschiedenen Stellen, darunter auch in einer 1910 erscheinenden „Eiderstedt"-Geschichte unter der Rubrik „Sagen der Heimat".
Dort heißt der Autor J. Jasper. Und neunzehn Jahre später veröffentlicht Jasper in einer Zeitung Sturmflutsagen, darunter wieder den „Schimmelreiter", nun schon mit dem unbekümmerten Vorspruch versehen: „Von den nun unten folgenden Sagen haben wir jene ... Sage vom ‚Schimmelreiter', die bekanntlich einer der größten Dichter unserer nordischen Heimat, der unvergeßliche Theodor Storm, als Motiv für seine letzte und reifste Novelle gewählt hat, einer vor etwa vier Jahrzehnten mündlich empfangenen Quelle nachgebildet ..."[180] – ein Rätsel mehr im „Schimmelreiter"-Suchspiel, das schon im Jahr vor dieser Publikation eine weitere Variante erhalten hatte.
1928 hatte Rudolf Muuß eine Geschichte Rungholts veröffentlicht, die anhand nicht näher genannter historischer Quellen den Untergang der Stadt erzählerisch rekonstruierte. Und dort, wenn auch auf einem Rappen, reitet ein Deichvogt in die Szene ein, der überdeutlich Hauke-Haien-Züge trägt. Wie Storms Deichgraf sieht er die Schäden am Deich, versucht ihre

rechtzeitige Ausbesserung durchzusetzen und scheitert am Widerstand der anderen, da „für den Winter... eine kleine Ausbesserung es auch noch" täte. Rungholts Untergang wird damit unaufhaltsam. Und das Rungholter Hauke-Haien-Pendant? Muuß im Originalton: „In Dunkel und Grausen, Sturm und See versank alles Lebendige, Mensch und Vieh. Den Deichvogt und seinen Rappen hatten die Wellen vom Deich herabgerissen. Schnell überflutete das Wasser auch die lange vernachlässigten Binnendeiche..."[181] – wiederum nur eine Anleihe bei Storm? Oder eben doch eine alte Friesensage, diesmal aus dem Rungholt-Umkreis?

Doch was immer die Forschung noch an den Tag bringt – für die meisten Nordfriesen steht schlicht fest: Hauke Haien ist einer der ihren, als hätte er einst wirklich unter ihnen gelebt. „Der Schimmelreiter" bleibt aber ihr Nationalepos, welche Quellen es auch speisen. So wurde eine Dichtung in einem Ausmaß Bestandteil einer Landschaft, wie es in der gesamten Literaturgeschichte einzig sein dürfte, und wenn auch Griesers Geschichte vom naiven Lohnchauffeur nur gut erfunden sein sollte: Sie trifft im Kern die Wahrheit.

Daß es inzwischen einen Schimmelreiter-Krug gibt und Hauke-Haien-Wege, daß 1969 eine Katastrophenschutzübung den Namen „Schimmelreiter" trug, mögen noch Äußerlichkeiten sein. Bezeichnender ist anderes: Der Name „Hauke", von ‚Hugo' abgeleitet und in der Form ‚Haug' auch im Bayerisch-Fränkischen zu Hause, ist von Storm als Friesenname erfunden worden, wohl weil er seinem hochmusikalischen Gehör so ‚friesisch' klang. In seiner Zeit und auch davor war er jedenfalls in den Marschen völlig unbekannt. Heute hingegen ist er in Nordfriesland weitverbreitet – und die Namensgeber haben mit Sicherheit gedacht, damit einer uralten Friesentradition zu frönen.

1961 aber erreicht die Totalidentifikation mit einer literarischen Gestalt ihren Höhepunkt.

In diesem Jahr ist ein neuer Koog gewonnen worden. Nun geht es um seine Benennung. Vieles steht dabei zur Diskussion. Namen von Staatsmännern werden erwogen, von früheren Deichbauern, auch der von Hans Momsen, auch eine schlichte geographische Bezeichnung, selbst der Name Theodor Storms. Doch dann kommt der Vorschlag auf, diesen Koog nach Hauke Haien zu benennen. Das bleibt nicht ohne Widerspruch. Die Diskussionen wogen, mit unterschiedlichsten Argumenten für und wider diese Namensgebung. Doch der Vorschlag setzt sich durch. Der neue Koog heißt Hauke-Haien-Koog.

Erinnern wir uns: Hauke Haien ist enttäuscht, als ‚sein' Koog offiziell nach einer dänischen Prinzessin benannt wird. Dann hört er das Gespräch der Arbeiter. Er erfährt, wie sein Koog im Volksmund heißt: „Hauke-Haien-Koog." Stolz braust es in ihm auf: „Mochten sie trotzen, wie sie wollten, um seinen Namen war doch nicht herumzukommen; der Prinzessinnen-Name – würde er nicht bald nur noch in alten Schriften modern? – Der Schimmel ging in stolzem Galopp..." Nur einige Zeilen eines Dichters – und rund siebzig Jahre nach seinem Werk ist es soweit: Um den Namen seines Helden „war doch nicht herumzukommen". Wirklichkeit hat Dichtung eingeholt, Dichtung ist Wirklichkeit geworden – wann je hätte es das in dieser Zuspitzung gegeben?

Doch bleiben Fragen: Was hat diese unsere Wirklichkeit noch mit der Storms und seines „Schimmelreiters" zu tun?

In poetisch legitimer Freiheit hatte er sich damals losgelöst von Zeiten, Orten und Personen. Er hatte seine ganz persönliche Vision geschaffen – führen nun deren Linien über ein weiteres Jahrhundert hinweg bis in unsere Zeit, in deren Problematik? Ist Storms Dichtung ‚zeitlos' im eigentlichen Wortsinn, verbindlich für Vergangenheit, Gegenwart und Zukunft? Oder wurde sie gar zusätzlich aktuell?

An einem hellen, kalten Frühlingstag fahre ich hinauf zum Hauke-Haien-Koog. Ich werde nicht den Besuch in jenem Gasthaus, heute „Schimmelreiter-Krug" genannt, bei Sterdebüll vergessen, wo auch Storm eingekehrt sein dürfte: Es geht dort noch heute nicht viel anders zu als damals, wenn der Wirt in behäbiger Ruhe den dampfenden Grog auf den Tisch stellt. Ich passiere Hattstedt, die Heimat Iwersen-Schmidts und werde – wie schon in Fahretoft nach Momsens Grabstein – auf dem Friedhof neben der spitztürmigen Backsteinkirche vergeblich nach der Ruhestätte dieses anderen mutmaßlichen Schimmelreiter-Vorbilds suchen: Nur die Grabstellen einiger anderer Familienmitglieder dieser früheren Deichgrafendynastie sind zu sehen. Die Sippe soll ausgestorben sein, und ihr Lundenberger Hof steht leer.

Ich habe einen Abstecher in den Desmercieres-Koog gemacht: Längst haben sich ihm andere Köge vorgeschoben, und wie ein begrünter Erdwall erhebt sich der berühmte Deich mitten in der Landschaft, so imposant nicht, daß sich leicht nachvollziehen läßt, welche Sensation er einmal für Nordfriesland war. Und dann erreiche ich den Hauke-Haien-Koog, unweit von Fahretoft, der Heimat Hans Momsens. Ich stehe auf einem flachen Deichprofil, das einst der Holländer Rollwagen für Nordfriesland

erfand. Ich denke auch an Salchow zurück, an Siewert, an Harro Feddersen und Leeghwater: Wer sind die Nachfolger dieser Männer geworden? Und was sind ihre Probleme?
Ich frage nach den Erben Hauke Haiens.

Die Erben Hauke Haiens

Es ist still am Hauke-Haien-Koog.
Zur Geest hin streckt sich das Grün der nordfriesischen Landschaft, die sich über alle Zeitläufte hinweg so unerschütterlich gleich zu bleiben scheint, und wieder einmal fasziniert der Widerspruch, daß eigentlich künstlich ist, was so natürlich durch die Jahrtausende hindurch gewachsen wirkt. Es sind *Kunstwerke*, auf deren Boden wir hier stehen: die Deiche, die Köge – und manches dieser Kunstwerke trägt wie andere Kunstwerke auch das Signet seines Schöpfers.
Nicht weit liegt der Sönke-Nissen-Koog.
Im Sönke-Nissen-Koog sind nicht nur die Weiden, sondern auch die Dächer der Häuser grün, angeblich noch auf Anordnung dessen, der diesem Koog den Namen gibt: Sönke Nissen aus Klockries bei Niebüll. Er muß ein interessanter Mann gewesen sein.
In jungen Jahren geht er nach Südwestafrika. Dort macht er im Diamantenhandel Glück und Vermögen. Wie ein Desmercieres des frühen 20. Jahrhunderts lebt er nach seiner Rückkehr als Gutsherr irgendwo im Schleswig-Holsteinischen. Und wie dem Geheimen Konferenzrat hat ihm das nicht genügt. Zu sehr friesischem, realistischem Geschäftssinn kommt die sehr friesische, wenn auch utopische Sehnsucht, einmal in seiner Heimat Deichgraf zu werden. Nun können Träume käuflich sein, hat einer nur das Geld dazu, und Nissen hat das Geld. Er kauft sich seinen Traum. 1922 schließt er sich einer frisch gegründeten Deichinteressentenschaft an. Dennoch erfüllt sich seine Sehnsucht nicht: Schon im Jahr darauf verstirbt er. Doch der Koog entsteht. Er trägt seinen Namen.
So steht dieser Mann in einer Reihe mit den großen Deichkapitalisten der Vergangenheit. Er ist der letzte dieser Art. Denn auch sein Koog wird der letzte sein, der auf Privatinitiative hin gewonnen wird.
Noch einmal also ist ein ‚Oktroi' vergeben worden. Noch einmal sind im Deichbau Staat und Privatmann Partner. Ihr Vertrag liest sich bemerkens-

wert: Drei Jahre werden für den Deichbau angesetzt. Kommt er nicht zustande, haften allein die Deichinteressenten. Der Staat erhält einige Parzellen als Basis für weitere Landgewinnung. Und für die Arbeit müssen Erwerbslose zu Akkord-Löhnen herangezogen werden. Denn es sind die Jahre der Inflation und wirtschaftlicher Not. So wird denn auch in Naturalien bezahlt, 120 Zentner Weizen für jeden Hektar deichreifes Vorland.

Der Sönke-Nissen-Koog schließt 1926 eine Entwicklung ab, die einst mit den Gottorper Herzögen begonnen hatte. Das Spadelandrecht war ein Auftakt gewesen, das Allgemeine Deichreglement von 1803 der wichtige Übergang zur Deichbau-Neuzeit. In seinen Grundzügen gilt es noch lange über die dänische Zeit hinaus. Es wird abgewandelt und relativiert. Doch erst 1971 wird ein Schlußstrich gezogen. Ein neues Deichrecht ist geschaffen, das neugefaßte Wassergesetz von Schleswig-Holstein. Nun ist es der Staat, der Land schützt und schafft. Denn dort heißt es: „Die Unterhaltung und Wiederherstellung von Landesschutzdeichen und von Deichen auf Halligen, soweit sie bisher Wasser- und Bodenverbänden obliegt, geht als öffentlich-rechtliche Verbindlichkeit am 1. Januar 1971 als geschlossener Teil dieser Verbände auf das Land über. Gleichzeitig geht das Eigentum der Wasser- und Bodenverbände an den Deichen unentgeltlich auf das Land über ..."

Rund vier Jahrzehnte vor diesem Wassergesetz war der Staat in weit furchterregenderem Kleid an der Geest aufmarschiert. Eine Fahne flatterte ihm voran: Der Nationalsozialismus war an die Macht gelangt. Jetzt nahm er sich der Landgewinnung an. Sie paßte gut sowohl zum Arbeitslosenproblem der dreißiger Jahre wie zur nazistischen „Volk ohne Raum"-Ideologie: Hauke Haien trug jetzt ein braunes Hemd.

Ein Koog nach dem anderen entsteht in diesen dreißiger Jahren. Der Adolf-Hitler-Koog, der Hermann-Göring-Koog, ein Horst-Wessel-Koog – es scheint, als solle ein jeder Heroe des neuen Reichs für die Dauer der erwarteten nächsten tausend Jahre hier an der Küste verewigt werden: seltsame Erben, die Storms Held gefunden hat. Im Hintergrund raunen aber allzeit bereite Barden von altfriesischem Erbe und neugewonnener Friesenherrlichkeit.

Sie sind historisch nicht sehr informiert.

Denn wenn zur Landgewinnung dieser Zeit eine Parallele zu ziehen ist, so am ehesten zur Ära der großen Deichbau-Abenteurer in Nordfrieslands ‚Gründerzeit'. Und es waren damals eben nicht Friesen, die sich auf die

Unternehmen von Bottschlot und Bredstedt stürzten. Doch wen scheren zwischen Fanfarenklang und Trommeldröhnen solche Nuancen?
In den Berichten jauchzt es, wenn der neue Oberdeichgraf, sprich: der ‚Führer', zur großen Deichschau antritt, natürlich nur bei bestem Wetter. Allenfalls ein männlich-herber Wind darf wehen. Ansonsten muß der Himmel strahlen. Es strahlen auch die neuen Herren. Immer kühnere Pläne entstehen. Jetzt ist von einem Riesendamm die Rede, der sich von Sylt bis nach Eiderstedt ziehen soll. Doch zunächst einmal zerstören diese Herren ganz Deutschland. Mit ihnen gehen auch ihre Pläne in Rauch und Trümmern auf.
Mit dem Dritten Reich verschwindet noch anderes: die krampfige Hochstilisierung ‚des' Friesen zum Supernordmann und urdeutschen Edelgermanen. Das war nicht nur Ausfluß der zur Staatsreligion erhobenen nebelumwallten Deutschtümelei. Der Unsinn hatte auch Methode. In der Umarmung sollte auch friesische Eigenständigkeit vergehen. Die Auflösung des 1926 gegründeten Nordfriesischen Vereins, seine Überführung in die N. S.-Kulturgemeinde, Abteilung Volkstum und Heimat, hatte dafür schon 1935 ein Signal gesetzt.
1946 wird dieser Verein erneut begründet. Die Vergangenheit scheint jetzt nur noch ein brauner Spuk zu sein. Schamhaft erhalten die neuen Köge neue Namen, und man sage nicht, aus Geschichte würde nicht gelernt: Noch bei der Diskussion um die Benennung des späteren Hauke-Haien-Koogs wird ein Argument sein, dieser Name halte wohl auch jeder künftigen politischen Entwicklung stand. Doch schon im Dritten Reich selbst, will man Zeitgenossen glauben, hat der Nationalsozialismus im nordfriesischen Raum nicht so tief Wurzeln gefaßt, wie man meinen könnte.
Sein hohler Pomp, seine Phrasendrescherei, vor allem seine weltanschauliche Intoleranz sind nicht Friesen-Art. So spielen seine Paladine mehr die übliche Rolle der Herren von der Geest, mit denen man sich arrangiert, von denen man sich vor allem Privilegien sichern läßt, ohne sie nun gleich besonders ernst zu nehmen. Damit sollen die Friesen nicht zu einem Volk der Widerstandskämpfer hochgelobt werden. Doch liest sich beispielsweise die in einer Heimatchronik anklingende Entrüstung über die schmutzige Flut des Rassismus, die im Jahr der Kristallnacht nicht einmal vor einer so traditionell toleranten Stätte wie Friedrichstadt halt gemacht hat, durchaus echt. Und die Geschichte vom friesischen Bürgermeister, überzeugten PG und begeisterten SA-Mann, der dennoch auf seinem Hof einen Juden

versteckt hielt, wohl weil er nicht ganz begriff, was gegen einen redlichen Mann nur seiner Rasse wegen einzuwenden war, braucht nicht Legende zu sein.

Jetzt aber, nach 1945, gehen in ihrem Land hinter den Deichen bewußte Nordfriesen von neuem daran, an ihrem immer wieder angefochtenen Nationalbewußtsein zu arbeiten und dabei „die Pflege der Heimatkunde und Heimatliebe in Nordfriesland und die Wahrung der Belange des nordfriesischen Volksstamms“ zu betreiben, wie es in der Satzung des Nordfriesischen Vereins heißt.

Denn das ist das eigentliche Erbe jener Bewegung aus dem 19. Jahrhundert gewesen. Ihre anfängliche politische Brisanz hatte sie im Schatten des Schleswig-Holsteiner Problems gleich wieder eingebüßt. Es blieben die Fragen, wer die Friesen eigentlich sind, wohin sie gehören und was ihre Eigenart ausmacht.

Schon drei Jahre vor dem betont deutsch ausgerichteten Nordfriesischen Verein war der mit Dänemark sympathisierende Friesisch-Schleswigsche Verein entstanden, der mehr die Eigenständigkeit des Volksstammes unterstrich. Er wurde denn auch Mitglied im Verband der nationalen Minderheiten Deutschlands, und die Anerkennung als europäische Minderheit wurde, wenn auch vergeblich, angestrebt. Die Begründung dieser Ablehnung verdient Beachtung: Es lassen sich, liest man dort, „die erforderlichen kollektiven Lebensäußerungen dauernder Art bei dieser Gruppe derzeit nicht feststellen“.[182]

Arme Nordfriesen: das steht nun am Ende tausendjähriger Arbeit am Deich, bei der auch um trutzigen Individualismus gerungen wurde, um unverkennbar friesische Eigenart – und das soll nun keine kollektive Lebensäußerung gewesen sein? Da hilft denn nur der starre Blick zum Überfriesen Hauke Haien, der, sei er auch nur poetische Fiktion, zum wärmenden Gefühl nationaler Eigenheit und gemeinsam durchschrittener, durchlittener Geschichte verhilft.

Politisch bedeutsam waren solche Bestrebungen zur Erhaltung des Friesentums jeweils nach den Weltkriegen, als Nordfriesland wieder im eigentlichen Sinne Grenzland war, umworben und umstritten. Heute geht es um kulturelle Belange, um die Pflege friesischen Brauchtums und immer wieder um die vom Aussterben bedrohte friesische Sprache. Und für nordfriesisches Geschichtsbild könnte am Ende, nach allen Erfahrungen mit einem überbordenden Nationalismus gelten, was mir im Bredstedter Nordfriisk Instituut Reimer Kay Holander sagt: „Vielleicht haben die

Nordfriesen gerade deshalb bestehen können, weil sie so zäh am Individualismus ihrer Marschenexistenz festgehalten und eben deshalb nie eine politische Einheit gebildet haben..."
Hierzu paßt die Auskunft eines ‚gelernten' Nordfriesen, der seit Kriegsende in den Marschen lebt: „Friese ist eigentlich, wer sich als Friese fühlt..."
Oder, noch zugespitzter, mit einem Satz Gustav Claußens aus der Festrede am Friesentag 1953: „Friese zu sein, nur weil man friesischen Blutes ist, bedeutet im tiefsten Sinn gar nichts! Friese zu sein, weil man die Verpflichtung in sich spürt, den besten seiner Vorfahren nachzueifern, bedeutet dagegen alles..." – ein Wort, das sein Pathos verliert, wenn man an die konkrete Herausforderung denkt, die dieses Land immer noch für seine Menschen bedeutet. Und das zugleich altfriesische Tatreligion („Du bist, was du tust") auch in einer nationalen Selbstäußerung aufleuchten läßt.
Es ist nun ein Phänomen unserer Tage und gehört in den Zusammenhang einer allerorten zu beobachtenden allgemeinen Rückbesinnung auf Regionalgeschichte und -kultur, daß derzeit die nordfriesische Kultur ein kleines Comeback zu erleben scheint. Das darf nicht überschätzt werden. Das hat auch viel mit jener Nostalgie zu tun, in die sich während unsicherer Zeiten die Menschen immer gern geflüchtet haben – siehe das Nordfriesland des 17. sowie des 19. Jahrhunderts. Dennoch bleibt es bemerkenswert, wenn junge Leute wieder alte Trachten tragen, Heimatvereine weniger Nachwuchssorgen haben und der Volkstanz, die Volksmusik gepflegt werden. Bemerkenswert war auch, wie in einem Fernsehinterview der jüngsten Zeit ein gerade konfirmiertes Friesenmädchen in der alten Volkstracht vor der Kamera stand und unbeholfen zwar, doch ohne Scheu erklärte: „Anderswo kann ich eigentlich gar nicht sein..." – nur eine Mode? Anreiz für den Fremdenverkehr, den wichtigsten Industriezweig im Land hinter den Deichen? Künstlich angeheizt von allein am Markt interessierten Managern im Hintergrund, wie mir gegenüber ein Nordfriese meint?
Der alte Herr ist nicht zufrieden. Ungeduldig rückt er im Lehnstuhl und kann nur mit den Achseln zucken: „Sehen Sie sich diese angeblichen Friesenmädel und Friesenjungen einmal an, wenn sie bei Heimatfesten ein bißchen in den alten Trachten herumhüpfen! Fragen Sie sie, woher sie wirklich stammen! Und dann sind es eigentlich Ostpreußen, Pommern..."
Pommern, Ostpreußen, auch Schlesier, auch Danziger...
Rund neunzigtausend Heimatvertriebene waren bei Kriegsende nach Nordfriesland gekommen. Rund siebzigtausend sind geblieben. Und

einmal mehr hat sich das Land als der große Schmelztiegel bewährt, wie schon dreihundert Jahre zuvor. Sogar das wichtigste Landgewinnungsprojekt der fünfziger Jahre, der Friedrich-Wilhelm-Lübke-Koog, benannt nach dem 1954 verstorbenen Schleswig-Holsteiner Ministerpräsidenten und Initiator des Unternehmens, wurde in diesem Zusammenhang geschaffen, als Möglichkeit einer zweiten Heimat.
Mit diesem Deichbau wurde 1954 begonnen, unter großen Schwierigkeiten. In Erinnerung daran schreiben im Oktober 1974 die „Nordfriesischen Nachrichten“: „Am Hindenburgdamm war am 21. September 1954 der Deich auf 230 Meter durchgebrochen, der Transportdamm Horsbüll vernichtet und die 450 Meter lange Deichschlußbrücke eingedrückt ... die Baustelle bot ein Bild der Vernichtung. Man trug sich mit dem Gedanken, den Deichbau einzustellen. Doch der Leiter des Neubauamtes Hindenburgdamm-Süd, Baurat Snuis, wollte nicht aufgeben. Er, der aus einer der ältesten Deichbaufamilien stammt, führte mit seinen Mitarbeitern den Kampf gegen den Blanken Hans fort ...“
Oder aus einem Vortrag des Niebüller Uwe Sönnichsen, der mit der Kamera die Etappen des Deichbaus festhielt: „Am 28. Juni stehen vor der Bauleitungsbaracke junge Ingenieure. Mit einem haben wir uns angefreundet; er lacht und sagt ganz unbekümmert: ‚Was redet ihr so viel von den Gefahren der Nordsee in diesen Sommertagen? Jeden Tag ruhige See und einen freien Blick ...‘ Baurat Heinrich Snuis, Zeuge des Gesprächs, wendet sich ab und sagt ganz leise, mehr zu sich selbst: ‚Doch man soll den Tag nicht vor dem Abend loben, es kann auch anders kommen ...‘ Und es kam anders, schon am nächsten Tag! Am 29. Juni erleben wir hier am späten Abend die schwerste Sommersturmflut seit über fünfzig Jahren. Um Mitternacht ist fast der ganze Deichbau vernichtet ... Am folgenden Tag brauchen die Spülbagger nicht mehr zu baggern, die Rohrleitungen sind unterbrochen und liegen zerfetzt im Wasser. Ein Anblick, der einem die ganze Macht des Blanken Hans so richtig ins Bewußtsein ruft. Er hatte doch letztlich nur ‚etwas kräftiger‘ zugeschlagen – und schon schien der gesamte ausgeklügelte technische Plan durcheinanderzugeraten ... An einen Deichschluß am 21. August war nicht mehr zu denken, kostbarste Arbeit war durch eine einzige Flut verlorengegangen. Wir fotografierten die Schäden und sprechen mit den Arbeitern: ‚Wird alles rechtzeitig fertig werden?‘ Keiner weiß die Antwort, aber auf allen Gesichtern ist ein entschlossener Zug: ‚Jetzt erst recht!‘ ...“[183]
Reduzieren wir solche Berichte auf ihren Kern: Die große Zeitmaschine

scheint uns dann direkt in die Jahrhunderte eines Rollwagen oder Desmercieres zurückzuführen – die gleiche Situation, die gleichen Gefahren. Und auch noch andere Berichte könnten aus jener Zeit stammen:
„Der Deich des Uelvesbüller Kooges war der Wucht des unaufhörlich anrennenden Wassers nicht mehr gewachsen. An zwei Stellen triumphierten die entfesselten Naturgewalten über die Schutzwälle der Menschen. Buchstäblich in letzter Sekunde wurde der Koog geräumt. Fruchtbarstes Ackerland wurde überflutet, und das Vieh ertrank in den Ställen... Schreckerfüllte Stunden mußte die Familie Matzen in der Gastwirtschaft ‚Erholung' erleben. Das Vieh wurde während des Sturmes aus den tiefliegenden Stallgebäuden den Deich hinaufgetrieben und in der Veranda der Gastwirtschaft untergebracht... Von manchen Warften waren lediglich Mauerreste zu sehen. So klammerten auf Langeneß... die Bewohner sich mit einem Kleinstkind oben auf der Heuklamp fest, nachdem alles von einer Welle weggerissen worden war... Die Möbelstücke trieben unter der Decke. Anbauten und ganze Häuser stürzten zusammen. Die Brecher schlugen über die Häuser...“[184]
Auch diese Episoden könnten in der Großen Manndränke oder während der Februarflut von 1825 spielen. Tatsächlich sind sie einer Dokumentation über die Februarflut von 1962 entnommen, als das Wasser noch höher stand als 1825, eine Manndränke unserer Zeit, der binnen einer Nacht an der Nordseeküste und in Hamburg einige hundert Menschen zum Opfer fielen. Auch hierbei gleichen sich die Bilder, steht der Mensch gegen den Blanken Hans, bringt seine Opfer, bleibt manchmal Sieger, wartet auf die nächste Katastrophe. Und in Tönning mahnt ein Schild: „Denkt an die nächste Flut!“
Also hinter den Deichen nichts Neues?
Über zwanzig Jahre ist es her, daß der 8. Friesenkongreß stattgefunden hatte, und sein Motto hatte „Friesland im Umbruch“ geheißen. Es war dieser Kongreß gewesen, bei dem der damalige Schleswig-Holsteiner Ministerpräsident Kai-Uwe von Hassel verkündet hatte, der neugeschaffene Koog vor Bongsiel werde also endgültig Hauke-Haien-Koog heißen: Beifallssturm der Anwesenden – und eine Pointe nicht ohne jede Ironie. Denn der Bezug auf den Storm-Helden verwies eher auf Tradition und Kontinuität als auf jenen ‚Umbruch', über den bei diesem Kongreß gesprochen werden sollte. Tatsächlich aber ist dieser so traditionsbewußt benannte Koog ein Zeichen eben dieses großen Umbruchs, in dem sich das Nordfriesland der letzten beiden Jahrzehnte befindet.

Denn der Friedrich-Wilhelm-Lübke Koog unterhalb des Hindenburgdamms war auch der letzte gewesen, bei dem es, wenigstens eingestandenermaßen, um Landgewinnung im eigentlichen alten Sinn ging. Der Hauke-Haien-Koog hingegen mit seinen 1280 Hektar Land, von denen weniger als die Hälfte besiedelt und landwirtschaftlich genutzt werden, dient vor allem der Landsicherung: Er schützt den alten Festlandsdeich und ist Speicherraum für die Entwässerung der Bongsieler Region. Und Land nur noch zu schützen, nicht neu gewinnen zu wollen, ist Antrieb für alle geplanten oder schon ausgeführten Projekte der neueren Zeit. So heißt es jedenfalls offiziell. Dennoch haben auch sie ihre Gegner. Immer noch stehen sich Hauke Haien und Ole Peters feindselig gegenüber, wobei die Entscheidung schwer fällt, wer Ole Peters und wer Hauke Haien ist.
Ein Wort wurde Schlagwort: „Umwelt". Es zog Schlagworte nach sich: „Umweltschmutz" und „Umweltschutz". Eine Zeit mußte erkennen, daß der Glaube an unentwegten Fortschritt getrogen hatte. Nicht alles war machbar. Nicht immer ging es nur voran. Die Natur setzte sich gegen ihre Ausbeutung zur Wehr, und der Mensch mußte umdenken, wollte er bestehen. Dies war nun für Hauke Haiens Erbe der große Schatten, der sich über ihr Land hinter den Deichen zu legen begann.
In den ersten Kapiteln dieses Buchs ist von den Sternstunden der Menschheit die Sprache gewesen, den tatsächlichen oder nur eingebildeten, von Caesar, Einstein, Galilei. Wir haben heute Grund zum Zweifel, ob die Taten dieser Männer wirklich Sternstunden gewesen sind. Und der Zweifel muß auch dem Thema Landgewinnung gelten. Ist der Mensch im Kampf mit dem Blanken Hans über tausend Jahre lang wirklich im Recht gewesen, als er dem Meer immer mehr Land abrang und die Natur in seine eigenen Gesetze zwang?
Solche Fragen bestimmen heute die Problematik bei Küstenschutz und Landgewinnung, und wie immer bei solch plötzlich aufbrechenden Entwicklungen: Neben die Mahner treten die Schreier. Echte Sorge mischt sich mit aufgeregter Wichtigtuerei. Neben den Realisten stehen die Beschwichtiger, neben Kritikern die Chaoten. Jede Partei hat ihre Spekulanten, auf jeder Seite geht es manchen allein um das Geschäft. Und im Hintergrund steht die Schar der nur Bequemen, Denkfaulen, deren Verstand gerade noch bis zum Kassensturz am Ende der Saison reicht.
Die Schlagzeilen der ersten Jahre dürften unvergessen sein: „Das Meer eine Müllkippe?" Oder: „Stirbt die Nordsee?" Und in einem Brief an den damaligen Bundesinnenminister Genscher heißt es unter anderem am

17. August 1972: „Wie aus Meldungen... hervorgeht, ist die Genehmigung dazu erteilt worden, daß aus 2500 Fässern zyanidhaltige Härtesalze 550 Kilometer von der Küste entfernt in den dort 3000 Meter tiefen Nordatlantik versenkt werden... Da es sich bei den Zyaniden um die löslichen Salze der Blausäure handelt, besteht unseres Erachtens die Möglichkeit, daß diese hochgiftigen gelösten Salze bei mangelnder Durchmischung in konzentrierten Lösungen zum Beispiel durch den Golfstrom in Schlieren auch an unsere Küsten gelangen und hier Katastrophen undenkbaren Ausmaßes auslösen. Außerdem wäre das gesamte tierische Leben in den betroffenen Gebieten bedroht. Es kann eine Gefahr nicht nur für Föhr und die deutsche Nordseeküste, sondern für alle am Atlantik liegenden Staaten entstehen, weil sie ebenfalls von den Auswirkungen der Meeresvergiftung betroffen werden könnten...“[185]

Soweit in den frühen siebziger Jahren ein „Umweltschutz Föhr e. V.“-Verein – und seine Sorge steht stellvertretend für die ersten Jahre, in denen ein neues ökologisches Bewußtsein gefordert wurde. Hier geht es noch um Bedrohungen von außen, um die gewaltsam herbeigeführte Gefahr. Doch die Auseinandersetzung um den Blanken Hans und die Menschen an seiner Küste nahm mit den Jahren noch eine andere, entschiedenere und grundsätzliche Richtung. Jetzt ging es schon bald um die generelle Frage, ob nicht Deichbau schlechthin die Umwelt bedroht. Denn jeder neue Deich bedeutet auch einen künstlichen Eingriff in den Kreislauf der Natur, und neu gewonnenes Land zerstört ein Stück Wattenmeer. Das Wattenmeer aber, so die Naturschützer, ist kostbarer Lebensraum für Tiere und Pflanzen. Wattenmeer zu vernichten, heißt Tier- und Pflanzenarten zu gefährden.

Die Diskussion hält an.

Neue Projekte werden behindert oder auch verhindert, leider oder glücklicherweise, je nach Blickwinkel der Betrachter. Beide Lager haben ihre gemäßigte Fraktion. Sie einigen sich noch am ehesten und finden zur Kurzformel: Deiche müssen sein. Doch muß es auch genügen, das Bestehende auszubauen und zu verbessern, im Zeichen größerer Sicherheit für die dahinter wohnenden Menschen. Wie weit aber solch ein Ausbau gehen kann und darf: das bleibt die Frage. Und eben hierum wird mit einer Heftigkeit gestritten, deren zutiefst emotionales Engagement auch ins friesische Unterbewußte hinabführt.

Das gilt nicht nur für die Radikalen beider Lager. Sie bleiben ein Fall für sich, sowohl die einen, die in grotesker Umkehrung des „Wer nicht will deichen ...“-Prinzips kurzerhand fordern: Wer eben glaubt, in diesem Land ohne neue Deiche nicht bestehen zu können, soll es räumen!, wie auch die anderen der Gegenseite, die jeder noch so fundierten Vorhaltung mit der ewig gleichen Litanei begegnen, sich doch einmal nachts bei Sturmflut am Deich festketten zu lassen: Dann wüßte man, wie nötig Deichbau sei. Solche Stimmen sind die schrillen Töne im allgemeinen Konzert. Aber auch in gemäßigten, auf Vernunft und realistischen Ausgleich bedachten Kreisen schwingt oft ein Klang mit, der noch ganz den ‚Mythos Deich‘ beschwört – und weh dem, der daran rührt ...

Man darf dabei nicht vergessen: Tausend Jahre hat dieser Mythos das Land geprägt. Ein Jahrzehnt kann ihn nicht beseitigen und ganz auf rationale Basis stellen. Zuviel Emotion hängt daran, auch die tausendjährige Erinnerung an den immerwährenden Kampf mit dem einen Feind, dem Blanken Hans. Er soll zum Schluß nicht doch noch Sieger bleiben, sei es nun im ökologischen Gewand. Und auch in einem Punkt sind sich viele einig: Wer in diesem Land nicht lebt und seine Wirklichkeit nicht Tag um Tag hautnah erfährt, wer also die Welt der Marschen mit allen Problemen und Gefahren nie für sich selbst hat bestehen müssen – der rede lieber gar nicht mit, wenn es um Deich und Landerhaltung geht!

So sind also wieder einmal an der Geest die bösen Fremden aufmarschiert und äugen mißtrauisch zu den Utlanden hinüber, die ihre Sorgen mit sich selber auszutragen schon tausend Jahre lang gewohnt sind – ein historischer Bezug, den kaum einer eingesteht und doch aus dem irrationalen Untergrund aller bis heute anhaltenden Auseinandersetzungen und Diskussionen nicht fortzudenken ist.

Es ist dies nun nicht der Platz, ein Fazit für den Stand der Dinge zu ziehen. Lediglich soll die Problematik skizziert sein, der man sich heute im Land des Schimmelreiters gegenübersieht und womit sich auseinandersetzen muß, wer dieses Nordfriesland jenseits sonnenheller Badewonnen verstehen will. Doch was hat das alles noch mit dem Schimmelreiter selbst zu tun, mit Storm und seinem Helden?

Ich habe einen Lokalpolitiker, engagiert in Sachen Umweltschutz, um ein Gespräch gebeten, einen Fachmann für ökologische Fragen. Wir sitzen uns in seinem Haus gegenüber. Das Meer ist nahe. Wir können an diesem stürmischen Frühlingsabend sein Kochen hören. Und die Gedanken gehen hin zum Deichbau, der das Land eben hiervor schützen soll: „Ich habe nichts gegen Landgewinnung, ich folge sogar dem Argument, das schon die Fürsten im 16. und 17. Jahrhundert bei ihren Projekten gebrauchten und

das heute wieder zu hören ist: Landgewinnung ist der beste Landschutz. Ich frage mich nur, ob ‚Land' nicht auch ‚Vorland' sein kann, jawohl, unbedeichtes Vorland vor der Küste, das wir gewinnen müssen. Das ist dann wirklich der beste Landschutz…"
Regen klatscht gegen die Scheiben. Sturm heult, vertraute Melodie für jeden, der hier lebt. Mein Gesprächspartner bietet stilgerecht Pharisäer an, Kaffee mit Rum unter dicker Sahnehaube, eine Friesenerfindung des letzten Jahrhunderts, als die Geistlichkeit wieder einmal gegen den ausschweifenden Alkoholkonsum bei den großen Familienfeiern wetterte. Inzwischen ist der „Pharisäer" das friesische Nationalgetränk geworden und die Geschichte seiner Entstehung – ein Pastor war seinen trinkfrohen Schäfchen auf die Schliche gekommen, als man auch ihm eine Tasse mit dem vermeintlichen Kaffee servierte, und hatte „O, Ihr Pharisäer!" ausgerufen – die wahrscheinlich bekannteste und beliebteste Friesenanekdote, ein Exportartikel wie der Pharisäer selbst. Er steht für das eine, das kauzig-liebenswerte und manchmal etwas schrullige Nordfriesland. Für dessen eigentliche Wirklichkeit steht anderes.
Mein Gesprächspartner hat sich zurückgelehnt, rührt mit dem Löffel in der dampfenden Tasse, scheint in den draußen wütenden Sturm hineinzuhorchen: „Sie selbst leben doch in Eiderstedt, gleich hinter dem Deich, wo dieses endlos breite Vorland liegt. Und selbst wenn das Wasser schon am Deichrand steht – die Kraft der Flut ist durch das Vorland längst gebrochen. Oder haben Sie sich dort schon einmal ernstlich bedroht gefühlt?"
Ich habe nicht, trotz der Sturmfluten von 1962 und 1976, die ich in dieser Region miterlebt hatte. Doch meine Gedanken gehen jetzt einen anderen Weg.
Ich sehe dieses Vorland vor mir – und ich frage mich auf einmal: Ist das nicht auch das ins Überdimensionale gezogene flache Deichprofil der Rollwagen und Desmercieres, das dann Storm seinen Hauke Haien erfinden läßt? Sind die Träume des Friesenknaben Hauke immer noch hochaktuelle Wirklichkeit? Bietet die Natur immer wieder neue Muster, aus denen sich von neuem lernen läßt?
Auf manchem Bild lächelt der Dichter des „Schimmelreiter" wie ein altfriesischer Weiser. Und vielleicht ist in dieses Lächeln auch etwas Ironie gemischt. Seine letzte Dichtung stellt nicht nur vor Fragen. In ihrer Doppeldeutigkeit gibt sie auch immer wieder neue Antworten.
Ole Peters' geknurrte Bemerkung, dieser Deichgraf hätte eben den Priel

lassen sollen, wo er war – ist sie im Kern nicht auch in diesen Jahren zu hören? Und ist sie gar so dumm? Ist Hauke Haien, den auch Haß und Ehrsucht nebst kräftigem Profitdenken zur Landgewinnung treiben, nicht tatsächlich auch ein Schreckgespenst, lebend furchterregender noch denn tot?

Andererseits jedoch: Aus welchen Gründen Hauke Haien auch handelt – er schützt das Land und bewahrt die Menschen vor der Katastrophe. Sein Werk hat Bestand. Und so klingt auch doppelbödige Ironie an, wenn der Landgewinner nach seinem Tod zum Warner wird, ewig ruhelos, der große Wiedergänger an der Küste, die nun mit dem Erbe Hauke Haiens fertig werden muß.

Der Schimmelreiter: wann wird er wieder erscheinen? Und wovor warnt er dann?

CONDITIONES,

Worauf

Der Königl.

Herr CONFERENTZ-Raht

DESMERCIERES,

Ritter,

gewillet,

einen, und zwar den besten Theil des im abgewichenen 1741sten Jahr durch Ihn beteichten

SOPHIE MAGDALENEN-Jooges vor Bredstede.

Zu wissen, daß die zwischen dem Bredsteder Siel-Zug und Borsbül-Ack, unter den alten Bredsteder und Brecklummer Teichen, biß an den neuen Jooges-Weg in Westen belegene ungefehr 300 Demate, nechst bevorstehenden 25sten Junii h. a. Vormittags in benandtem Koog, auf bedeuteter Stellen, denen Höchstbietenden mittelst öffentlicher Licitation zu verkaufen.

ANNO 1742.

Erste Aufforderung Desmercieres' zum Landkauf für den Sophie-Magdalenen-Koog

1mo Werden beregte 300 Demate in 30 Theilen, jedes ungefehr zu 10 Dematen besonders eingesetzet und verkaufet; Womit im Norden beym Bredsteder Siel-Zug angefangen, und biß an Borsbül-Ack im Süden continuiret wird;

2do Kein Bott wird unter 5 Rthl. biß auf 100; und ferner nicht unter 1 Rthlr. angenommen;

3tio Die Ländereyen werden mit denen nach der Königl. Allergnädigsten Octroye denenselben zustehenden Freyheiten, insonderheit denen biß 1754. fortdaurenden Frey-Jahren verkaufet und übertragen; jedoch daß Käufere die zur Administration der Justitz-Policey und übrigen Inspection erforderliche Kosten von nun an, nach Verlauf der Frey-Jahren aber, das in der Octroye enthaltene Demat-Geld, und sonsten pro rata, mit entrichten. Es wird aber

4to Nicht mit verkaufet noch übertragen, sondern behält Herr Verkäuser ausdrücklich und privative sich vor die jurisdiction überhaupt; die Administration der Policey; das jus patronatus; die Inspection über Teiche, Schleusen und Wege, die Vorländer und gesambten Anwachs; die Strand, Mühlen, Krug, Veste-Jagd-Fischerey- und Hufen-Gerechtigkeiten; sonsten treten

5to Die Käufer, sogleich nach getroffenem Kauf, und gegebener Sicherheit in den vollen und geruhigen Besitz der erkaufften Ländereyen, umb damit eigenen Gefallens schalten und walten zu mögen; ümb aber

6to Den Ankauf so vielmehr zu erleichtern, so bezahlen Käufer erstlich Martini 1743. den ersten Termin des Kauf-pretii mit 20 Rthlr. auf jedes Demat benebenst eines vollen Jahrs Zinsen von dem gantzem Capital à 4 proCent, und continuiren damit alljährlich, biß die Kauf-Summa biß auf 60 Rthlr. à Demat abgeführet worden;

Desmercieres

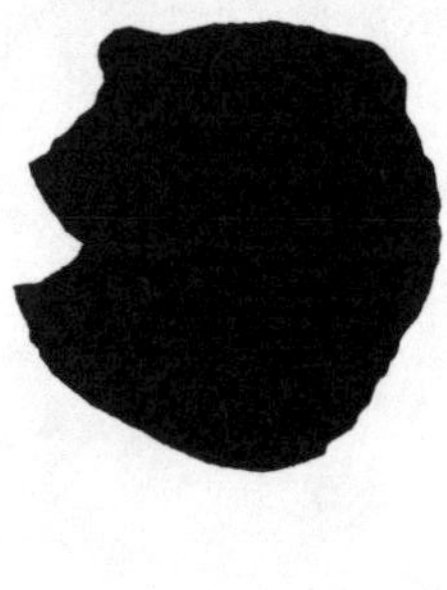

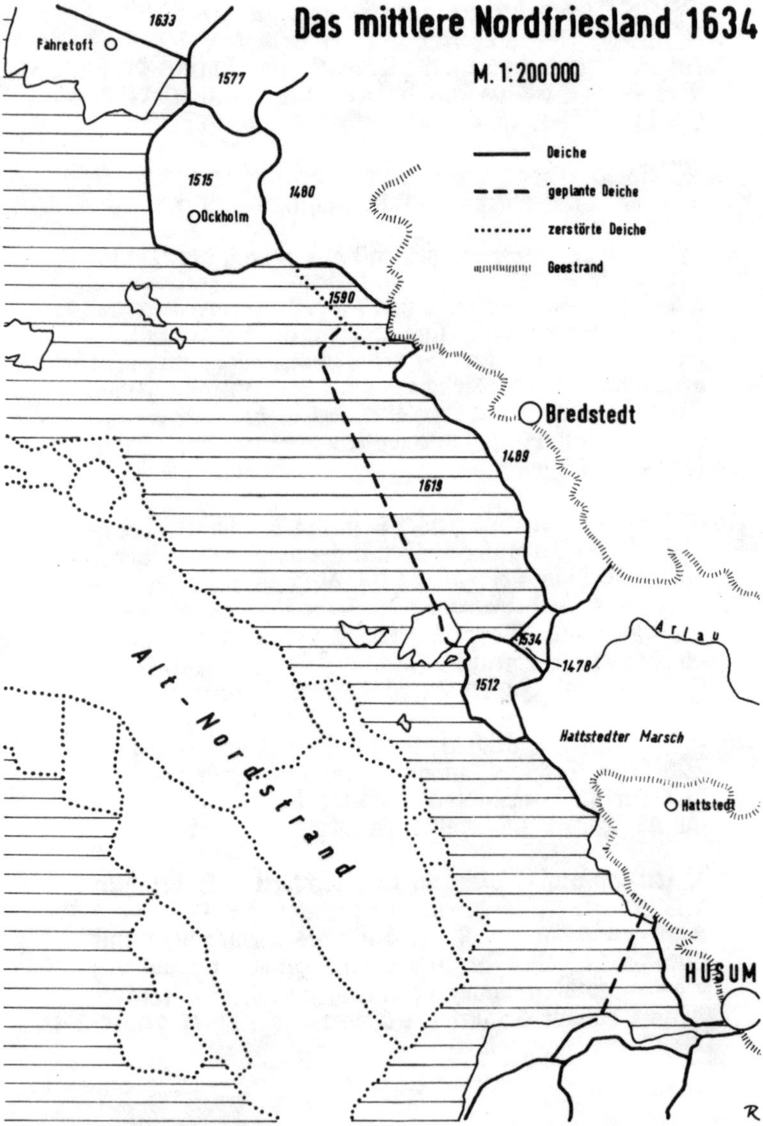
Das mittlere Nordfriesland 1634
M. 1:200 000
Deiche
geplante Deiche
zerstörte Deiche
Geestrand
1633
Fahretoft
1577
1515
Ockholm
1480
1590
Bredstedt
1489
1619
1534
1478
Arlau
1512
Hattstedter Marsch
Hattstedt
Alt-Nordstrand
HUSUM
R

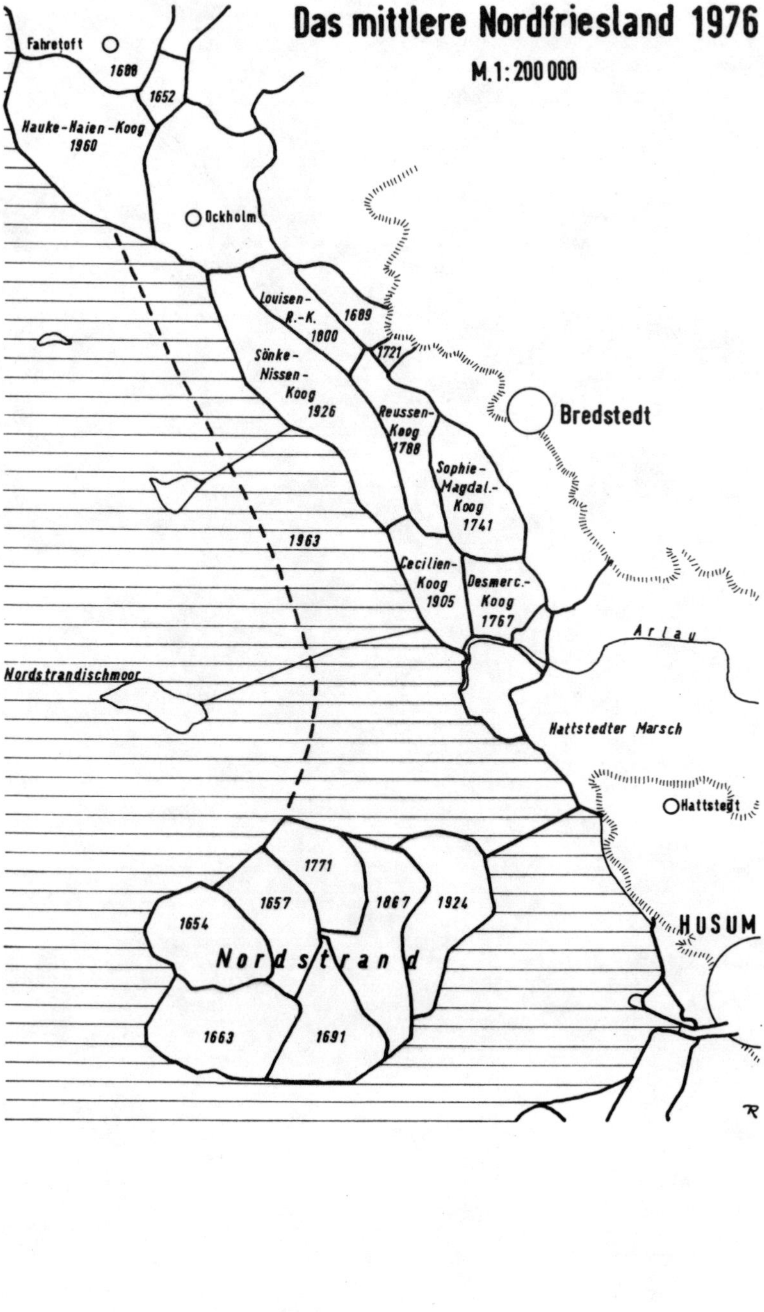
Das mittlere Nordfriesland 1976
M. 1 : 200 000
Fahretoft
1688
1652
Hauke-Haien-Koog
1960
Ockholm
Louisen-
R.-K.
1800
1689
1721
Sönke-
Nissen-
Koog
1926
Reussen-
Koog
1788
Bredstedt
Sophie-
Magdal.-
Koog
1741
1963
Cecilien-
Koog
1905
Desmerc.-
Koog
1767
Arlau
Nordstrandischmoor
Hattstedter Marsch
Hattstedt
1771
1657
1867
1924
1654
HUSUM
Nordstrand
1663
1691

Theodor Storm und „Der Schimmelreiter"

1817 wird am 14. September Hans Theodor Woldsen Storm in Husum, Markt 9, geboren

1821 beziehen die Eltern das Haus Hohle Gasse 3, den Schauplatz der Kindheit Storms. Zu seinen Freunden gehört die Bäckerstochter Lena Wies, von der Storm später zum erstenmal die Geschichte vom „Schimmelreiter" gehört haben will

1826 tritt Storm in die Husumer Gelehrtenschule ein

1829 stirbt seine Urgroßmutter, Frau Senator Feddersen, in deren Haus Storm die „Schimmelreiter"-Geschichte in einem Journal gelesen haben will

1835 besucht Storm vom Herbst an das Katharineum in Lübeck; Bekanntschaft mit Emanuel Geibel, Lektüre u. a. von Goethes „Faust" und Heinrich Heines „Buch der Lieder" („das größte lyrische Talent des 19. Jahrhunderts")

1837 beginnt Storm ein Jura-Studium in Kiel („Der deutsche Student ist entweder ein Mensch, der viel kneipt und trinkt ... oder er ist arbeitsam, eingezogen, einseitig oder einfältig")

1838 studiert Storm in Berlin. Im „Danziger Dampfboot" und den Hamburger „Lesefrüchten" erscheint die an der Weichsel spielende Erzählung „Der gespenstige Reiter"

1839 kehrt Storm an die Kieler Universität zurück: Freundschaft mit Theodor und Tycho Mommsen, mit denen er Märchen und Sagen seiner Heimat zu sammeln beginnt

1842 macht Storm sein Staatsexamen und kehrt als Anwalt nach Husum zurück; erfolglose Suche nach der Geschichte vom Schimmelreiter

1845 erscheint, von Karl Müllenhoff herausgegeben, „Sagen, Märchen und Lieder der Herzogthümer Schleswig Holstein und Lauenburg"; Storms Beitrag wird nur in Fußnoten erwähnt

1846 heiratet Storm Constanze Esmarch

1849 entsteht eine erste Fassung von „Immensee", dem einzigen populären Erfolg Storms zu Lebzeiten

1852 wird Storms Bestallung als Rechtsanwalt nach den dänisch-schleswigschen Kämpfen aufgehoben: Bewerbung um eine Anstellung im preußischen Justizdienst. Eine Ausgabe seiner Gedichte erscheint, mit geringer Resonanz

1853 siedelt Storm als preußischer Gerichtsassessor nach Potsdam über

1856 siedelt Storm, zum Kreisrichter ernannt, nach Heiligenstadt über

1864 wird Storm nach dem deutsch-dänischen Krieg zum Landvogt in Husum gewählt und kehrt zurück

1865 stirbt Storms Frau Constanze

1866 heiratet Storm Dorothea Jensen

1868 wird Storm Amtsrichter

1873 schreibt Storm in seinen „Zerstreuten Kapiteln" den Abschnitt „Lena Wies", wo er behauptet, von ihr die Geschichte vom Schimmelreiter zu kennen

1879 läßt sich Storm vorzeitig pensionieren und zieht nach Hademarschen. Novellen in Hademarschen: „Der Herr Etatsrat", „Hans und Heinz Kirch", „Zur Chronik von Grieshuus", „Es waren zwei Königskinder", „John Riew", „Ein Fest auf Hadersleevhuus", „Böttjer Basch", „Ein Doppelgänger", „Ein Bekenntnis" und „Der Schimmelreiter", Storms letzte vollendete Novelle

1885 faßt Storm den Plan zur „Schimmelreiter"-Erzählung

1886 erkrankt Storm im Oktober schwer. Am 3. Dezember stirbt sein ältester Sohn Hans

1887 besucht Storm Sylt, plant eine „Sylter Novelle" (Fragment), wird anläßlich seines siebzigsten Geburtstags Husumer Ehrenbürger und nimmt die Arbeit am „Schimmelreiter" wieder auf

1888 besucht Storm im Januar ein letztes Mal Husum und schließt am 9. Februar den „Schimmelreiter" ab. Im April/Mai erscheint die Novelle im Vorabdruck in der „Deutschen Rundschau". Am 4. Juli stirbt Storm in Hademarschen und wird am 7. Juli nach Husum überführt: Beisetzung auf dem St. Jürgen-Friedhof. Im Herbst erscheint „Der Schimmelreiter" im Berliner Verlag der Brüder Paetel als Buch

1908 erscheint in New York die erste ausländische Ausgabe vom „Schimmelreiter"

1919 erlöschen die Rechte am Storm-Werk: Im gleichen Jahr erscheinen in verschiedenen Verlagen elf „Schimmelreiter"-Ausgaben

1933 wird „Der Schimmelreiter" zum erstenmal verfilmt (Regie/Kamera: Curt Oertel/Hans Deppe, Hauptrollen: Marianne Hoppe, Mathias Wiemann, Eduard von Winterstein)

1949 entdeckt Prof. Karl Hoppe als „Schimmelreiter"-Quelle die Erzählung „Der gespenstige Reiter"

1977 wird „Der Schimmelreiter" ein zweites Mal verfilmt (Regie: Alfred Weidenmann, Hauptrollen: Anita Ekström, John Philipp Law, Vera Tschechowa, Gert Fröbe, Lina Carstens)

1981 entdeckt Karl Ernst Laage in der Landesbibliothek Kiel eine von Storm wieder gestrichene Schlußfassung des „Schimmelreiter"

Anmerkungen

1 Theodor Storm an Erich Schmidt, 29. 9. 1883
2 Th. Storm an E. Schmidt, 29. 9. 1887
3 Th. Storm an E. Schmidt, 18. 5. 1888
4 Th. Storm an Gottfried Keller, 1882
5 Th. Storm an Sohn Karl, 10. 5. 1887
6 Th. Storm an E. Schmidt, 6. 6. 1882
7 Th. Storm an Paul Heyse, 1. 5. 1882
8 Th. Storm an Sohn Karl, 5. 6. 1887
9 Wilhelm Jensen in „Velhagens und Clasings Monatsheften", Juli 1900
10 Th. Storm an G. Keller, 30. 4. 1881
11 Th. Storm an P. Heyse, 1880
12 Hermione von Preuschen, „Erinnerungen an Theodor Storm", 1899
13 Th. Storm an E. Schmidt, 13. 9. 1878
14 Th. Storm an Sohn Karl, 10. 2. 1880
15 Th. Storm an P. Heyse, 1. 3. 1880
16 Th. Storm an Albert Nieß, 1884
17 Th. Storm an E. Schmidt, November 1880
18 Th. Storm an E. Schmidt, 20. 4. 1881
19 Th. Storm an E. Schmidt, 3. 2. 1885
20 Th. Storm an Frau Eckermann, 10. 2. 1885
21 Th. Storm an P. Heyse, 4. 2. 1885
22 Th. Storm an P. Heyse, 15. 1. 1886
23 Th. Storm an Tochter Lisbeth, 20. 2. 1885
24 Th. Storm, „Lena Wies", 1873
25 Th. Storm, „Lena Wies", 1873
26 Th. Storm an Theodor Mommsen, 13. 2. 1843
27 Th. Storm an E. Schmidt, 30. 3. 1886
28 Th. Storm, „Aus nachgelassenen Blättern", 1887/88
29 Th. Storm an Hartmuth Brinkmann, 30. 5. 1852
30 Th. Storm an Friedrich Eggers
31 Th. Storm an E. Schmidt, 30. 3. 1886
32 Th. Storm, „Entwürfe zu einer Tischrede zum 70. Geburtstag", 1887
33 Th. Storm, „Entwürfe ...", 1887
34 Th. Storm, „Entwürfe ...", 1887
35 Th. Storm, „Ferdinand Röse"
36 Th. Storm an Theodor Fontane, 25. 7. 1853
37 Th. Storm an Ernst Esmarch, 18. 3. 1864
38 Th. Storm an G. Keller, 7. 4. 1877
39 Th. Storm an Th. Mommsen, 6. 3. 1843
40 E. Schmidt, 1877

41 Th. Storm an Alexander Duncker, 30. 5. 1852
42 E. Schmidt, „Aufzeichnungen"
43 Th. Storm an H. Brinkmann
44 Th. Storm an seine Eltern, 7. 5. 1854
45 Th. Storm an seine Eltern, 7. 5. 1854
46 Th. Storm an Ada Christen, Ende Juli 1870
47 Th. Fontane, „Von Zwanzig bis Dreißig"
48 Th. Fontane, „Von Zwanzig bis Dreißig"
49 Th. Fontane, „Von Zwanzig bis Dreißig"
50 Th. Storm, „Am Deich", 1854
51 Th. Storm, „Erinnerungen an Eduard Mörike"
52 Th. Storm an Ludwig Pietsch, 30. 9. 1856
53 Th. Storm, „Ein Sterbender", 1863
54 Th. Storm an P. Heyse, 1866
55 Th. Storm an Alexander von Wussow, 1866
56 Th. Storm an Th. Fontane, 21. 11. 1868
57 Th. Storm an Th. Fontane, 17. 10. 1868
58 Th. Fontane an Th. Storm
59 Th. Storm an A. Paetel, August 1886
60 Th. Storm an P. Heyse, 4. 3. 1885
61 Th. Storm an A. Paetel, 5. 12. 1885
62 Albert Bantelmann, „Wie lebten unsere Vorfahren in der unbedeichten Marsch?", 1961
63 C. P. Hansen, „Chronik der friesischen Uthlande", 1856
64 Handemann, „Geschichte von Schleswig-Holstein", 1887
65 nach C. H. Eckermann, „Die Eindeichungen auf Pellworm und Nordstrand"
66 nach C. P. Hansen, „Chronik der friesischen Uthlande", 1856
67 Th. Storm an G. Keller, 5. 5. 1883
68 Th. Storm an Tochter Lisbeth, 6. 5. 1883
69 Thomas Mann, „Adel des Geistes", 1945
70 Th. Storm, „Lena Wies", 1873
71 Th. Storm an Emil Kuh, 13. 8. 1873
72 Th. Storm an Eduard Mörike, 3. 6. 1865
73 Th. Mann, „Adel des Geistes", 1945
74 nach C. P. Hansen, „Chronik der friesischen Uthlande", 1856
75 A. Bantelmann, „Wie lebten unsere Vorfahren in der unbedeichten Marsch?", 1960
76 nach Gertrud Storm, „Theodor Storm", 1912
77 Th. Mann, „Adel des Geistes", 1945
78 Th. Storm an Th. Mommsen, 13. 2. 1843
79 Th. Storm an Th. Mommsen, 21. 12. 1842
80 nach Karl Müllenhoff, „Sagen, Märchen und Lieder der Herzogthümer Schleswig, Holstein und Lauenburg", 1845

81 nach K. Müllenhoff, „Sagen, Märchen...", 1845
82 nach K. Müllenhoff, „Sagen, Märchen...", 1845
83 K. Müllenhoff, „Sagen, Märchen...", 1845
84 Th. Storm an Th. Mommsen, 1. 12. 1842
85 Th. Storm an Th. Mommsen, 9. 1. 1843
86 Th. Storm an Th. Mommsen, 1. 12. 1842
87 nach K. Müllenhoff, „Sagen, Märchen...", 1845
88 Th. Storm an Th. Mommsen, 1843
89 Th. Storm an Th. Mommsen, 1843
90 Th. Storm an Th. Mommsen, 13. 2. 1843
91 Th. Storm an Th. Mommsen, 9. 1. 1843
92 Th. Mommsen an Th. Storm, 7. 9. 1844
93 Th. Storm an Th. Mommsen, 1. 12. 1842
94 nach K. Müllenhoff, „Sagen, Märchen...", 1845
95 nach Dieter Lohmeier, „Rollwagen – Claußen – Coott", 1980
96 nach C. H. Eckermann, „Die Eindeichungen südlich von Husum, in Eiderstedt und Stapelholm", 1893
97 Reimer Kay Holander, „Theodor Storm. Der Schimmelreiter", 1976
98 nach D. Lohmeier, „Rollwagen – Claußen – Coott", 1980
99 nach Klaus Witt, „Plattdeutsche Sturmflutlieder", 1973
100 nach C. H. Eckermann, „Die Eindeichungen auf Pellworm und Nordstrand"
101 alle Leeghwater-Zitate nach „Ein Beitrag zur Geschichte der Sturmfluth vom Jahre 1834 oder ein Ereignis aus dem Leben Jan Adriaanss Leegh-Waters"
102 nach „M. Anton Heimreichs nordfriesische Chronik", 1819
103 Schleswig-Holsteiner Provinzialbericht, 1795
104 nach Carl Woebcken, „Deiche und Sturmfluten an der deutschen Nordseeküste", 1925
105 nach „M. Anton Heimreichs nordfriesische Chronik", 1819
106 R. K. Holander, „Theodor Storm. Der Schimmelreiter", 1976
107 R. K. Holander, „Theodor Storm. Der Schimmelreiter", 1976
108 nach Ernst George, „Die wirtschaftlichen und kulturellen Beziehungen der Westküste Schleswig-Holsteins zu den Niederlanden", 1923
109 Johan Nicolai Tetens, „Reisen in die Marschländer an der Nordseeküste zur Beobachtung des Deichbaus", 1788
110 nach Chr. Petersen, „Das Bredtstedter Werk", 1925
111 Pastor Haustedt, „Bordelumer Chronik", 1895
112 A. W. Geerkens, „Graf Desmercieres", 1960
113 nach R. K. Holander, „Theodor Storm. Der Schimmelreiter", 1976
114 nach Nicolai Möllgaard, „Sophie Magdalenen-Koog 1741/1967", 1967
115 alle Petersen-Zitate in „Blätter der Erinnerung an den Mathematiker und Mechaniker Hans Momsen", 1874
116 Pastor Feddersen, „Historische Blätter zur Förderung der Humanität und des Christentums"

117 J. N. Tetens, „Reisen in die Marschländer...", 1788
118 J. N. Tetens, „Reisen in die Marschländer...", 1788
119 Hermione von Preuschen, „Erinnerungen an Theodor Storm", 1899
120 nach Johann Petersen, „Blätter der Erinnerung", 1874
121 Pastor Feddersen, „Historische Blätter..."
122 nach C. Woebcken, „Deiche und Sturmfluten...", 1925
123 Th. Storm „Nachgelassene Blätter", 1887/88
124 nach Müller/Fischer, „Das Wasserwesen an der schleswig-holsteinischen Nordseeküste. III. Teil: Das Festland", 1955/58
125 alle Tetens-Zitate in „Reisen in die Marschländer...", 1788
126 Th. Storm an E. Mörike
127 Th. Storm an E. Mörike
128 Christian Feddersen, „Fünf Worte an die Nordfriesen", 1842
129 nach Johannes Jensen, „Nordfriesland in den geistigen und politischen Strömungen des 19. Jahrhunderts", 1961
130 Th. Storm an Constanze Esmarch, 11. 6. 1844
131 Th. Storm, 1849
132 Th. Storm an Christian Hinrich Eckermann, 10. 2. 1885
133 nach G. Storm, „Theodor Storm", 1912
134 Th. Storm an Sohn Hans, 11. 7. 1868
135 Th. Storm an E. Schmidt, 16. 6. 1880
136 Th. Storm an G. Keller, 9. 12. 1887
137 W. Jensen, Juli 1900
138 Th. Storm an seine Frau Dorothea, 16. 8. 1887
139 Th. Storm an Tochter Elsabe, 29. 10. 1887
140 Th. Storm an Tochter Lisbeth, 1. 11. 1887
141 Th. Storm an P. Heyse, 20. 10. 1887
142 Th. Storm an Gräfin Reventlow, 5. 2. 1888
143 Th. Storm, 9. 2. 1888
144 Th. Storm, 24. 2. 1888
145 nach G. Storm, „Theodor Storm", 1912
146 Th. Storm an Tochter Lisbeth, 10. 3. 1888
147 Th. Storm an Ferdinand Tönnies, 7. 4. 1888
148 P. Heyse an Th. Storm, 2. 5. 1888
149 E. Schmidt an Th. Storm, 6. 5. 1888
150 Th. Storm an F. Tönnies, 7. 4. 1888
151 Th. Storm an E. Schmidt, 29. 9. 1887
152 Th. Storm an A. Paetel, 8. 6. 1887
153 nach G. Storm, „Theodor Storm", 1912
154 Th. Storm, „Entwurf zu einer Tischrede am 70. Geburtstag", 1887
155 Th. Storm an E. Schmidt, 13. 8. 1884
156 Th. Fontane, „Erinnerungen an Storm", 1896
157 Th. Storm an E. Esmarch, 1844/45

158 Th. Storm an E. Esmarch, 1844/45
159 Th. Storm an Tochter Lisbeth, 6. 11. 1886
160 Th. Storm, „Entwurf zu einer Tischrede...“, 1887
161 Th. Storm, „Für meine Söhne“, 1854
162 Th. Storm an E. Schmidt, 16. 2. 1888
163 Th. Storm an Tochter Elsabe, 17. 2. 1888
164 Th. Storm an Tochter Lisbeth, 10. 3. 1888
165 Th. Storm an F. Tönnies, Mai 1888
166 Th. Storm an F. Tönnies, 9. 5. 1888
167 Wilhelm Brandes, „Von Storm und Raabe“, 1888
168 Albert Köster, „Theodor Storm. Sämtliche Werke“, 1819
169 Moritz Necker, „Posthuma“, 1889
170 Th. Fontane, „Erinnerungen an Storm“, 1896
171 Alle Zitate Marianne Hoppes in der Dokumentation „Die Bedeutung einer Kontext-Analyse des Films für den medienkundigen Unterricht“
172 „Daheim“, 1934
173 Clara Lent, „Theodor Storm“, 1899
174 Eilhard Erich Pauls, „Die Tragik des Schimmelreiters“, 1927
175 Fritz Böttger, „Theodor Storm in seiner Zeit“, 1958
176 Jost Hermand, „Hauke Haien. Kritik oder Ideal des gründerzeitlichen Übermenschen?“, 1965
177 Walter Silz, „Theodor Storms „Der Schimmelreiter“, 1955
178 Ernst Loeb, „Faust ohne Transzendenz“, 1963
179 Dietmar Grieser, „Schauplätze der Weltliteratur“
180 J. Jasper, „Sturmflutsagen“, 1929
181 Rudolf Muuß, „Rungholt“, 1928
182 nach Reimer Kay Holander, „Die Friesen in Nordfriesland“
183 nach „Der Friedrich-Wilhelm-Lübke-Koog“, 1979
184 „Die großen Sturmfluten 1962 und 1976“, 1980
185 nach „Rettet das Meer“, 1972

Alle Originaltexte aus „Der Schimmelreiter“ wurden nach der Ausgabe „Sylter Novelle/Der Schimmelreiter“, herausgegeben von Karl Ernst Laage, erschienen in der Westholsteinischen Verlagsanstalt Boyens & Co. Heide, zitiert.

Literatur

I. Theodor Storm

*Gesammelte Werke (Auswahl)**

Sämtliche Werke in zwei Bänden. Nach dem Text der ersten Gesamtausgabe 1868/69. Nachwort von Johannes Klein. Winkler Verlag 1951

Werke in zwei Bänden. Mit einem Essay von Thomas Mann. Ausgewählt und eingeleitet von Gottfried Honnefelder. Insel Verlag 1975

Sämtliche Werke. Zwei Bände. Einführung und herausgegeben von Christian Jenssen. Vollmer Verlag 1978

Gesammelte Werke. Gedichte, Märchen und Novellen. 6 Bände. Vorwort und herausgegeben von Hans A. Neunzig. Nymphenburger Verlagshandlung 1981

Werke. 8 Bände. Herausgegeben von Christian Jenssen. Melzer Verlag 1981

Über Theodor Storm

Fritz Böttger, Theodor Storm in seiner Zeit. Berlin 1958

Karl Boll, Die Weltanschauung Theodor Storms. Berlin 1940

Karl Friedrich Boll, Spuk, Ahnungen und Gesichte bei Theodor Storm (in: Schriften der Theodor-Storm-Gesellschaft). Heide/Holstein 1960

Karl Friedrich Boll, Mythische Relikte und Aberglauben in Storms Erzählung „Im Brauerhause" (in: Nordfriesisches Jahrbuch). Bredstedt 1975

Friedrich Düsel, Theodor Storm. Gedenkbuch zu des Dichters 100. Geburtstag. Braunschweig 1916

Peter Goldammer, Theodor Storm. Eine Einführung in Leben und Werk, Leipzig 1968

Karl Ernst Laage, Theodor Storm als Sammler heimischer Sagen (in: Die blaue Mütze). Husum 1966

Karl Ernst Laage, Theodor Storm. Leben und Werk, Husum 1979

Karl Ernst Laage, Theodor Storm in Husum und Nordfriesland. Heide 1979

Karl Ernst Laage, Das Storm-Haus in Husum. Heide 1980

Thomas Mann, Leiden und Größe der Meister. Berlin 1935

Thomas Mann, Adel des Geistes. Stockholm 1945

Walter Reitz, Die Landschaft in Theodor Storms Novellen (in: Sprache und Dichtung), Bern 1913

Harry Sievers, Storms Stellung zu Tod und Unsterblichkeit. Göttingen 1953

Franz Stuckert, Theodor Storm. Sein Leben und seine Welt. Bremen 1955

Gertrud Storm, Theodor Storm. Ein Bild seines Lebens, Berlin 1912/13

Hans-Erich Teitge, Theodor-Storm-Bibliographie. Berlin 1967

Hartmut Vinçon, Theodor Storm in Selbstzeugnissen und Bilddokumenten. Reinbek bei Hamburg 1972

* derzeit in der Bundesrepublik lieferbar (Stand 1982)

Briefwechsel
Arthur Tilo Alt (Hg.), Storm/Ernst Esmarch. Berlin 1973
Clifford Albrecht Bernd (Hg.), Storm/Paul Heyse (3 Bände). Berlin 1969/70/74
Hildburg und Werner Kohlschmidt (Hg.), Storm/Eduard Mörike. Berlin 1978
Karl Ernst Laage (Hg.), Storm/Erich Schmidt (2 Bände). Berlin 1972/76
Georg J. Plotke (Hg.), Storm/Paul Heyse (2 Bände), München 1918
Jacob Steiner (Hg.), Storm/Theodor Fontane. Berlin 1981
Gertrud Storm (Hg.), Briefe in die Heimat. Berlin 1914
Gertrud Storm (Hg.), Briefe an seine Braut. Braunschweig 1915
Gertrud Storm (Hg.), Briefe an seine Frau. Braunschweig 1915
Gertrud Storm (Hg.), Briefe an seine Kinder. Braunschweig 1916
Theodor Storm, Briefe (2 Bände). Berlin/Weimar 1972
Hans-Erich Teitge (Hg.), Storm/Theodor Mommsen. Weimar 1966

II. „Der Schimmelreiter“

*Einzelausgaben (Auswahl)**
Sylter Novelle/Der Schimmelreiter. Herausgegeben von Karl Ernst Laage. Westholsteinische Verlagsanstalt 1970
Der Schimmelreiter. Stocker-Schmid Verlag 1973
Der Schimmelreiter. Neu bearbeitet von Ipke Nommensen. Bange Verlag 1975
Der Schimmelreiter und andere späte Erzählungen. Mit Illustrationen von Max Schwimmer. Herausgegeben von Gottfried Honnefelder. Insel Verlag 1977
Der Schimmelreiter und andere Novellen. Goldmann Verlag 1977
Der Schimmelreiter. Herausgegeben von Ingwert Paulsen jr. Husumer Druck- und Verlagsgesellschaft 1979
Der Schimmelreiter. Deutscher Literatur Verlag 1980
Der Schimmelreiter. Herausgegeben von Harro Müller. Schöningh Verlag 1980
Der Schimmelreiter. Mit 44 Radierungen von Alexander Eckener. Christians Verlag 1981
Der Schimmelreiter. Kinderausgabe, umgearbeitet und illustriert von Schülern. Herausgegeben von Dr. Klaus Schwartz. Verlag der Partner für Druck und Grafik 1981
Der Schimmelreiter. Hamburger Lesehefte
Der Schimmelreiter. Mit Materialien zusammengestellt von Peter Faigel. Klett Verlag.
Der Schimmelreiter (Lesetexte für Schulen). Ferdinand Kamp Verlag
Der Schimmelreiter. Reclam Verlag

* Derzeit in der Bundesrepublik lieferbar (Stand 1982)

Über den „Schimmelreiter"
David S. Artiss, Bird Motif and Myth in Theodor Storm's „Schimmelreiter". 1968
Andreas Busch, Neuer Beitrag zum Schauplatz der Schimmelreiternovelle (in: Die Heimat). 1960
Dietmar Grieser, Schimmelreiter – motorisiert (in: Schauplätze der Weltliteratur), München
Jost Hermand, Hauke Haien – Kritik oder Ideal des gründerzeitlichen Übermenschen? (in: Wirkendes Wort). Düsseldorf 1965
Reimer Kay Holander, Schimmelreiter-Land. Flensburg 1968
Reimer Kay Holander, Wer war der „Schimmelreiter"? (in: Nordfriesland). 1969
Reimer Kay Holander, Theodor Storm. Der Schimmelreiter. Kommentar und Dokumentation. Dichtung und Wirklichkeit, Berlin 1976
Karl Hoppe, Der gespenstige Reiter. Eine neue Storm-Quelle (in: Westermann Monatshefte). Braunschweig 1949
Johannes G. Köllner, Genesis und Geltung von Theodor Storms Novelle „Der Schimmelreiter". Berlin 1977
Martha Kovač, Der balladeske Charakter der Novelle „Der Schimmelreiter". Subotica
Karl Ernst Laage, Der „Schimmelreiter" im „Danziger Dampfboot" (in: Schriften der Theodor-Storm-Gesellschaft). Heide 1971
Karl Ernst Laage, Der ursprüngliche Schluß der Stormschen „Schimmelreiter"-Novelle. Eine Neuentdeckung (in: Schriften der Theodor-Storm-Gesellschaft), Heide 1981
Ilse Langer, Volksaberglaube und paranormales Geschehen in einigen Szenen des „Schimmelreiters" (in: Schriften der Theodor-Storm-Gesellschaft), Heide 1975
Ernst Loeb, Faust ohne Transzendenz. Theodor Storms „Schimmelreiter" (in: Studies in the Germanic languages and literatures), St. Louis 1963
Eilhard Erich Pauls, Die Tragik des Schimmelreiters (in: Volk und Rasse). 1927
Walter Silz, Theodor Storms Schimmelreiter (in: Schriften der Theodor-Storm-Gesellschaft). Heide 1955
E. M. Skawran, Die Entwicklung des Meermotivs in den Novellen Storms mit besonderer Berücksichtigung der Novelle „Der Schimmelreiter". 1970
Günter Spargat, Die Bedeutung einer Kontext-Analyse des Films für den medienkundigen Unterricht. Kiel 1978
–, Erläuterung und Dokumente: Der Schimmelreiter. Stuttgart 1976

III. Nordfriesland

Herkunft der Nordfriesen
Peter Jörgensen, Über die Herkunft der Nordfriesen. Kopenhagen 1976
Wolfgang Laur, Zur Herkunftsfrage der Nordfriesen (in: Germanisch-Romanische Monatsschrift). Heidelberg 1954

Geschichte der Nordfriesen

Albert Bantelmann, Wie lebten unsere Vorfahren in der unbedeichten Marsch? (in: Schleswig-Holstein). 1961
C. Borchling/R. Muuß, Die Friesen. Breslau 1931
Otto Brandt/Wilhelm Klüver, Geschichte Schleswig-Holsteins. Kiel 1976
Andreas Busch, Neue Gesichtspunkte zur Kartographie des mittelalterlichen Nordfriesland (in: Jahrbuch des Heimatbundes Nordfriesland). Husum 1936
Goslar Carstens, Zur Geschichte des nordfriesischen Adels (in: Jahrbuch des Heimatbundes Nordfriesland). Husum 1937
Goslar Carstens, Über den Verfasser des Chronicon Eiderostadense vulgare (in: Nordfriesisches Jahrbuch). Bredstedt 1965
August Clausen, Streiflichter durch die Geschichte und Chronik nordfriesischer Seefahrer. Rendsburg 1969
K. J. Clement, Lebens- und Leidensgeschichte der Friesen (Neudruck). Kiel/Leer 1980
Eiderstedter Heimatbund (Hg.), Blick über Eiderstedt. Heide 1976
Walter Fiedler, Eiderstedt. Breklum 1963
Karl Förster, Die Gestaltung Nordfrieslands in alter und neuer Zeit. Hamburg 1904
Jörn Hagemeister, Rungholt. Sage und Wirklichkeit, St. Peter-Ording 1979
C. P. Hansen, Die Friesen (Neudruck). Wiesbaden 1972
C. P. Hansen, Chronik der friesischen Uthlande. Altona 1856
F. Dinsen Hansen, Nordfriesland. Land der Deiche, Esbjerg 1979
Reimer Hansen, Die Anfänge des frühmodernen Staates in Schleswig-Holstein-Gottorf (in: Aus Reichsgeschichte und Nordischer Geschichte). Stuttgart 1972
Harro Harrings erste Rede an die Nordfriesen über den Geist der Bewegung unserer Zeitepoche. Rendsburg 1848
M. Anton Heimreichs nordfriesische Chronik (Neudruck der Ausgabe von 1819). Wiesbaden 1973
Hinrich Ewald Hoff, Schleswig-Holsteinische Heimatgeschichte (2 Bände). Kiel/Leipzig 1910
Reimer Kay Holander, Die Friesen in Nordfriesland (in: Handbuch der europäischen Volksgruppen)
Paul Jagusch u. a. (Hg.), Schleswig Holstein von Ripen bis zum Kieler Frieden 1460–1814. Frankfurt/Pinneberg 1953
Johannes Jasper (Hg.), Chronicon Eiderostadense vulgare. St. Peter-Ording 1977
Christian Jensen, Die nordfriesischen Inseln. Hamburg 1891
Johannes Jensen, Nordfriesland in den geistigen und politischen Strömungen des 19. Jahrhunderts. Neumünster 1961
Manfred Jessen-Klingenberg, Eiderstedt 1713–1864. Neumünster 1967
Alfred Kamphausen, Schleswig-Holstein. Land der Küste, Nürnberg 1968
Willy Krogmann, Die Landnahme der Nordfriesen (in: Orbis), 1958
J. G. Kohl, Die Marschen und Inseln der Herzogthümer Schleswig und Holstein. Dresden/Leipzig 1846

A. L. J. Michelsen, Nordfriesland im Mittelalter (Neudruck). Wiesbaden 1973
Rudolf Muuß, Die Nordfriesen. Breslau 1927
Rudolf Muuß, Rungholt. Berlin 1928
Hans Chr. Nickelsen, Wissenschaft und friesischer Patriotismus bei den nordfriesischen Chronisten und nichtfachgelehrten Sprachforschern des 17. und 19. Jahrhunderts (in: Nordfriesisches Jahrbuch). Bredstedt 1965
Hans Chr. Nickelsen, Das alte Nordfriesland (in: Nordfriesisches Jahrbuch). Bredstedt 1966
Hans Chr. Nickelsen, Die Nordfriesen im Mittelalter bis zum 17. Juni 1426 (in: Nordfriesisches Jahrbuch). Bredstedt 1966
L. C. Peters, Nordfriesland. Heimatbuch für die Kreise Husum und Südtondern, Husum 1929
Karl Saller, Zur Anthropologie der Nordfriesen (in: Jahrbuch des Nordfriesischen Vereins). Husum 1929
J. Schmidt-Petersen, Nordfriesland (in: Jahrbuch des Nordfriesischen Vereins). Husum 1929
H. H. Schulz, Das Heimatbuch der Nordfriesen. Hamburg 1957
Kai Detlev Sievers, Volkskultur und Aufklärung im Spiegel der Schleswig-Holsteiner Provinzialberichte. Neumünster 1970
Johannes Stracke, Was sagen mittelalterliche Kosmographen in ihren Werken über Friesland aus? (in: Nordfriesisches Jahrbuch). Bredstedt 1967
G. Weigelt, Die nordfriesischen Inseln vormals und jetzt. Hamburg 1873
–, Eiderstedt. Beiträge zur Heimatkunde, Garding 1910
–, Schleswig-Holsteinisches Biographisches Lexikon. Neumünster 1979

Deichbau, Landgewinnung, Sturmfluten

Friedrich Arends, Physische Geschichte der Nordseeküste. Emden 1833
Albert Bantelmann, Die Landschaftsentwicklung an der schleswig-holsteinischen Westküste. Neumünster 1967
Albert Bantelmann, Die Entwicklung des nordfriesischen Küstenraumes unter besonderer Berücksichtigung des Wattenmeeres (in: Nordfriesisches Jahrbuch). Bredstedt 1973
Claus Bielfeldt, Der Hauke-Haien-Koog. Zeugnis an der See unter alten und neuen Merkmalen (in: Schleswig-Holsteinischer Heimatkalender). 1964
Goslar Carstens, Deichwesen und Deichrecht (in: Nordfriesland). 1929
Christian Hinrich Eckermann, Die Eindeichungen von Husum bis Hoyer (in: Zeitschrift der Gesellschaft für Schleswig-Holstein-Lauenburgische Geschichte). 1893
Christian Hinrich Eckermann, Die Eindeichungen südlich von Husum, in Eiderstedt und Stapelholm (in: Zeitschrift der Gesellschaft für Schleswig-Holstein-Lauenburgische Geschichte). 1893
Christian Hinrich Eckermann, Die Eindeichungen auf Nordstrand und Pellworm (in: Zeitschrift der Gesellschaft für Schleswig-Holstein-Lauenburgische Geschichte). 1895

Christian Hinrich Eckermann, Die Eindeichung bei Bottschloot (in: Zeitschrift der Gesellschaft für Schleswig-Holstein-Lauenburgische Geschichte). 1896
Ernst Feikes, Die geschichtliche Entwicklung der Deichlast in Nordfriesland. Würzburg 1937
Hugo Hinrichsen, Die Verwaltung der Deiche in den nordfriesischen Marschen vor 1800 (in: Jahrbuch des Nordfriesischen Vereins). Husum 1925
Broder Ketelsen, Der Hauke-Haien-Koog (in: Schleswig-Holstein). Neumünster 1968
Erich von Lehe, Zerstörung und Wiederaufbau der Deiche zur Zeit der Weihnachtsflut von 1717 (in: Jahrbuch der Männer von Morgenstern). Bremerhaven 1951
Friedrich Müller/Otto Fischer, Das Wasserwesen an der schleswig-holsteinischen Nordseeküste. I. Teil: Die Halligen (1917), II. Teil: Die Inseln (1936–1938), III. Teil: Das Festland, Band 1 bis 4 (1955–1958). Berlin
Chr. Petersen, Das Bredstedter Werk (in: Jahrbuch des Nordfriesischen Vereins). Husum 1925
Helmuth Römer, Die Rechtsgeschichte der Koog- und Deichverbände sowie der oktroyierten Köge in Schleswig, insbesondere in Nordfriesland. Leipzig 1938
Heinrich Schütte, Sinkendes Land an der Nordsee? Zur Küstengeschichte Nordwestdeutschlands. Öhringen 1939
H. Schröder, Das Deichwesen in der Provinz Schleswig-Holstein. Itzehoe 1906
Heinrich Snuis, Bedeichung und Erschließung des Kooges (in: Friedrich-Wilhelm-Lübke-Koog). Schleswig 1979
Uwe Sönnichsen, Bilddokumente und Bericht über die Eindeichung des Kooges (in: Friedrich-Wilhelm-Lübke-Koog). Schleswig 1979
Robert Stadelmann, Meer–Deiche–Land. Neumünster 1981
R. Stadermann, Landerhaltung und Landgewinnung an der deutschen Nordseeküste (in: Werdendes Land am Meer). Berlin 1937
Johan Nicolai Tetens, Reisen in die Marschländer an der Nordseeküste. Leipzig 1788
Carl Woebcken, Deiche und Sturmfluten an der deutschen Nordseeküste. Bremen/Wilhelmshaven 1924
Erich Wohlenberg/Heinrich Snuis, Anwachs, Landgewinnung und Deichbau in Nordfriesland. Husum 1955
Erich Wohlenberg, 400 Jahre Deichbau und Landgewinnung. Heide
–, Die großen Sturmfluten 1962 und 1976. Husum 1980

Recht, Wirtschaft, Verwaltung

W. L. Andresen, Die friesische Selbstverwaltung (in: Das freie Nordfriesland). Risum 1969
Poul Enemark, Friesischer Handel zwischen ca. 1500 und 1700 (in: Nordfriesisches Jahrbuch). Bredstedt 1966
Manfred Jessen-Klingenberg, Herrschaftliche Autorität und genossenschaftliche Autonomie in Eiderstedt bis 1864 (in: Nordfriesisches Jahrbuch). Bredstedt 1965

Adolf Jürgens, Zur Schleswig-Holsteinischen Handelsgeschichte des 16. und 17. Jahrhunderts. Berlin 1914
Rolf Kuschert, Landesherrschaft und Selbstverwaltung in der Landschaft Eiderstedt unter den Gottorfern (1544 bis 1713). Neumünster 1981
Frederik Paulsen, Die Wirtschaft in den drei Frieslanden in der Vergangenheit (in: Nordfriesisches Jahrbuch). Bredstedt 1959/60
Hans Volquartz, Der Lehnsmann in Eiderstedt (in: Nordfriesisches Jahrbuch). Bredstedt 1959/60

Kulturgeschichte und Volksbrauchtum

Michael Augustin/Friedrich Johannsen, Vom Boßeln, Klootschießen und vom Bowl-playing (in: Schleswig-Holstein). 1979
Andreas Busch, Leben und Treiben auf einem Nordstrander Bauernhof um die Mitte des vorigen Jahrhunderts (in: Jahrbuch des Heimatbundes Nordfriesland). Husum 1924
Sophie Carstensen, Sitte und Brauchtum im Risummoor (in: Jahrbuch des Nordfriesischen Vereins). Husum 1933
Anna Hoffmann, Die Landestrachten von Nordfriesland. Heide 1940
Johannes Henningsen, Zur Geschichte eines altfriesischen Bauernhofs in Husum im 15. und 16. Jahrhundert (in: Jahrbuch des Nordfriesischen Vereins). Husum 1934
Hans Hinrichs, Die Entwicklung eines Marsch-Kirchspiels (in: Jahrbuch des Nordfriesischen Vereins). Husum 1927
Albrecht Johannsen, Die sieben Mahlzeiten der Friesen (in: Nordfriesisches Jahrbuch). Bredstedt 1951/52
Johannes Johannsen, Nachrichten vom Kirchspiel Hattstedt. Husum 1891
Alfred Kamphausen, Bauernstuben von allen Kanten und Küsten Schleswig Holsteins. Neumünster 1978
Heinrich Mommsen, Bilder aus Eiderstedt und den angrenzenden Gegenden. Garding 1890
Ernst Schlee, Schleswig-Holsteinische Volkskunst. Flensburg 1964
A. Schulz, Nordfriesische Häuser (in: Jahrbuch des Nordfriesischen Vereins). Husum 1910/11
Kai Detlev Siewers, Schleswig-Holsteinische Bauernstuben. Heide 1963
Klaus Witt, Plattdeutsche Sturmflutlieder des 16. und 17. Jahrhunderts von der schleswigschen Westküste. Flensburg 1957
–, Eiderstedter Sprichwörter und Erzählungen aus der Chronik von Eiderstedt. St. Peter-Ording 1976
–, Versuch einer Beschreibung von Eiderstedt in Briefen an einen Freund im Holsteinischen, 1795 (Neudruck). Husum 1976

Religion, Mythologie/Aberglauben

Ernst Behrends, Mennoniten in Schleswig-Holstein (in: Schleswig-Holstein). 1980
Robert Dollinger, Geschichte der Mennoniten in Schleswig-Holstein, Hamburg und Lübeck. Neumünster 1930

Helge Gerndt, Fliegender Holländer und Klabautermann. Göttingen 1971
Wilhelm Grönbeck, Nordische Mythen und Sagen. Berlin
C. P. Hansen, Sagen und Erzählungen der Sylter Friesen. Garding 1875
C. P. Hansen, Die Hörnumer. Sagen und Erzählungen der Strand- und Dünenbewohner (Neudruck). Wiesbaden 1970
Karl Helm, Wodan. Ausbreitung und Wanderung seines Kults, Gießen 1946
C. Hessenmüller, Das Roß in der Poesie, Mythologie und dem religiösen Cultus des Nordens. Braunschweig 1847
Otto Höfler, Kultische Geheimbünde der Germanen. Frankfurt/Main 1934
Albrecht Johannsen, Der Schicksalskobold im friesischen Bauernhaus (in: Jahrbuch des Heimatbundes Nordfriesland). Husum 1939
Erich Jung, Germanische Götter und Helden in christlicher Zeit. München 1922
A. Kuhn/W. Schwartz, Norddeutsche Sagen, Märchen und Gebräuche. Leipzig 1848
H. Lübbing, Friesische Sagen von Texel bis Sylt. Jena 1928
Th. Matthiesen, Erweckung und Separation in Nordfriesland. Kiel 1927
Gustav Fr. Meyer, Schleswig-Holsteiner Sagen. Jena 1929
A. Michelsen, Schleswig-Holsteinische Kirchengeschichte. Kiel 1873
Karl Müllenhoff, Sagen, Märchen und Lieder der Herzogthümer Schleswig, Holstein und Lauenburg. Kiel 1845
Rudolf Muuß, Nordfriesische Sagen. Niebüll 1932
Georg Quedens, Amrum erzählt. Itzehoe
Georg Quedens, Die Halligen, Nordstrand und Pellworm erzählen. Itzehoe
Georg Quedens, Föhr erzählt. Itzehoe
Paul Selk, Sagen aus Schleswig-Holstein. Husum 1977
Geerd Spaanjer, Der Teufel und die Blaue Madonna. Legenden aus Schleswig-Holstein, Husum 1976
Jürgen Spanuth, Nordfrieslands Bekehrung zum Christentum. Berlin 1939
–, Schleswig-Holsteinische Kirchengeschichte. Band 1: Anfänge und Ausbau. Band 2: Anfänge und Ausbau II. Neumünster 1978

Nordfriesland und die Niederlande

Otto von Fisenne, Niederrheinisches Steingut in Schleswig-Holstein (in: Schleswig-Holstein). 1980
Ernst George, Die wirtschaftlichen und kulturellen Beziehungen der Westküste Schleswig-Holsteins zu den Niederlanden (in: Nordelbingen). Flensburg 1923
Joachim Münzing, Die Jagd auf den Wal. Schleswig-Holsteins und Hamburgs Grönlandfahrt. Heide 1978
Wanda Oesau, Schleswig-Holsteins Grönlandfahrt. Glückstadt 1937
F. Pont, Friedrichstadt an der Eider. Friedrichstadt 1913
Harry Schmidt, Friedrichstadt. Vergangenheit und Gegenwart, Lübeck/Hamburg 1957

Hermann Schmidt-Tinnum, Über Deicharbeiten der Holländer auf Sylt 1625–1634 (in: Jahrbuch des Heimatbundes Nordfriesland). Husum 1938
H. Schröder, Die Holländer in Eiderstedt (in: Hauskalender für das Jahr 1929). Garding 1929
Johan Winkler, Friesland, Friesen und die friesische Sprache in den Niederlanden (in: Globus). Braunschweig

Nordstrand
Des Matthias Boetius' drei Bücher über Denkwürdigkeiten von Sturmfluten, welche Nordstrand betroffen haben. Husum 1933
Karl Kuenz, Nordstrand nach 1634. Die wiedereingedeichte nordfriesische Insel. Singen 1978
Landesanstalt für Gewässerkunde und Hauptnivellement (Hg.), Die nordfriesischen Inseln vor und nach der Sturmflut vom 11. Oktober 1634. Berlin 1934
Rudolf Sönksen, Altnordstrands Untergang und die Wiederbedeichung unter den holländischen Participanten (in: Schleswig-Holstein). 1960

Husum
U. A. Christiansen, Die Geschichte Husums im Rahmen der Geschichte Schleswig-Holsteins. Husum
W. Gießler, Husum. Das Tor zur Halligwelt, Husum 1937
Friedrich Hoffmann, Das alte Husum zur Zeit des jungen Storm. Eine kleine Chronik nach alten Zeitungen, Kiel 1957
Gertrud Riese, Märkte und Stadtentwicklung am nordfriesischen Geestrand, Kiel 1940
V. Riewerts, Die Stadt Husum in Geschichte und Gegenwart. Husum 1969

Coott/Rollwagen
Paul Cruse, Nur eine Schiebkarre ... (in: Schleswig-Holstein). 1969
Dieter Lohmeier, Rollwagen–Claußen–Coott (in: Nordfriesisches Jahrbuch). Bredstedt 1980
Albert Vlamynck, Ein Brief des Deichingenieurs Rollwagen (in: Jahrbuch des Nordfriesischen Vereins). Husum 1934

Jean Henri Desmercieres
A. W. Geerkens, Graf Desmercieres. Flensburg 1960
A. W. Geerlens, Geheimrat Desmercieres 1687–1778 (in: Schleswig-Holstein). 1961
Nicolai Möllgaard, Sophie-Magdalenen-Koog 1741–1967/Desmerciereskoog 1767–1967. Bredstedt 1967
Nicolai Möllgaard, 200 Jahre Elisabeth-Sophienkoog auf Nordstrand 1771–1971. Bredstedt 1971

Hans Momsen
Albrecht Johannsen, Der Mathematiker und Mechaniker von Fahretoft (in: Nordfriesisches Jahrbuch). Husum 1935
Johann Petersen, Blätter der Erinnerung an den Mathematiker und Mechaniker Hans Momsen aus Fahretoft in Nordfriesland. Bredstedt 1874
–, Fragmente aus dem Tagebuch eines Fremden. Kopenhagen 1800

Personen- und Ortsregister